忻州市统计局　编

忻州统计年鉴

2012

Xin Zhou Statistical Yearbook

（总第5期）

中国统计出版社
China Statistics Press

（京）新登字041号

图书在版编目（CIP）数据

忻州统计年鉴. 2012/忻州市统计局 编
--北京：中国统计出版社，2012.7
ISBN 978-7-5037-6562-9/C.2649

Ⅰ. ① 忻…
Ⅱ. ① 忻…
Ⅲ. ① 统计资料-忻州市-2012-年鉴
Ⅳ. ① C832.253-54

中国版本图书馆CIP数据核字（2012）第139883号

忻州统计年鉴-2012

作　　者/ 忻州市统计局
责任编辑/ 陈越月
责任校对/ 师林凤
封面设计/ 李柏
出版发行/ 中国统计出版社
通信地址/ 北京市西城区月坛南街57号
办公地址/ 北京市丰台区西三环南路甲6号
电　　话/ (010)63376907
网　　址/ http://csp.stats.gov.cn
印　　刷/ 山西力新印刷科技开发有限公司
经　　销/ 新华书店
开　　本/ 890×1240毫米　1/16
字　　数/ 996千字
印　　张/ 36.125
版　　别/ 2012年7月第 1版
版　　次/ 2012年7月第 1次印刷
书　　号/ ISBN 978-7-5037-6562-9/C.2649
定　　价/ 300.00元

忻州统计年鉴—2012

编辑委员会

主　　任：高　毅

副 主 任：王所文　韩利成　郭焕康　刘建明
马晓勤　刘　文　冀宝生　张建生

编　　委：（以姓氏笔画为序）
马　敏　王俊梅　孔艳丽　李全英
李晓龙　李喜田　张志军　张苗苗
张培云　苗　彦　岳红艳　范海艳
赵　桓　赵　静　宣所军　郭美英
项艳萍　徐丽霞　康晓东　宿清梅
崔新星　董兰亭

编辑工作人员

总 编 辑：高　毅

副总编辑：郭焕康

编辑人员：师林凤　乔志勇　高金凤

编者说明

一、《忻州统计年鉴》是一部全面反映忻州市国民经济和社会发展情况的资料性年刊。《忻州统计年鉴—2012》收录了全市和各县、市、区、各乡镇、各部门2011年经济、社会、科技等方面的统计数据。

二、全书内容共分为18个篇章，即：1.综合；2.人口、从业人员和劳动报酬；3.固定资产投资；4.能源消费与库存；5.物价；6.人民生活；7.农村经济；8.工业；9.建筑业；10.交通运输、邮电通讯业；11.批发零售贸易和餐饮业；12.对外经济贸易和旅游业；13.财政、金融和保险；14.教育、科技；15.文化、体育、卫生；16.县市区篇；17.乡镇篇；18.企业篇。为了方便读者使用，各篇章末附有《主要统计指标解释》，对主要指标的的涵义、统计范围和统计方法以及历史沿革做了简要说明。

三、本年鉴的指标口径范围，基本上以国家现行的统计报表制度为准。资料来源于统计年报；部门资料来自于抽样调查和有关部门，其中，土地面积和构成以忻州市国土局为准。

四、凡以前发表过的统计数字与本年鉴不一致的，请以本年鉴为准。

五、本年鉴中所使用的度量衡单位，均采用国际统一标准计量单位。

六、本年鉴中部分数据合计数或相对数由于单位取舍不同而产生的计算误差，均未作机械调整。

七、年鉴符号使用说明：

“空格”表示该项统计指标数据不足本表最小单位数、数据不详或无该项指标数据；

“#”表示其中的主要项。

土地面积

土地面积	万平方公里	2.52
平原	万平方公里	0.27
丘陵	万平方公里	0.91
山地	万平方公里	1.34

土地面积构成（%）

单位：万平方公里

地区生产总值（亿元）

规模以上工业增加值（亿元）

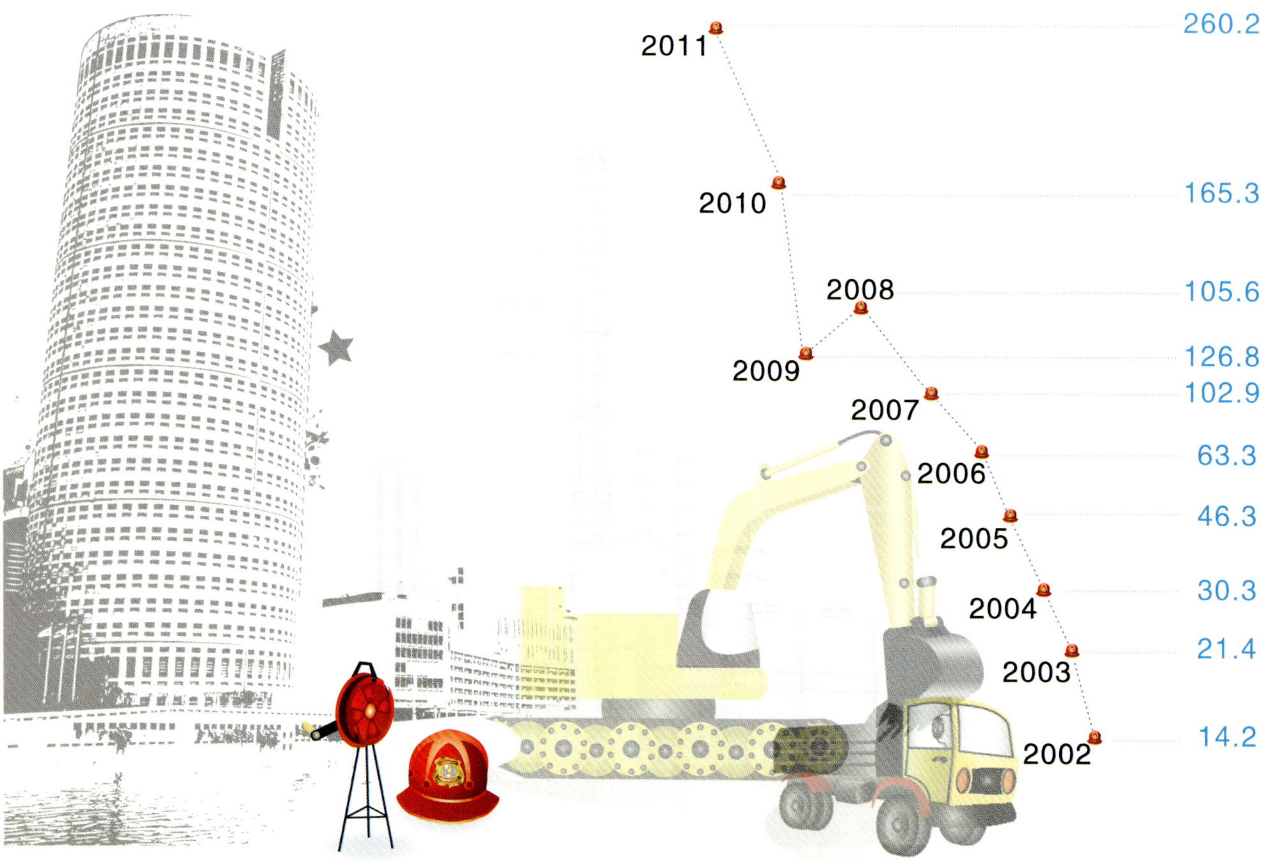

农林牧渔业总产值（亿元）

固定资产投资（亿元）

社会消费品零售总额（亿元）

外贸进出口总额（万美元）

财政总收入（亿元）

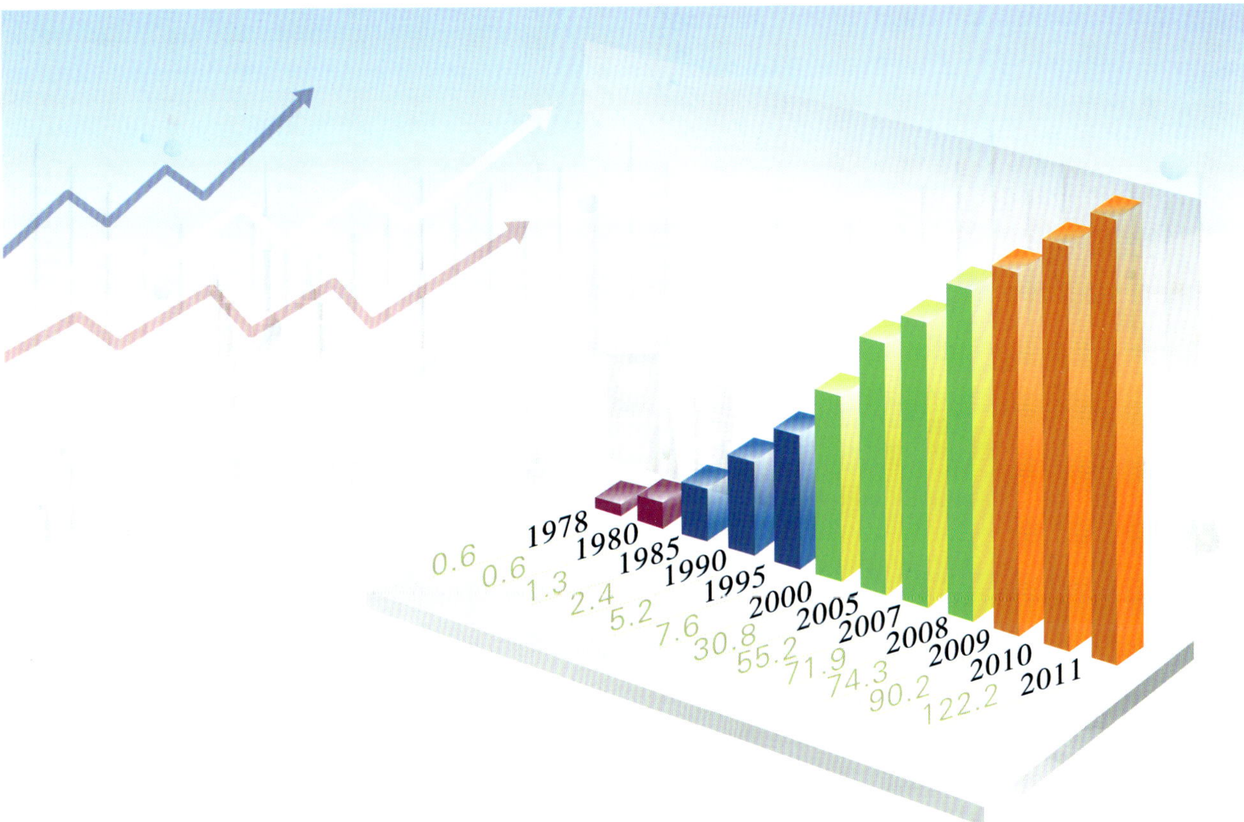

一般预算收入（亿元）

城乡居民收入（元）

农村居民人均纯收入（元）

城镇居民人均可支配收入（元）

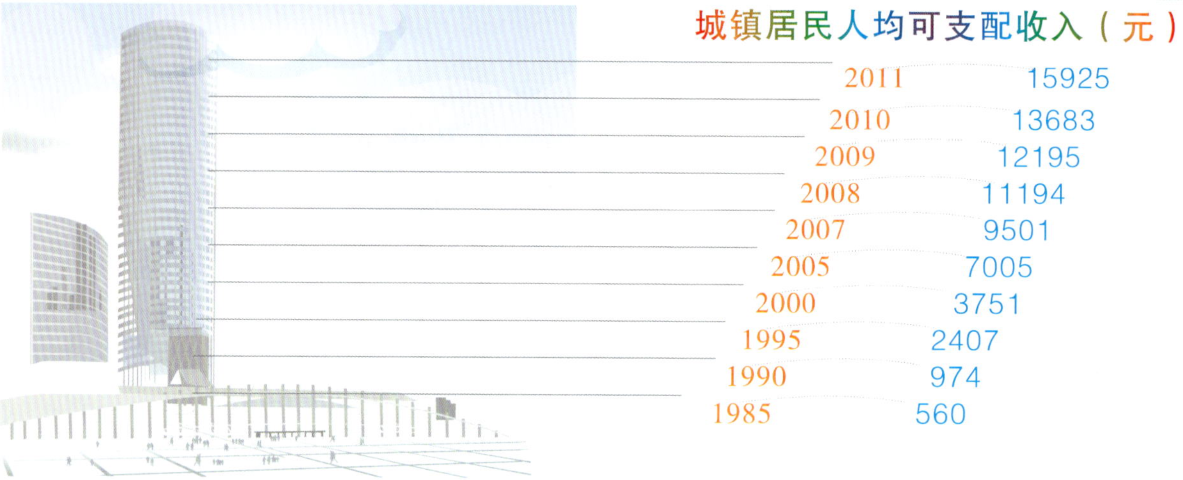

旅游外汇收入（万美元）

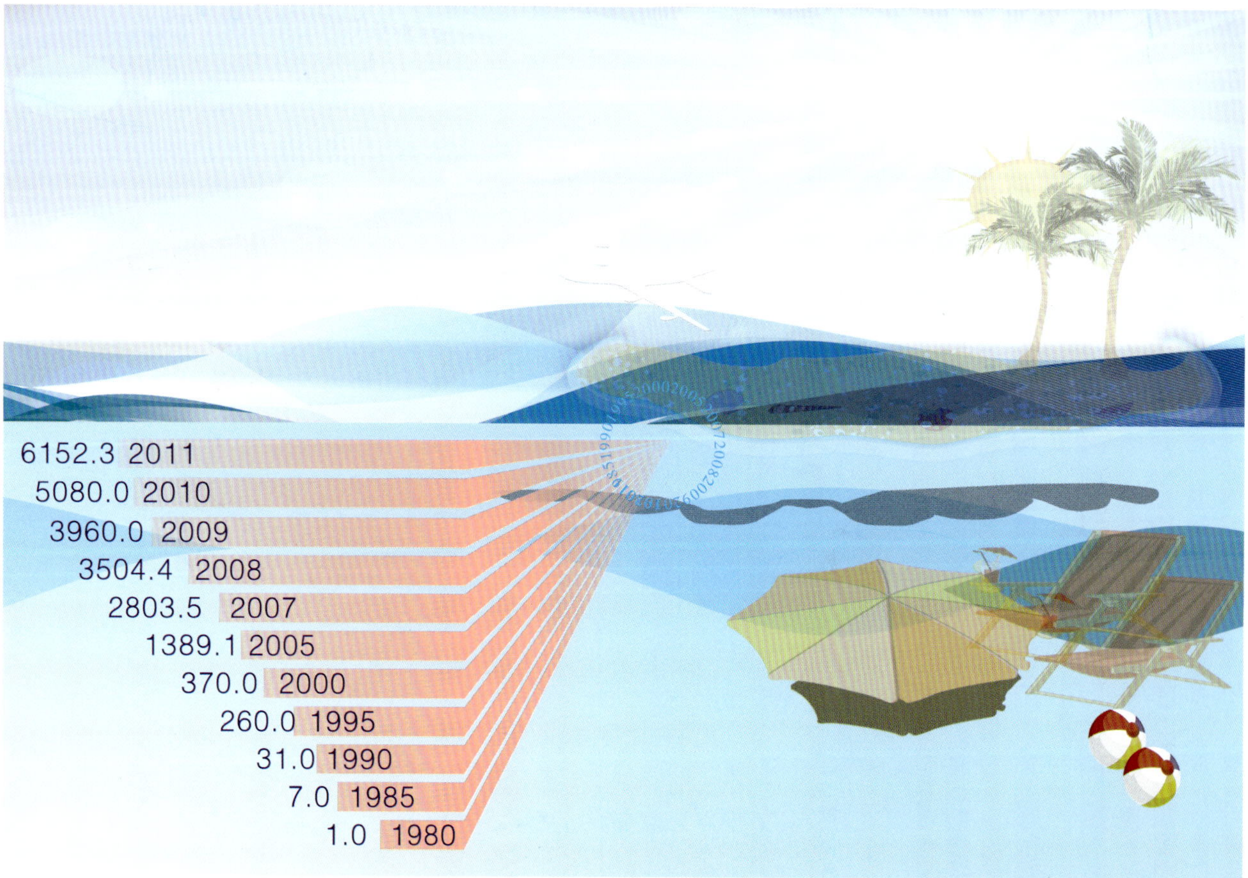

目　录

一、综　合

二、人口、从业人员和劳动报酬

三、固定资产投资

四、能源消费与库存

五、物价

六、人民生活

七、农村经济

八、工业

九、建筑业

十、交通运输、邮电通讯业

十一、批发零售贸易和餐饮业

十二、对外经济贸易和旅游业

十三、财政、金融和保险

十四、教育、科技

十五、文化、体育、卫生

十六、县市区篇

十七、乡镇篇

十八、企业篇

综合篇

忻州

统计年鉴

XIN ZHOU STATISTICAL YEARBOOK

1~16

资料整理人员

马　敏　师林凤　赵　鹏

1-1 行政区划（2011年）

县（市、区）	乡	镇	街道办事处	村民委员会
	126	59	6	4888
忻府区	秀容街道办事处 长征街街道办事处 新建路街道办事处 播明镇 奇村镇 三交镇 庄磨镇 豆罗镇 董村镇 曹张乡 高城乡 秦城乡 解原乡 合索乡 阳坡乡 兰村乡 紫岩乡 西张乡 东楼乡 北义井乡			
定襄县	晋昌镇 河边镇 宏道镇 杨芳乡 南王乡 蒋村乡 神山乡 季庄乡 受录乡			
五台县	台城镇 台怀镇 耿镇镇 豆村镇 白家庄镇 东冶镇 沟南乡 东雷乡 高洪口乡 门限石乡 陈家庄乡 建安乡 神西乡 蒋坊乡 灵境乡 阳白乡 茹村乡 石咀乡 金岗库乡			
代　县	上馆镇 阳明堡镇 峨口镇 聂营镇 枣林镇 滩上镇 新高乡 峪口乡 磨坊乡 胡峪乡 雁门关乡			
繁峙县	繁城镇 砂河镇 大营镇 下茹越乡 杏园乡 光裕堡乡 集义庄乡 东山乡 金山铺乡 柏家庄乡 横涧乡 神堂堡乡 岩头乡			
宁武县	凤凰镇 阳方口镇 东寨镇 石家庄镇 薛家洼乡 余庄乡 涔山乡 化北屯乡 西马坊乡 新堡乡 迭台寺乡 圪廖乡 怀道乡 东马坊乡			
静乐县	鹅城镇 杜家村镇 康家会镇 丰润镇 堂尔上乡 中庄乡 双路乡 段家寨乡 辛村乡 王村乡 神峪沟乡 娘子神乡 娑婆乡 赤泥洼乡			
神池县	龙泉镇 义井镇 八角镇 东湖乡 太平庄乡 虎北乡 贺职乡 长畛乡 烈堡乡 大严备乡			
五寨县	砚城镇 小河头镇 三岔镇 前所乡 李家坪乡 孙家坪乡 梁家坪乡 胡会乡 新寨乡 韩家楼乡 东秀庄乡 杏岭子乡			
岢岚县	岚漪镇 三井镇 神堂坪乡 高家会乡 李家沟乡 水峪贯乡 西豹峪乡 温泉乡 阳坪乡 大涧乡 宋家沟乡 王家岔乡			
河曲县	文笔镇 楼子营镇 刘家塔镇 巡镇镇 鹿固乡 前川乡 单寨乡 土沟乡 旧县乡 沙坪乡 社梁乡 沙泉乡 赵家沟乡			
保德县	东关镇 义门镇 桥头镇 杨家湾镇 腰庄乡 韩家川乡 林遮峪乡 冯家川乡 土崖塔乡 孙家沟乡 窑洼乡 尧圪台乡 南河沟乡			
偏关县	新关镇 天峰坪镇 老营镇 万家寨镇 窑头乡 楼沟乡 尚峪乡 南堡子乡 水泉乡 陈家营乡			
原平市	北城街道办事处 南城街道办事处 轩煤矿区街道办事处 东社镇 苏龙口镇 崞阳镇 大牛店镇 闫庄镇 长梁沟镇 轩岗镇 新原乡 南白乡 子干乡 中阳乡 沿沟乡 大林乡 西镇乡 解村乡 王家庄乡 楼板寨乡 段家堡乡			

1-2 历届市人民代表大会代表人数

项　　目	第一届 (2001)	第二届 (2006)	第三届 (2011)
代表总数（人）	343	353	349
#女代表	88	86	93
占代表总数%	25.7	24.4	26.6

1-3 历届市政治协商会议委员人数

项　　目	第一届 (2001)	第二届 (2006)	第三届 (2011)
委员总数（人）	266	327	348
#女代表	65	89	112
占委员总数%	24.4	27.2	32.2

1-4 人口和土地面积

项　　目	计量单位	2011
全市总人口	万人	308.50
城镇人口	万人	122.78
乡村人口	万人	185.72
男　性	万人	159.71
女　性	万人	148.79
出生率	‰	11.40
死亡率	‰	6.65
人口密度	人/平方公里	120.98
土地面积	万平方公里	2.52
平　原	万平方公里	0.27
丘　陵	万平方公里	0.91
山　地	万平方公里	1.34
社会从业人员	万人	142.86
职　工	万人	23.03
农村及乡镇企业	万人	102.15
私营企业及个体	万人	16.25
其　他	万人	0.73

1-5 主要年份国民经济和

指 标	计量单位	总量指标					
		1990	1995	2000	2005	2010	2011
一、年末总人口	万人	266.5	280.6	293.8	303.9	307.0	308.5
二、全社会从业人员	万人	113.7	124.0	111.4	125.9	135.3	142.9
#职工人数		25.4	27.9	23.3	21.8	22.1	23.0
三、地区生产总值	亿元	20.7	55.8	86.3	172.3	437.5	554.5
第一产业		6.8	12.3	17.1	21.5	49.2	54.9
第二产业		8.1	24.6	29.2	67.9	195.1	285.9
第三产业		5.8	18.9	40.0	82.8	193.2	213.7
四、农业生产							
农林牧渔业总产值	亿元	12.2	24.8	30.6	39.2	82.3	92.7
主要农产品产量							
粮 食	万吨	106.8	83.9	91.7	102.2	147.9	148.5
蔬 菜	万吨	25.1	23.4	34.8	18.4	18.1	20.8
油 料	万吨	8.6	3.4	7.9	4.0	3.7	4.4
肉类总产量	万吨	3.6	6.3	8.3	9.7	8.3	8.8
大牲畜年末数	万头	32.8	39.3	47.5	46.0	24.9	21.0
猪年末数	万头	43.6	56.2	63.7	63.9	52.5	52.2
羊年末数	万只	145.8	173.8	228.0	241.4	241.0	223.8
农业机械总动力	万千瓦	88.8	102.7	125.5	173.1	216.1	226.0
化肥施用量	万吨	34.9	42.6	44.6	43.6	44.2	46.1
五、工业生产							
工业总产值	万元	172450	342554	319796	1133736	4116939	6196698
轻工业		49406	75946	50694	67878	127198	147547
重工业		123044	266608	269102	1065858	3989741	6049151
主要工业产品产量							
原 煤	万吨	1222	1514	322	1965	3207	4625
发电量	万千瓦小时	64318	86247	157179	1012023	1686285	2101737
焦 炭	万吨	65	130	31.9	77	169	189
变压器	千伏安	235000	180311	257473	191890	103585	81851
水 泥	万吨	48.9	82.2	84.1	83.0	48	32
布	万米	2686	3069	2150	1363	748	739
白炭黑	吨				9237	10843	11769
草 酸	吨				52223	36095	28153
法 兰	吨				40595	143764	203340

社会发展总量与速度指标

速 度 指 标 (以上年为100)					
1990	1995	2000	2005	2010	2011
101.4	100.9	100.7	100.7	99.1	100.5
104.3	101.4	99.0	102.5	104.2	105.6
100.4	101.1	86.3	100.0	100.0	104.1
105.1	109.2	107.8	115.0	118.7	115.0
104.5	84.0	113.9	103.2	108.9	105.1
103.2	117.9	100.2	116.5	128.7	125.5
108.1	120.3	107.3	117.1	113.9	107.0
115.9	86.0	134.8	100.0	113.4	112.6
105.9	71.7	164.5	86.2	129.5	100.4
90.8	77.9	140.6	91.5	110.4	114.9
131.4	28.9	212.4	76.9	94.9	118.9
126.0	128.2	90.6	103.2	98.8	106.0
102.2	114.0	102.2	98.1	92.6	84.3
104.8	114.5	101.7	107.8	108.5	99.4
96.0	114.3	103.3	99.8	112.3	92.9
99.0	103.6	100.3	102.5	107.9	104.6
112.6	103.8	101.5	104.1	101.4	104.3
101.8	109.5	112.0	130.3	168.3	150.5
98.0	104.0	110.0	88.4	136.0	116.0
103.8	111.1	112.0	134.4	169.5	151.6
98.4	101.0	97.4	99.0	116.4	144.2
84.0	101.0	114.0	373.4	144.7	124.6
102.0	83.0	88.7	108.5	115.8	111.8
97.0	84.0	170.0	46.3	25.2	79.0
95.0	105.0	105.0	90.2	123.1	66.7
85.0	114.0	88.7	132.6	75.9	98.8
			116.4	100.4	108.5
			100.1	101.3	78.0
			85.0	154.5	141.4

1-5 主要年份国民经济和

指　　标	计量单位	总量指标					
		1990	1995	2000	2005	2010	2011
六、运输邮电							
货物运输量	万吨	2087	2666	4309	5632	5070	5587
公　路		2087	2666	4309	5632	5070	5587
货物周转量	万吨公里	91663	120776	179449	376059	1180787	1027406
公　路		91663	120776	179449	376059	1180787	1027406
旅客发送量	万人	1199	1435	2176	3000	1430	1443
旅客周转量	万人公里	65914	88751	123704	207121	107543	109816
邮电业务总量	万元	1701	8438	25125	205573	603985	1108297
函　件	万件	829	852	608	424	232	167
电 话 数	万户	1.0	5.3	19.7	134.0	242.8	257.3
七、固定资产投资							
全社会固定资产投资	亿元	3.0	4.9	20.3	81.8	424.4	516.0
#住　宅		0.1	0.8	2.0	4.1	25.9	29.8
1. 国　有		2.9	4.8	19.3	37.5	249.2	260.4
非国有		0.1	0.1	1.0	44.3	175.2	255.6
2. 城　镇		3.0	4.9	20.3	80.1	417.2	507.4
农　村					1.7	7.1	8.6
3. 第一产业		0.1	0.1	1.1	0.7	12.6	16.8
第二产业		2.2	1.5	8.7	56.9	236.1	312.4
第三产业		0.7	3.3	10.5	24.2	175.8	186.9
八、国内贸易							
社会消费品零售总额	亿元	11.7	24.7	37.2	64.4	169.8	201.4
九、对外贸易							
海关进出口总额	万美元		230.0	1747.0	4002.0	12654.0	19158.0
出口额			230.0	1184.0	3977.0	12532.0	19140.0
进口额				563.0	25.0	122.0	18.0
十、财　政							
财政总收入	亿元	2.4	5.2	7.6	30.8	90.2	122.2
地方财政收入	亿元	2.4	3.3	5.4	11.8	42.3	53.6
地方财政支出	亿元	3.5	7.3	13.0	37.5	128.6	152.2

社会发展总量与速度指标（续表）

速 度 指 标 (以上年为100)					
1990	1995	2000	2005	2010	2011
99.0	106.0	113.0	107.3	122.8	110.2
99.0	106.0	113.0	107.3	122.8	110.2
106.0	107.0	108.0	115.9	114.9	87.0
106.0	107.0	108.0	115.9	114.9	87.0
102.5	103.8	106.6	106.4	102.7	100.9
87.7	105.8	107.9	91.9	115.9	102.1
113.0	153.0	104.7	214.7	130.0	183.5
91.0	98.0	100.0	98.4	100.9	72.0
125.0	143.2	105.3	118.6	105.0	106.0
120.5	106.6	151.5	125.8	120.3	135.1
89.4	344.7	90.9	195.2	123.9	121.1
125.8	101.6	154.4	156.9	132.6	116.0
17.1	73.9	111.1	107.8	106.4	162.4
120.5	106.7	151.5	123.2	120.3	134.6
				122.4	171.5
151.8	112.8	183.3	100.0	175.0	192.7
135.2	95.8	300.0	114.0	122.2	144.9
84.2	114.1	106.1	168.1	115.4	118.5
100.3	127.8	108.7	110.8	127.0	118.6
		226.6	88.5	123.6	151.4
		165.4	90.9	125.7	152.7
		1023.6	16.6	44.4	14.8
118.7	135.5	102.5	152.5	121.3	135.5
118.7	136.3	104.0	149.4	126.2	126.6
106.0	123.3	114.3	121.8	126.1	118.4

1-6 国民经济主要比例关系

单位: %

指　　标	1990	1995	2000	2005	2010	2011
一、地区生产总值中三次产业比例	100.0	100.0	100.0	100.0	100.0	100.0
第一产业	32.9	22.1	19.8	12.9	11.2	9.9
第二产业	39.0	44.1	33.8	40.4	44.6	51.6
第三产业	28.1	33.8	46.4	46.7	44.2	38.5
二、工业总产值中轻重工业比例	100.0	100.0	100.0	100.0	100.0	100.0
轻工业	28.0	21.9	15.9	6.0	3.1	2.4
重工业	72.0	78.1	84.1	94.0	96.9	97.6
三、农林牧渔业总产值内部比例	100.0	100.0	100.0	100.0	100.0	100.0
农业产值	71.8	60.6	54.4	48.0	56.5	53.9
林业产值	4.6	4.3	6.9	4.5	7.0	6.2
牧业产值	21.1	34.7	38.3	44.7	33.2	36.5
渔业产值	0.3	0.4	0.4	0.3	0.3	0.3
农林牧渔服务业	2.2			2.5	3	3.1
四、城镇固定资产投资中三次产业的比例	100.0	100.0	100.0	100.0	100.0	100.0
第一产业	3.3	2.0	5.4	0.9	2.3	2.8
第二产业	73.4	30.6	42.9	69.6	56.1	61.0
第三产业	23.3	67.4	51.7	29.5	41.6	36.2
五、城镇固定资产投资中轻、重能源工业投资所占比例	100.0	100.0	100.0	100.0	100.0	100.0
#轻工业	8.5	1.5	1.7	1.4	2.7	2.3
重工业	66.3	34.5	40.5	71.0	53.3	97.7

1-7 主要年份地区生产总值

按当年价格计算

年 份	地区生产总值(万元)						人均地区生产总值(元/人)
		第一产业	第二产业			第三产业	
				工 业	建筑业		
1952	14535	11109	374	318	56	3052	89
1957	17846	12087	1476	1298	178	4283	105
1962	16366	10354	2412	2099	313	3600	89
1965	21506	13999	2991	2662	329	4516	110
1970	29825	18012	6147	5533	614	5666	137
1975	46860	24457	13500	12285	1215	8903	202
1978	52726	24093	19143	17421	1722	9490	220
1980	63133	27989	23149	20603	2546	11995	260
1985	107821	51430	34827	29603	5224	21564	428
1990	206846	68039	80670	71393	9277	58137	779
1995	558121	123203	246291	216997	29294	188627	1978
2000	862500	171000	291600	247000	44600	399900	2941
2001	870300	139000	328200	279000	49200	403100	2951
2002	989800	177000	363900	305000	58900	448900	3332
2003	1175700	194000	452900	388000	64900	528800	3932
2004	1454000	221000	556000	490000	66000	677000	4832
2005	1722547	215189	679404	621384	58020	827954	5687
2006	2062072	221460	878082	790716	87366	962530	6766
2007	2784329	252587	1359588	1269915	89673	1172154	9085
2008	3512706	340706	1671000	1558000	113000	1501000	11399
2009	3493072	425815	1408257	1242257	166000	1659000	11292
2010	4374561	492210	1950803	1760435	190368	1931548	14188
2011	5545452	548948	2859334	2624940	234394	2137170	18020

1-8 主要年份地区生产总值构成

单位: %

年份	地区生产总值	第一产业	第二产业			第三产业
				工业	建筑业	
1952	100.0	76.4	2.6	2.2	0.4	21.0
1957	100.0	67.7	8.3	7.3	1.0	24.0
1962	100.0	63.3	14.7	12.8	1.9	22.0
1965	100.0	65.1	13.9	12.4	1.5	21.0
1970	100.0	60.4	20.6	18.6	2.0	19.0
1975	100.0	52.2	28.8	26.2	2.6	19.0
1978	100.0	45.7	36.3	33.0	3.3	18.0
1980	100.0	44.3	36.7	32.6	4.1	19.0
1985	100.0	47.7	32.3	27.5	4.8	20.0
1990	100.0	32.9	39.0	34.5	4.5	28.1
1995	100.0	22.1	44.1	38.9	5.2	33.8
2000	100.0	19.8	33.8	28.6	5.2	46.4
2001	100.0	16.0	37.7	32.1	5.6	46.3
2002	100.0	17.9	36.8	30.8	6.0	45.3
2003	100.0	16.5	38.5	33.0	5.5	45.0
2004	100.0	15.2	38.2	33.7	4.5	46.6
2005	100.0	12.5	39.4	36.1	3.3	48.1
2006	100.0	10.7	42.6	38.4	4.2	46.7
2007	100.0	9.1	48.8	45.6	3.2	42.1
2008	100.0	9.7	47.6	44.4	3.2	42.7
2009	100.0	12.2	40.3	35.6	4.7	47.5
2010	100.0	11.3	44.6	40.2	4.4	44.1
2011	100.0	9.9	51.6	47.3	4.3	38.5

1-9 主要年份地区生产总值指数

1952年为100

年 份	地区生产总值	第一产业	第二产业			第三产业
				工 业	建筑业	
1952	100.0	100.0	100.0	100.0	100.0	100.0
1957	132.1	113.4	206.8	190.3	285.6	127.7
1962	116.4	95.1	174.2	156.5	276.9	94.1
1965	123.0	107.6	224.3	190.5	220.3	87.4
1970	163.2	126.6	382.7	311.3	357.1	94.3
1975	234.6	159.5	571.2	415.0	667.5	133.1
1978	257.8	151.1	709.2	495.3	947.7	131.2
1980	274.1	159.7	765.6	545.9	1310.4	135.6
1985	346.4	247.0	1115.7	771.6	2688.1	136.7
1990	421.1	262.4	1542.6	1034.9	4422.1	171.4
1995	695.2	260.9	2802.5	1898.7	6201.5	336.0
2000	1068.5	328.4	3477.7	2717.5	7498.9	555.2
2001	1098.5	268.3	3728.1	2869.7	8263.8	589.6
2002	1213.8	339.4	4093.5	3087.8	9040.6	649.7
2003	1377.7	359.4	4895.8	3764.0	9655.4	743.9
2004	1581.5	386.4	5659.5	4272.1	10379.5	910.6
2005	1818.8	398.7	6593.3	5207.7	9113.2	1066.2
2006	2117.1	441.4	7931.8	6384.7	9450.4	1219.8
2007	2525.7	487.3	9756.1	8019.2	9478.8	1439.3
2008	2836.3	558.4	10692.7	8861.2	9488.3	1645.2
2009	2842.0	577.4	9794.5	7691.5	14251.4	1765.3
2010	3373.5	628.8	12605.5	10060.5	16317.9	2010.7
2011	3879.5	660.9	15819.9	12766.8	18341.3	2151.4

1-10 主要年份地区生产总值指数

上年为100

年 份	地区生产总值	第一产业	第二产业			第三产业
				工 业	建筑业	
1953	108.4	106.1	115.2	113.0	131.7	107.5
1957	106.0	100.5	119.1	117.2	141.2	100.8
1962	87.1	90.4	79.5	80.4	77.4	79.8
1965	92.1	89.4	116.9	114.3	107.8	87.9
1970	112.0	108.7	121.5	119.5	133.5	103.4
1975	108.7	103.1	111.7	106.4	121.7	103.3
1978	105.4	96.0	110.3	108.5	111.7	97.6
1980	98.9	95.8	103.7	102.8	116.0	94.0
1985	96.8	88.8	110.3	110.1	113.4	101.9
1990	105.1	104.5	103.2	103.1	93.5	108.1
1995	109.2	84.0	117.9	118.5	111.4	120.3
2000	107.8	113.9	100.2	100.4	105.8	107.3
2001	102.8	81.7	107.2	105.6	110.2	106.2
2002	110.5	126.5	109.8	107.6	109.4	110.2
2003	113.5	105.9	119.6	121.9	106.8	114.5
2004	114.8	107.5	115.6	113.5	107.5	122.4
2005	115.0	103.2	116.5	121.9	87.8	117.1
2006	116.4	110.7	120.3	122.6	103.7	114.4
2007	119.3	110.4	123.0	125.6	100.3	118.0
2008	112.3	114.6	109.6	110.5	100.1	114.3
2009	100.2	103.4	91.6	86.8	150.2	107.3
2010	118.7	108.9	128.7	130.8	114.5	113.9
2011	115.0	105.1	125.5	126.9	112.4	107.0

主要统计指标解释

地区生产总值 是按市场价格计算的一个地区所有常住单位在一定时期内生产活动的最终成果。地区生产总值有三种表现形态,即价值形态、收入形态和产品形态。从价值形态看,它是所有常住单位在一定时期内所生产的全部货物和服务价值超过同期投入的全部非固定资产货物和服务价值的差额,即所有常住单位的增加值之和;从收入形态看,它是所有常住单位在一定时期内所创造并分配给常住单位和非常住单位的初次分配收入之和;从产品形态看,它是最终使用的货物和服务减去进口货物和服务。在核算中,地区生产总值的三种表现形态表现为三种计算方法,即生产法、收入法和支出法。三种方法分别从不同的方面反映地区生产总值及其构成。

三次产业 三次产业的划分是世界上较为通用的产业结构分类,但各国的划分不尽一致。我国的三次产业划分是:

第一产业:农业(包括种植业、林业、牧业、渔业和农林牧渔服务业)。

第二产业:工业(包括采矿业,制造业,电力、煤气及水的生产和供应业)和建筑业。

第三产业:除第一、第二产业以外的其他各业。

总产出 指一定时期内一个地区常住单位生产的所有货物和服务的价值,既包括新增价值,也包括被消耗的货物和服务价值以及固定资产的转移价值。总产出按生产者价格计算,它反映常住单位生产活动的总规模。

中间投入 指常住单位在生产或提供货物与服务过程中,消耗和使用的所有非固定资产货物和服务的价值。中间投入也称为中间消耗,一般按购买者价格计算。

增加值 指常住单位生产过程创造的新增价值和固定资产的转移价值。它可以按生产法计算,也可以按收入法计算,按生产法计算,它等于总产出减去中间投入;按收入法计算,它等于劳动者报酬、生产税净额、固定资产折旧和营业盈余之和。

劳动者报酬 指劳动者因从事生产活动所获得的全部报酬。包括劳动者获得各种形式的工资、奖金和津贴,既有货币形式的,也有实物形式的,还包括劳动者所享受的公费医疗和医药卫生费、上下班交通补贴、单位支付的社会保险费、住房公积金等。对于个体经济来说,其所有者所获得的劳动报酬和经营利润不易区分, 这两部分统一作为劳动者报酬处理。

生产税净额 指生产税减生产补贴后的差额。生产税指政府对生产单位从事生产、销售和经营活动以及因从事生产活动使用某些生产要素(如固定资产、土地、劳动力)所征收的各种税、附加费和规费。生产补贴与生产税相反,指政府对生产单位的单方面转移支付,因此视为负生产税,包括政策性亏损补贴、价格补贴等。

固定资产折旧 指一定时期内为弥补固定资产损耗按照规定的固定资产折旧率提取的固定资产折旧,或按国民经济核算统一规定的折旧率虚拟计算的固定资产折旧。它反映了固定资产在当期生产中的转移价值。各类企业和企业化管理的事业单位统一规定的折旧率和固定资产原值计算的虚拟折旧。原则上,固定资产折旧应按固定资产的重置价值计算,但是目前我国尚不具备对全社会固定资产进行重估价的基础,所以暂时还不能采用这种办法。

营业盈余 指常住单位创造的增加值扣除劳动者报酬、生产税净额和固定资产折旧后的余额。它相当于企业的营业利润加上生产补贴,但要扣除从利润中开支的工资和福利等。

支出法地区生产总值 指一个地区所有常住单位在一定时期内用于最终消费、资本形成总额,以及货物和服务净出口的总额,它反映本期生产的地区生产总值的使用情况。

最终消费 指常住单位在一定时期内对于货物和服务的全部最终消费支出，也就是说常住单位为满足物质、文化和精神生活的需要，从本地区经济领土和地区外购买的货物和服务的支出，不包括非常住单位在本地区经济领土内的消费支出。最终消费分为居民消费和政府消费。

居民消费 指常住住户对货物和服务的全部最终消费支出。它除了常住住户直接以货币形式购买货物和服务的消费之外，还包括以其他方式获得的货物和服务的消费，即单位以实物报酬及实物转移的形式提供给劳动者的货物和服务；住户生产并由住户自己消费的货物和服务，其中的服务仅指住户的自有住房服务和付酬的家庭服务；金融机构提供的金融媒介服务；保险公司提供的保险服务。

政府消费 指政府部门为全社会提供公共服务的消费支出和免费或以较低价格向住户提供的消费货物和服务的净支出。前者等于政府服务的产出价值减去政府单位所获得的经营收入后的价值，政府服务的产出价值等于它的经常性业务支出加上固定资产折旧；后者等于政府部门免费或以较低价格向住户提供的货物和服务的市场价值减去向住户收取的价值。

资本形成总额 指常住单位在一定时期内获得的减去处置的固定资产加存货的净变动额，包括固定资本形成总额和存货增加。

固定资本形成总额 指生产者在一定的时期内获得的固定资产减处置的固定资产的价值总额。固定资产是通过生产活动生产出来的，其使用年限在一年以上，单位价值在规定标准以上的资产，不包括自然资产。固定资本形成总额分有形固定资本形成总额和无形固定资本形成总额。有形固定资本形成总额包括一定时期内完成的建筑工程、安装工程、设备工器具购置（减处置）价值以及土地改良、新增役、种、奶、毛、娱乐用牲畜和新增经济林木价值。无形固定资本形成总额包括矿藏的勘探、计算机软件等获得减处置。

存货增加 指常住单位存货实物量变动的市场价值，即期末价值减期初价值的差额，再扣除当期由于价格变动而产生的持有收益。存货增加可以是正值，也可以是负值；正值表示存货增加，负值表示存货减少。它包括生产单位购进的原材料、燃料和储备物资等存货，以及生产单位生产的产成品、在制品存货等。

货物和服务净出口 指货物和服务出口减货物和服务进口的差额。出口包括常住单位向非常住单位出售或无偿转让的各种货物和服务的价值；进口包括常住单位从非常住单位购买或无偿得到的各种货物和服务的价值。由于服务活动的提供与使用同时发生，因此服务的进出口业务并不发生出入境现象，一般把常住单位从国外得到的服务作为进口，常住单位向国外提供的服务作为出口。

人口、从业人员和劳动报酬

忻州统计年鉴

XIN ZHOU STATISTICAL YEARBOOK

17~34

资料整理人员

岳红艳　郭晓宁　崔新星

2-1 主要年份总人口数

单位：万人

年份	总人口	按性别分		按城镇乡村分	
		男性	女性	城镇	乡村
1952	161.03	87.22	73.81	8.97	152.06
1957	171.93	94.45	77.48	13.16	158.77
1962	187.32	102.34	84.98	9.90	177.42
1965	196.92	108.06	88.86	12.42	184.50
1970	218.94	119.91	99.03	16.89	202.05
1975	234.09	127.34	106.75	19.84	214.25
1978	240.88	130.84	110.04	21.84	219.04
1980	243.21	131.45	111.76	24.76	218.45
1985	252.72	136.80	115.92	28.58	224.14
1995	280.62	150.59	130.03	47.52	233.10
2000	293.83	153.46	140.37	79.30	214.53
2001	296.04	154.65	141.39	79.53	216.51
2002	298.06	155.65	142.41	88.71	209.35
2003	299.98	156.00	143.98	91.44	208.54
2004	301.90	156.83	145.07	94.99	206.91
2005	303.87	157.45	146.42	101.67	202.20
2006	305.67	157.36	148.31	105.76	199.91
2007	307.26	159.23	148.03	109.47	197.79
2008	309.03	160.69	148.34	113.44	195.59
2009	309.67	160.96	148.71	116.19	193.48
2010	306.99	158.29	148.70	116.22	190.77
2011	308.50	159.71	148.79	122.78	185.72

注：２０００年以前是公安人口，以农业和非农业划分，２０００年及以后为人口调查数据，以城镇和乡村划分。

2-2 主要年份人口自然变动

单位：人

年 份	出生		死亡		自然增长	
	人数	出生率（‰）	人数	死亡率（‰）	人数	增长率（‰）
1957	52778	31.90	23354	14.70	29424	17.20
1962	62990	34.30	23441	12.80	39549	21.50
1965	59050	30.30	22823	11.70	36227	18.60
1970	62083	28.60	21083	9.70	41000	18.90
1975	55635	23.90	20190	8.70	35445	15.20
1978	42735	17.90	17411	7.30	25324	10.60
1980	36475	15.00	17326	7.10	19149	7.90
1985	33026	13.10	16190	6.40	16836	6.70
1995	42681	15.20	18533	6.60	24148	8.60
2000	41625	14.26	19406	6.65	22219	7.61
2001	41586	14.10	19554	6.63	22032	7.47
2002	41420	13.94	21237	7.15	20183	6.79
2003	41128	13.75	21891	7.32	19237	6.43
2004	40673	13.52	21417	7.12	19256	6.40
2005	41586	13.73	21868	7.22	19718	6.51
2006	38930	12.77	20995	6.89	17935	5.88
2007	38308	12.50	22372	7.30	15936	5.20
2008	38025	12.34	20322	6.59	17703	5.74
2009	36427	11.76	22054	7.12	14373	4.64
2010	35287	11.52	18694	6.10	16593	5.42
2011	35084	11.40	20454	6.65	14630	4.75

2-3 主要年份从业人员年末人数

单位：人

年份	从业人员合计	在岗职工	国有单位	集体单位	其他单位	其他从业人员	劳务派遣人员	城镇私营企业及个体	农村及乡镇企业
1952	647561	17329	16055	1274				28252	601980
1957	720579	67622	49498	18124				1749	651208
1962	738216	60933	52559	8374					677283
1965	791833	73777	63408	10369					718056
1970	896189	104513	91916	12597					791676
1975	922579	125998	109648	16350					796581
1978	907452	141999	118579	23420					765453
1980	958274	181607	157506	24101					776667
1985	1047222	218811	176012	42506	293				828411
1995	1240243	278679	232525	42990	3164			119147	842417
2000	1114213	233370	200176	23166	10028	5592		50900	824351
2001	1122067	231495	199822	22247	9426	6331		56955	827826
2002	1211986	224628	194923	18516	11189	7507		55942	923909
2003	1213622	218772	189573	16449	12750	9981		56686	928183
2004	1228187	217730	190554	15472	11704	7070		74784	928603
2005	1259000	217939	185748	14306	17885	5937		88288	946836
2006	1157763	217750	185029	13836	18885	5744		91642	842627
2007	1236334	216464	183579	13820	19065	4927		125687	889256
2008	1276138	215056	182161	13236	19659	6478		121839	932765
2009	1298225	221051	187297	13828	19926	5816		130483	940875
2010	1352679	221423	185663	15313	20447	5553		153309	972394
2011	1428627	230348	190112	17309	22927	7281	6917	162532	1021549

2-4 城乡劳动力资源配置情况（2011年）

单位：万人

指　标	2011年
年末劳动力资源总数	224.45
年末劳动力配置	
一、从业人员	142.86
按经济类型分	
1.国有经济	19.96
2.集体经济	4.84
3.私营经济	12.65
4.个体经济	19.80
5.联营经济	0.56
6.股份制经济	0.75
7.外商投资经济	
8.港、澳、台投资经济	0.15
9.其他经济	84.15
按国民经济行业分	
1.农、林、牧、渔业	61.80
2.采掘业	7.93
3.制造业	10.03
4.电力、燃气及水的生产和供应业	1.01
5.建筑业	13.25
6.交通运输、仓储和邮政业	6.77
7.信息传输、计算机服务和软件业	1.18
8.批发和零售业	10.46
9.住宿和餐饮业	5.56
10.金融、保险业	1.11
11.房地产业	0.17
12.租赁和商务服务业	0.64
13.科学研究、技术服务和地质勘察业	0.70
14.水利、环境和公共设施管理业	0.78
15.居民服务和其他服务业	1.54
16.教育	4.52
17.卫生、社会保障和社会福利业	1.67
18.文化、体育和娱乐业	0.82
19.公共管理和社会组织	7.94
20.其他行业	4.98
按三次产业分	
1 .第一产业	61.80
2 .第二产业	32.22
3 .第三产业	48.84
二、城镇登记事业人员	7.23
三、16岁以上在校学生	13.81
四、其他劳动者	60.55
# 家务劳动者	30.88

2-5 城镇单位从业人员（2011年）

单位：人

项目	从业人员	#女性	在岗职工	劳务派遣人员	其他从业人员
总计	244546	84141	230348	6917	7281
一、按单位类型分组					
1、企业	115651	30343	104440	6627	4584
2、事业	84315	41214	82600	104	1611
3、机关	43955	12397	42715	186	1054
4、民间非盈利组织	88	22	88		
5、其他	537	165	505		32
二、按国民经济行业分组					
1、农、林、牧、渔业	3363	934	3226		137
2、采矿业	35738	5166	33269	2134	335
3、制造业	17431	4955	16343	535	553
4、电力、燃气及水的生产和供应业	6197	1790	5162	856	179
5、建筑业	15349	1166	12960	322	2067
6、交通运输、仓储和邮政业	7738	2556	7520	205	13
7、信息传输、计算机服务和软件业	3972	2277	2978	994	
8、批发和零售业	16254	6371	15428	407	419
9、住宿和餐饮业	4524	2851	4264	135	125
10、金融业	9305	3683	7534	1050	721
11、房地产业	676	96	672		4
12、租赁和商务服务业	2299	747	2274		25
13、科学研究、技术服务和地质勘察业	2165	662	2022		143
14、水利、环境和公共设施管理业	4611	1538	4364	32	215
15、居民服务和其他服务业	473	111	448		25
16、教育	43572	23741	42933	23	616
17、卫生、社会保障和社会福利业	14805	8686	14638	18	149
18、文化、体育和娱乐业	2017	885	2002		15
19、公共管理和社会组织	54057	15926	52311	206	1540

2-6 城镇单位从业人员劳动报酬 （2011年）

单位：万元

项　目	从业人员劳动报酬	在岗职工工资总额	劳务派遣人员工资总额	其他从业人员劳动报酬	在岗职工平均工资（元）
总　　计	733633	704700	20192	8741	30548
一、按单位类型分组					
1、企业	352327	327291	19981	5055	31236
2、事业	243984	241520	34	2430	29197
3、机关	136487	135063	177	1247	31712
4、民间非盈利组织	98	98			11125
5、其他	737	728		9	14414
二、按国民经济行业分组					
1、农、林、牧、渔业	8786	8661		125	26806
2、采矿业	172483	162279	9743	461	50122
3、制造业	33860	32425	681	754	19102
4、电力、燃气及水的生产和供应业	20554	18545	1886	123	36693
5、建筑业	31229	27573	702	2954	20283
6、交通运输、仓储和邮政业	16478	15964	494	20	21031
7、信息传输、计算机服务和软件业	9694	7421	2273		24961
8、批发和零售业	25662	24473	947	242	15836
9、住宿和餐饮业	7909	7456	262	191	16812
10、金融业	38074	34833	2977	264	46599
11、房地产业	1296	1294		2	19347
12、租赁和商务服务业	4748	4723		25	20570
13、科学研究、技术服务和地质勘察业	5612	5542		70	27489
14、水利、环境和公共设施管理业	8865	8656	43	166	19916
15、居民服务和其他服务业	676	669		7	14889
16、教育	141027	139647	12	1368	32431
17、卫生、社会保障和社会福利业	38473	38354		119	26424
18、文化、体育和娱乐业	4679	4678		1	23332
19、公共管理和社会组织	163528	161507	172	1849	30956

2-7 国有单位从业人员（2011年）

单位：人

项　目	从业人员	#女性	在岗职工	劳务派遣人员	其他从业人员
总　计	199586	71217	190112	5190	4284
一、按隶属关系分组					
1、中　央	9618	3310	6107	3294	217
2、省、自治区、直辖市	35287	8755	34319	805	163
3、地　区	36933	13798	34886	946	1101
4、县及县以下	116819	45045	113871	145	2803
5、其　他	929	309	929		
二、按单位类型分组					
1、企　业	76266	20058	69742	4900	1624
#地　方	68084	17199	64954	1673	1457
2、事　业	79278	38736	77577	104	1597
#地　方	79029	38668	77345	89	1595
3、机　关	43920	12387	42680	186	1054
#地　方	42733	12004	41593	134	1006
4、民间非盈利组织					
5、其他	122	36	113		9
三、按国民经济行业分组					
1、农、林、牧、渔业	2894	796	2764		130
2、采矿业	29745	4480	27605	2129	11
3、制造业	4539	1385	4339		200
4、电力、燃气及水的生产和供应业	4595	1454	4004	418	173
5、建筑业	8690	686	7977	73	640
6、交通运输、仓储和邮政业	7175	2383	6961	205	9
7、信息传输、计算机服务和软件业	3972	2277	2978	994	
8、批发和零售业	11670	4593	10903	407	360
9、住宿和餐饮业	1903	1142	1862	18	23
10、金融业	4347	1820	3597	699	51
11、房地产业	189	67	189		
12、租赁和商务服务业	2115	703	2090		25
13、科学研究、技术服务和地质勘察业	2087	648	1955		132
14、水利、环境和公共设施管理业	4453	1478	4238		215
15、居民服务和其他服务业	469	107	444		25
16、教育	43178	23489	42539	23	616
17、卫生、社会保障和社会福利业	11939	7037	11772	18	149
18、文化、体育和娱乐业	1839	823	1839		
19、公共管理和社会组织	53787	15849	52056	206	1525

2-8 国有单位从业人员劳动报酬（2011年）

单位：万元

项　目	从业人员劳动报酬	在岗职工工资总额	劳务派遣人员工资总额	其他从业人员劳动报酬	在岗职工平均工资（元）
总　计	622861	600388	17073	5400	31598
一、按隶属关系分组					
1、中 央	47492	36229	11061	202	59804
2、省、自治区、直辖市	152138	149710	2199	229	44134
3、地 区	102615	97489	3610	1516	28202
4、县及县以下	318586	314930	203	3453	27504
5、其 他	2030	2030			21279
二、按单位类型分组					
1、企 业	253717	235125	16862	1730	33810
#地 方	210943	203447	5881	1615	31390
2、事 业	232377	229927	34	2416	29556
#地 方	231633	229203	16	2414	29552
3、机 关	136429	135005	177	1247	31724
#地 方	132456	131180	115	1161	31637
4、民间非盈利组织					
5、其他	338	331		7	29248
三、按国民经济行业分组					
1、农、林、牧、渔业	7237	7124		113	25738
2、采矿业	146379	136634	9734	11	50810
3、制造业	7462	7204		258	16872
4、电力、燃气及水的生产和供应业	13781	12800	858	123	32703
5、建筑业	18215	17047	212	956	19737
6、交通运输、仓储和邮政业	15255	14746	494	15	20971
7、信息传输、计算机服务和软件业	9694	7421	2273		24961
8、批发和零售业	21109	19952	947	210	18426
9、住宿和餐饮业	3357	3297	29	31	16339
10、金融业	22499	20067	2342	90	56085
11、房地产业	319	319			16707
12、租赁和商务服务业	4390	4364		26	20655
13、科学研究、技术服务和地质勘察业	5459	5399		60	27703
14、水利、环境和公共设施管理业	8594	8428		166	19919
15、居民服务和其他服务业	672	665		7	14933
16、教育	139589	138209	12	1368	32394
17、卫生、社会保障和社会福利业	31199	31080		119	26475
18、文化、体育和娱乐业	4433	4433			24068
19、公共管理和社会组织	163218	161199	172	1847	31046

2-9 集体单位从业人员（2011年）

单位：人

项目	从业人员	#女性	在岗职工	劳务派遣人员	其他从业人员
总计	18345	6983	17309	238	798
一、按单位类型分组					
1、企业	14063	4923	13041	238	784
2、事业	4277	2058	4263		14
3、机关					
4、民间非盈利组织					
5、其他	5	2	5		
二、按国民经济行业分组					
1、农、林、牧、渔业	397	113	390		7
2、采矿业	1580	378	1251	5	324
3、制造业	2329	1323	2231		98
4、电力、燃气及水的生产和供应业					
5、建筑业	2654	117	2301	121	232
6、交通运输、仓储和邮政业	544	166	544		
7、信息传输、计算机服务和软件业					
8、批发和零售业	3675	1371	3616		59
9、住宿和餐饮业	708	419	708		
10、金融业	3556	1471	3373	112	71
11、房地产业					
12、租赁和商务服务业	70	19	70		
13、科学研究、技术服务和地质勘察业					
14、水利、环境和公共设施管理业					
15、居民服务和其他服务业	4	4	4		
16、教育					
17、卫生、社会保障和社会福利业	2734	1568	2734		
18、文化、体育和娱乐业	50	20	43		7
19、公共管理和社会组织	44	14	44		

2-10 集体单位从业人员劳动报酬 （2011年）

单位：万元

项　目	从业人员劳动报酬	在岗职工工资总额	劳务派遣人员工资总额	其他从业人员劳动报酬	在岗职工平均工资（元）
总　计	38161	37070	259	832	21213
一、按单位类型分组					
1、企业	28864	27787	259	818	20908
2、事业	9297	9283		14	22209
3、机关					
4、民间非盈利组织					
5、其他					
二、按国民经济行业分组					
1、农、林、牧、渔业	1316	1304		12	33338
2、采矿业	2883	2424	9	450	20521
3、制造业	2033	2007		26	8866
4、电力、燃气及水的生产和供应业					
5、建筑业	5949	5654	159	136	22937
6、交通运输、仓储和邮政业	1191	1191			21897
7、信息传输、计算机服务和软件业					
8、批发和零售业	2777	2745		32	7338
9、住宿和餐饮业	1467	1467			19827
10、金融业	13185	12920	91	174	38705
11、房地产业					
12、租赁和商务服务业	152	152			22058
13、科学研究、技术服务和地质勘察业					
14、水利、环境和公共设施管理业					
15、居民服务和其他服务业	4	4			10000
16、教育					
17、卫生、社会保障和社会福利业	7056	7056			26616
18、文化、体育和娱乐业	47	45		2	10558
19、公共管理和社会组织	101	101			22977

2-11 其他单位从业人员（2011年）

单位：人

项　目	从业人员	#女性	在岗职工	劳务派遣人员	其他从业人员
总　计	26615	5941	22927	1489	2199
一、按登记注册类型分组					
内 资	25570	5812	21882	1489	2199
股份合作	895	408	895		
联 营	1556	583	1356		200
#国有联营	248	131	248		
集体联营	305	177	305		
有限责任公司	15584	3019	13579	771	1234
#国有独资	102		102		
股份有限公司	6596	1527	5136	718	742
其 他	939	275	916		23
港、澳、台商投资	1045	129	1045		
外商投资					
二、按单位类型分组					
1、企 业	25322	5362	21657	1489	2176
2、事 业	760	420	760		
3、机 关	35	10	35		
4、民间非盈利组织	88	22	88		
5、其 他	410	127	387		23
三、按国民经济行业分组					
1、农、林、牧、渔业	72	25	72		
2、采矿业	4413	308	4413		
3、制造业	10563	2247	9773	535	255
4、电力、燃气及水的生产和供应业	1602	336	1158	438	6
5、建筑业	4005	363	2682	128	1195
6、交通运输、仓储和邮政业	19	7	15		4
7、信息传输、计算机服务和软件业					
8、批发和零售业	909	407	909		
9、住宿和餐饮业	1913	1290	1694	117	102
10、金融业	1402	392	564	239	599
11、房地产业	487	29	483		4
12、租赁和商务服务业	114	25	114		
13、科学研究、技术服务和地质勘察业	78	14	67		11
14、水利、环境和公共设施管理业	158	60	126	32	
15、居民服务和其他服务业					
16、教育	394	252	394		
17、卫生、社会保障和社会福利业	132	81	132		
18、文化、体育和娱乐业	128	42	120		8
19、公共管理和社会组织	226	63	211		15

2-12 其他单位从业人员劳动报酬 （2011年）

单位：万元

项　目	从业人员劳动报酬	在岗职工工资总额	劳务派遣人员工资总额	其他从业人员劳动报酬	在岗职工平均工资（元）
总　计	72611	67241	2861	2509	28976
一、按登记注册类型分组					
内　资	71651	66281	2861	2509	29909
股份合作	1572	1572			19624
联　营	3118	2926		192	21755
#国有联营	460	460			18996
集体联营	1156	1156			37892
有限责任公司	49104	45844	1202	2058	32339
#国有独资	123	123			12020
股份有限公司	16307	14391	1659	257	28997
其　他	1550	1548		2	17674
港、澳、台商投资	960	960			9191
外商投资					
二、按单位类型分组					
1、企　业	69746	64378	2861	2507	29334
2、事　业	2310	2310			30834
3、机　关	58	58			16514
4、民间非盈利组织	98	98			11125
5、其　他	399	397		2	10269
三、按国民经济行业分组					
1、农、林、牧、渔业	233	233			32361
2、采矿业	23222	23222			53941
3、制造业	24364	23213	681	470	22233
4、电力、燃气及水的生产和供应业	6773	5744	1028	1	50393
5、建筑业	7065	4872	332	1861	19552
6、交通运输、仓储和邮政业	32	27		5	18000
7、信息传输、计算机服务和软件业					
8、批发和零售业	1776	1776			20072
9、住宿和餐饮业	3084	2692	233	159	16052
10、金融业	2390	1846	544		33018
11、房地产业	976	975		1	20402
12、租赁和商务服务业	206	206			18105
13、科学研究、技术服务和地质勘察业	153	143		10	21269
14、水利、环境和公共设施管理业	271	228	43		19800
15、居民服务和其他服务业					
16、教育	1438	1438			36487
17、卫生、社会保障和社会福利业	219	219			17504
18、文化、体育和娱乐业	199	199			16617
19、公共管理和社会组织	210	208		2	10014

2-13 主要年份职工平均工资及指数

单位：元

年份	全部职工平均工资	指数（以1952年为100）货币工资	国有单位平均工资	指数（以1952年为100）货币工资	集体单位平均工资	指数（以1952年为100）货币工资
1952	305	100	304	100	327	100
1957	482	158	497	164	445	136
1962	523	172	528	174	482	147
1965	573	188	589	194	481	147
1970	560	184	571	188	563	172
1975	582	191	593	195	499	153
1978	605	199	625	206	511	156
1980	696	229	716	236	572	175
1985	960	315	1001	330	796	243
1990	1767	580	1854	610	1284	393
1995	3555	1166	3734	1229	2479	758
2000	5316	1743	5532	1820	3367	1030
2001	6517	2136	6781	2230	3930	1202
2002	7122	2335	7445	2449	4554	1393
2003	8007	2625	8374	2755	5840	1786
2004	9150	3000	9518	3131	6692	2046
2005	9822	3220	10228	3364	7468	2284
2006	11960	3921	12384	4074	8386	2565
2007	14813	4857	15367	5055	9043	2765
2008	19167	6284	19856	6532	12684	3879
2009	20797	6819	21848	7187	12597	3852
2010	24402	8001	25834	8498	15002	4588
2011	30548	10016	31598	10394	21213	6487

主要统计指标解释

人口数 指一定时点、一定地区范围内有生命的个人总和。

年度统计的年末人口数 指每年 12 月 31 日 24 时的常住人口数。

人口变动抽样调查的对象包括:1、在抽中调查小区居住并且户口在本乡(镇、街道)的人口;2、在抽中调查小区居住半年以上,户口在外乡(镇、街道)的人口;3、在抽中调查小区居住不满半年,离开户口登记地半年以上的人口;4、在抽中调查小区居住,户口待定的人口。

城镇人口和乡村人口 城镇人口是居住在城镇范围内的全部常住人口;乡村人口是除上述人口以外的全部人口。

城镇包括城区和镇区。城区是指在市辖区和不设区的市中,街道办事处所辖的居民委员会地域;城市公共设施、居住设施等连接到的其他居民委员会地域和村民委员会地域。

镇区是指在城区以外的镇和其他区域,其包括所辖的居民委员会地域;镇的公共设施、居住设施等连接到的村民委员会地域。

出生率(又称粗出生率) 是指一定时期内(通常为一年)一定地区的出生人数与同期内平均人数(或期中人数)之比,用千分率表示。本资料中的出生率指年出生率。其计算公式为:

$$出生率 = 年出生人数 / 年平均人数 \times 1000‰$$

式中:出生人数指活产婴儿,即胎儿脱离母体时(不管怀孕月数),有过呼吸或其他生命现象。年平均人数指年初、年底人口数的平均数,也可用年中人口数代替。

死亡率(又称粗死亡率) 指在一定时期内(通常为一年)一定地区的死亡人数与同期内平均人数(或期中人数)之比,用千分率表示。本资料中的死亡率指年死亡率,其计算公式为:

$$死亡率 = 年死亡人数 / 年平均人数 \times 1000‰$$

人口自然增长率 指在一定时期内(通常为一年)人口自然增加数(出生人数减死亡人数)与该时期内平均人数(或期中人数)之比,用千分率表示。计算公式为:

人口自然增长率 =(本年出生人数 - 本年死亡人数)/ 年平均人数 × 1000‰= 人口出生率 - 人口死亡率

总抚养比 也称总负担系数。指人口总体中非劳动年龄人口数与劳动年龄人口数之比。通常用百分比表示。用以表明每 100 名劳动年龄人口大致要负担多少名非劳动年龄人口。用于从人口角度反映人口与经济发展的基本关系。计算公式为:

$$GDR=(P_{0-14}+P_{65^+})/P_{15-64} \times 100\%$$

其中:GDR 为总抚养比;

P_{0-14} 为 0–14 岁少年儿童人口数;

P_{15-64} 为 15–64 岁的劳动年龄人口数;

P_{65^+} 为 65 岁及 65 岁以上的老年人口数。

老年人口抚养比 也称老年人口抚养系数。指某一人口中老年人口数与劳动年龄人口数之比。通常用百分比表示。用以表明每 100 名劳动年龄人口要负担多少名老年人。老年人口抚养比是从经济角度反映人口老化社会后果的指标之一。计算公式为:

$$ODR=P_{65^+}/P_{15-64} \times 100\%$$

其中:ODR 为老年人口抚养比;

P_{15-64} 为 15–64 岁的劳动年龄人口数;

P_{65^+} 为 65 岁及 65 岁以上的老年人口数。

少年儿童抚养比 也称少年儿童抚养系数。指某一人口中少年儿童人口数与劳动年龄人口数之比。通常用百分比表示。以反映每 100 名劳动年龄人口要负担多少名少年儿童。计算公式为：

$CDR=P_{0-14}/P_{15-64}\times 100\%$

其中：CDR 为少年儿童抚养比；

P_{0-14} 为 0–14 岁少年儿童人口数；

P_{15-64} 为 15–64 岁的劳动年龄人口数。

劳动力资源总数 指在劳动年龄内，具有劳动能力，在正常情况下，可能或实际参加社会劳动的人口数。劳动力资源的范围为：劳动年龄内（16 周岁以上），有劳动能力，实际参加社会劳动和未参加社会劳动的人员。劳动力资源也可划分为经济活动人口和非经济活动人口。劳动力资源不包括下列人员：

（1）在押犯人；

（2）劳动年龄内丧失劳动能力的人员；

（3）16 岁以下实际参加社会劳动的人员。

从业人员 指从事一定社会劳动并取得劳动报酬或经营收入的人员。从业人员按就业身份分组包括：

（1）职工；

（2）再就业的离退休人员；

（3）私营业主；

（4）个体户主；

（5）私营企业和个体从业人员；

（6）乡镇企业从业人员；

（7）农村从业人员；

（8）其他从业人员；

职工 指在国有经济、城镇集体经济、联营经济、股份制经济、外商和港、澳、台投资经济、其他经济单位及其附属机构工作，并由其支付工资的各类人员。

私营企业和个体从业人员 指在私营企业或个体经营者所经营的机构中劳动，并领取劳动报酬的人员，包括在私营或个体经营机构中劳动的帮工、学徒、雇用人员。

乡镇企业从业人员 指在乡镇企业劳动，并领取劳动报酬的人员。

在岗职工 指在单位工作并由单位支付工资的人员，以及有工作单位，但由于学习、病伤产假等原因暂未工作，仍由单位经支付工资的人员。

职工工资总额 指各单位在一定时期内直接支付给本单位全部职工的劳动报酬总额。

职工平均工资 指企业、事业、机关等单位的职工在一定时期内平均每人所得的货币工资额。它表明一定时期职工工资收入的高低程度，是反映职工工资水平的主要指标。计算公式为：

$$职工平均工资=\frac{报告期实际支付的全部职工工资总额}{报告期全部职工平均人数}$$

职工平均实际工资 指扣除物价变动因素后的职工平均工资。计算公式为：

$$职工平均实际工资=\frac{报告期职工平均工资}{报告期职工生活费价格指数}\times 100\%$$

职工平均工资指数 指报告期平均工资与基期平均工资的比率，是反映不同时期职工货币工资水平变动情况的相对数。它表明报告期平均工资比基期平均工资提高或降低的程度。计算公式为：

$$职工平均工资指数=\frac{报告期职工平均工资}{基期职工平均工资}\times 100\%$$

职工平均实际工资指数 是反映职工实际工资的变动方向和变动程度的指数，表明职工实际工资水平提高或降低的程度。计算公式为：

$$职工平均实际工资指数=\frac{报告期职工平均工资指数}{报告期职工生活费价格指数}\times 100\%$$

失业人员 指在劳动年龄内，有劳动能力，在调查期间无工作并以某种方式正在寻找工作的人员。

城镇登记失业人员 指有非农业户口，在劳动年龄内(16 岁至退休年龄)，有劳动能力，无业而要求就业，并在当地劳动保障部门进行失业登记的人员。

城镇登记失业率 指城镇期末实有登记失业人数与城镇期末就业人员总数加城镇期末实有登记失业人数之比。计算公式为：

$$城镇登记失业率=\frac{城镇期末实有登记失业人数}{城镇期末就业人员总数+城镇期末实有登记失业人数}\times 100\%$$

固定资产投资

TOUZI

忻州统计年鉴

XIN ZHOU STATISTICAL YEARBOOK

资料整理人员

苗　彦　范海艳　卢世铭

3-1 固定资产投资

单位: 万元

指　　标	2010	2011
一、投资总额	4243838	5160445
#住　宅	259332	298227
按登记注册类型分		
国　有	2491668	2604170
非国有	1752170	2556275
按城乡分		
城　镇	4172396	5073635
农　村	71442	86810
按构成分		
建筑工程	2110651	2609582
安装工程	328070	332238
设备工器具购置	1111760	1314415
其他费用	693357	904210
按三次产业分		
第一产业	125697	168093
第二产业	2360546	3123733
第三产业	1757595	1868619
二、新增固定资产	2761585	3546160
三、房屋建筑面积（万平方米）		
本年施工房屋面积	403	711
#住　宅	104	508
本年竣工房屋面积	198	195
#住　宅	51	111
四、本年资金来源小计	3914282	4397263
国家预算内资金	292361	247081
国内贷款	1008429	686535
利用外资	7303	1170
自筹资金	2349986	3332135
#企事业单位自有资金	681517	344324
其　　他	256203	130342

3-2 按国民经济行业分固定资产投资

单位: 万元

行　　业	2010	2011
总　　计	4243838	5160445
农、林、牧、渔业	125697	168093
采矿业	876861	1822664
制造业	713726	612967
电力、燃气及水的生产和供应业	763428	688102
建筑业	6531	
交通运输、仓储和邮政业	974458	956447
信息传输、计算机服务和软件业	414	1170
批发和零售业	43002	73461
住宿和餐饮业	34723	69246
金融业	574	219
房地产业	322043	463619
租赁和商务服务业		1540
科学研究、技术服务和地质勘查业	5209	212
水利、环境和公共设施管理业	170769	199917
居民服务和其他服务业	1105	250
教　育	139970	22243
卫生、社会保障和社会福利业	18351	26168
文化、体育和娱乐业	28748	26006
公共管理和社会组织	18229	28121

3-3 按登记注册类型分固定资产投资

单位：万元

指标	2010		2011	
	固定资产投资	#城镇	固定资产投资	#城镇
总计	4243838	4172396	5160445	5073635
内资	4206666	4148505	5104630	5034106
国有	2437979	2418141	2585947	2558255
集体	39352	26353	46613	42163
股份合作	92971	90590	127800	125934
国有联营	19557	19557	10260	10260
集体联营	750		250	
国有与集体联营				
其他联营				
国有独资公司	34132	34132	7963	7963
其他有限责任公司	972972	970284	1117130	1093468
股份有限公司	174886	170294	497488	493718
私营	245691	231803	464588	457677
其他内资	188376	187351	246591	244668
港澳台投资	117	117		
港澳台合资经营	117	117		
港澳台合作经营				
港澳台独资				
港澳台股份有限				
外商投资	1556	1556	4470	4470
外商合资经营	1556	1556	3300	3300
外商合作经营				
外商独资			1170	1170
外商股份有限				
个体经营	35499	22218	51345	35059
个体户	8834	6450	6355	4525
个人合伙	26665	15768	44990	30534

3-4 1978-2011年城镇固定资产投资

单位: 万元

年 份	城镇固定资产投资	#住 宅	第一产业	第二产业	第三产业	#工 业		
							轻工业	重工业
1978	8636	691	1720	3886	3030	3766	150	3616
1979	8874	710	1768	4062	3044	3911	831	3080
1980	9750	1127	1434	4893	3423	4764	1230	3534
1981	6684	997	533	3482	2669	3386	381	3005
1982	10160	1634	687	5506	3967	5422	821	4601
1983	14644	1181	739	11352	2553	11082	1300	9782
1984	19082	1450	660	10574	7848	10496	1312	9184
1985	25780	2740	983	14346	10451	14172	2209	11963
1986	22903	2030	792	14320	7791	14231	2351	11880
1987	29729	1782	534	20977	8218	20913	4116	16797
1988	30771	1683	694	21902	8175	21838	4290	17548
1989	24556	1127	328	16404	7824	16267	2187	14080
1990	29590	1008	826	22179	6585	22139	2511	19628
1991	41250	1978	903	27215	13132	27206	806	26400
1992	44775	2437	1093	26908	16774	26865	1124	25741
1993	63536	1966	940	43501	19095	18995	760	18235
1994	45881	2176	741	18607	26533	18607	610	17997
1995	48943	7500	836	17821	30286	17596	713	16883
1996	57901	6314	507	22952	34442	22952	918	22034
1997	61894	4438	54	27907	33933	27907	1116	26791
1998	102439	18734	74	23824	78541	23631	945	22686
1999	133661	21677	5785	28291	99585	25391	1016	24375
2000	203277	19631	11139	86358	105780	85762	3430	82332
2001	212664	25758	8917	92156	111591	91276	3651	87625
2002	356789	16610	11389	242197	103203	238788	9552	229236
2003	481185	22035	8272	344686	128227	344363	11753	332610
2004	649491	13687	6677	497272	145542	495503	13970	481533
2005	783086	41610	6589	568658	207839	567398	11019	556379
2006	953008	93923	13724	695327	243957	695327	47372	647955
2007	961839	114485	11086	572007	378746	570027	45505	524522
2008	1382837	171512	11049	845093	526695	843073	41805	801268
2009	3469088	187748	61868	1922538	1484682	1922538	75119	1847419
2010	4172396	250723	95400	2342133	1734863	2335602	111818	2223784
2011	5073635	296092	141665	3096264	1835706	3096264	116390	4957245

3-5 按国民经济行业分城镇固定资产投资

单位: 万元

行　　业	2010	2011
总　　计	4127396	5073635
农、林、牧、渔业	95400	141665
农　业	6640	46663
采矿业	872036	1812644
煤炭开采和洗选业	646942	1404080
石油天然气开采业	12000	42300
黑色金属矿采选业	110004	114920
有色金属矿采选业	97290	239294
非金属矿采选业		12050
制造业	700837	595518
纺织业	230	1200
石油加工、炼焦及核燃料加工业	18340	5820
化学原料及化学制品制造业	52722	106582
黑色金属冶炼及压延加工业	84932	18472
有色金属冶炼及压延加工业	244868	30651
工艺品及其他制造业	111588	1100
电力、燃气及水的生产和供应业	762729	688102

3-5 续表

单位: 万元

行　　业	2010	2011
建筑业	6531	
交通运输、仓储和邮政业	972348	941237
仓储业	17279	40286
邮政业	255	
信息传输、计算机服务和软件业	414	1170
批发和零售业	41534	70779
住宿和餐饮业	34423	68906
金融业	574	219
房地产业	310183	453458
租赁和商务服务业		1540
科学研究、技术服务和地质勘查业	5209	212
水利、环境和公共设施管理业	168742	196207
居民服务和其他服务业	460	
教　育	138915	22243
卫生、社会保障和社会福利业	17773	26168
文化、体育和娱乐业	26811	25446
公共管理和社会组织	17477	28121

3-6 城镇固定资产投资主要指标

单位: 万元

指　标	2010	2011
一、投资总额	4172396	5073635
#国有经济控股	2666133	3009807
#住　宅	250723	296092
按隶属关系分		
中　央	522003	533347
地　方	3650393	4540288
按登记注册类型分		
国　有	2471830	2576478
非国有	1700566	2497157
按构成分		
建筑工程	2066416	2542908
安装工程	324220	329795
设备工器具购置	1099118	1302943
其他费用	682642	897989
按建设性质分(不含房地产投资)		
新　建	1977105	2747638
扩　建	1216279	1091700
改建和技术改造	694877	783927
按三次产业分		
第一产业	95400	141665
第二产业	2342133	3096264
第三产业	1734863	1835706

3-6 续表

单位: 万元

指 标	2010	2011
二、新增固定资产	2705859	3407938
中 央	273848	191179
地 方	2432011	3216759
三、建设项目(个)		
施工项目	2113	768
中 央	17	42
地 方	2096	726
施工项目中本年新开工	1788	476
全部建成投产项目	1356	497
四、房屋建筑面积(万平方米)		
本年施工房屋面积	377	700
#住 宅	97	504
本年竣工房屋面积	176	185
#住 宅	48	107
五、投资资金来源合计	3994749	4683203
上年结余资金	155518	352335
本年资金来源小计	3839231	4330868
国家预算内资金	285370	240049
国内贷款	1003947	682435
利用外资	7303	1170
自筹资金	2295284	3280462
#企事业单位自有资金	666326	343357
其他资金来源	247327	126752

3-7 按构成分固定资产投资（2011年）

单位: 万元

指标名称	本年完成投资(或自年初累计完成投资)	其中:住宅	建筑工程	安装工程	设备工器具购置	其他费用
总计	5160445	298227	2609582	332238	1314415	904210
农、林、牧、渔业	168093	2930	113222	7531	23435	23905
农业	53473		41806	2756	6624	2287
林业	14403	320	5863	50	3040	5450
畜牧业	83221	170	50554	3939	13030	15698
渔业	400		400			
农、林、牧、渔服务业	16596	2440	14599	786	741	470
采矿业	1822664	245	624140	150988	643488	404048
煤炭开采和洗选业	1407440	245	460794	134807	484648	327191
石油和天然气开采业	42300		2300			40000
黑色金属矿采选业	115120		22806	15100	74403	2811
有色金属矿采选业	239294		134797		72657	31840
非金属矿采选业	16850		3080	1030	10640	2100
其他采矿业	1660		363	51	1140	106
制造业	612967	120	192628	68176	284556	67607
农副食品加工业	66890		34614	4083	21202	6991
食品制造业	9330		3138	590	4982	620
饮料制造业	8710		3654	705	4351	
纺织业	1200		1200			
皮革、毛皮、羽毛(绒)及其制品业	3383		3383			
木材加工及木、竹、藤、棕、草制	1400			365	995	40
家具制造业	1767		1767			
石油加工、炼焦及核燃料加工业	16820		14710	80	2030	
化学原料及化学制品制造业	106582		23945	14253	67474	910
塑料制品业	4000		220	380	3290	110
非金属矿物制品业	125302	120	67137	10622	28105	19438
黑色金属冶炼及压延加工业	18472		1701	1041	12046	3684
有色金属冶炼及压延加工业	30651		6868	3581	6397	13805
金属制品业	24008		5760	2334	10103	5811
通用设备制造业	152105		13477	19290	104296	15042

3-7 续表1

单位: 万元

指标名称	本年完成投资(或自年初累计完成投资)	其中:住宅	建筑工程	安装工程	设备工器具购置	其他费用
甲	107	118	108	109	110	112
专用设备制造业	27336		8456	6774	11630	476
交通运输设备制造业	711		711			
电气机械及器材制造业	13200		1887	4068	6565	680
工艺品及其他制造业	1100			10	1090	
废弃资源和废旧材料回收加工业						
电力、燃气及水的生产和供应业	688102	7000	222871	42596	321951	100684
电力、热力的生产和供应业	606433	7000	202195	26105	291186	86947
燃气生产和供应业	66299		14280	15355	27419	9245
水的生产和供应业	15370		6396	1136	3346	4492
建筑业						
交通运输、仓储和邮政业	956447		739298	5453	10775	200921
铁路运输业	93049		85389	610	4900	2150
道路运输业	816742		614973	1708	3590	196471
管道运输业	3570		570	2160	840	
装卸搬运和其他运输服务业	2800		1600			1200
仓储业	40286		36766	975	1445	1100
邮政业						
信息传输、计算机服务和软件业	1170			350	820	
电信和其他信息传输服务业	1170			350	820	
计算机服务业						
软件业						
批发和零售业	73461		38365	8470	12966	13660
批发业	55870		23558	7920	12070	12322
零售业	17591		14807	550	896	1338
住宿和餐饮业	69246		44710	6536	4300	13700
住宿业	63986		42326	6300	4300	11060
餐饮业	5260		2384	236		2640
金融业	219		134	85		
银行业	219		134	85		

3-7 续表2

单位: 万元

指标名称	本年完成投资(或自年初累计完成投资)	其中:住宅	建筑工程	安装工程	设备工器具购置	其他费用
甲	107	118	108	109	110	112
房地产业	463619	287607	367900	34661	5592	55466
房地产业	463619	287607	367900	34661	5592	55466
租赁和商务服务业	1540		650	190	700	
租赁业						
商务服务业	1540		650	190	700	
科学研究、技术服务和地质勘查业	212		212			
研究与试验发展						
专业技术服务业	212		212			
水利、环境和公共设施管理业	199917		176036	5134	4918	13829
水利管理业	51708		46525	699	1401	3083
环境管理业	18207		11848	2823	444	3092
公共设施管理业	130002		117663	1612	3073	7654
居民服务和其他服务业	250		180	70		
居民服务业	250		180	70		
其他服务业						
教育	22243	325	20943	1000		300
教育	22243	325	20943	1000		300
卫生、社会保障和社会福利业	26168		25351	78	504	235
卫生	24273		23456	78	504	235
社会保障业						
社会福利业	1895		1895			
文化、体育和娱乐业	26006		23646	270	290	1800
新闻出版业						
广播、电视、电影和音像业	120		120			
文化艺术业	17712		15352	270	290	1800
体育	5385		5385			
娱乐业	2789		2789			
公共管理和社会组织	28121		19296	650	120	8055
中国共产党机关						
国家机构	17531		16706	650	120	55
基层群众自治组织	10590		2590			8000

3-8 按登记注册类型

指标名称	内资企业	国有企业	集体企业	股份合作企业	联营企业
总计	5104630	2585947	46613	127800	10510
农、林、牧、渔业	144911	38265	1906	1866	
农业	50623	25351	430		
林业	13203	1568			
畜牧业	64089		1076	1866	
渔业	400		400		
农、林、牧、渔服务业	16596	11346			
采矿业	1816204	851671	718	80009	
煤炭开采和洗选业	1407440	781974	718	78209	
石油和天然气开采业	42300	40000			
黑色金属矿采选业	115120	1000		1800	
有色金属矿采选业	239294	19807			
非金属矿采选业	12050	8890			
其他采矿业					
制造业	594574	95862	2683	2335	
农副食品加工业	59217	26		1175	
食品制造业	9330	1800			
饮料制造业	8710				
烟草制品业					
纺织业	1200				
纺织服装、鞋、帽制造业					
皮革、毛皮、羽毛(绒)及其制品业	3383				
木材加工及木、竹、藤、棕、草制	1400				
家具制造业	1767				
造纸及纸制品业					
印刷业和记录媒介的复制					
文教体育用品制造业					
石油加工、炼焦及核燃料加工业	16820				
化学原料及化学制品制造业	106582	62622			
塑料制品业	4000				
非金属矿物制品业	121022	9930		1160	
黑色金属冶炼及压延加工业	18472				
有色金属冶炼及压延加工业	30651	21484			
金属制品业	24008				
通用设备制造业	147665				

分固定资产投资（2011年）

单位：万元

有限责任公司	股份有限公司	私　营	其他企业	港、澳、台商投资企　业	外商投资企业	个体经营
1125093	497488	464588	246591		4470	51345
43071	23982	30158	5663			23182
7922	8920	4060	3940			2850
10672			963			1200
24477	11012	24898	760			19132
	4050	1200				
552320	122277	85334	123875			6460
312257	106671	3736	123875			
2300						
18276	13546	80498				
219487						
	2060	1100				4800
						1660
234289	88481	128020	42904		3300	15093
50130	6900	986				7673
540	5300	1690				
6898		1812				
1200						
	1861	1522				
1400						
16820						
1950	36842	2218	2950			
4000						
73233	20817	12682	3200			4280
14171	500		3801			
4437	4730					
19094		4914				
31921	10531	98403	6810		3300	1140

3-8 续表1

指标名称	内资企业	国有企业	集体企业	股份合作企业	联营企业
专用设备制造业	25336				
交通运输设备制造业	711				
电气机械及器材制造业	13200		2683		
工艺品及其他制造业	1100				
废弃资源和废旧材料回收加工业					
电力、燃气及水的生产和供应业	688102	322251	500	24720	10260
电力、热力的生产和供应业	606433	306934	500	24720	
燃气生产和供应业	66299	2015			10260
水的生产和供应业	15370	13302			
建筑业					
交通运输、仓储和邮政业	955847	881724		16170	
铁路运输业	93049	60720		14220	
道路运输业	816742	798132			
管道运输业	3570				
装卸搬运和其他运输服务业	2800				
仓储业	39686	22872		1950	
邮政业					
信息传输、计算机服务和软件业					
批发和零售业	73461	8718	2578		
批发业	55870	4018	500		
零售业	17591	4700	2078		
住宿和餐饮业	66556	3070			
住宿业	61636	3070			
餐饮业	4920				
金融业	219	219			
银行业	219	219			
证券业					

单位：万元

				港、澳、台商投资企业	外商投资企业	个体经营
有限责任公司	股份有限公司	私营	其他企业			
6728	1000	542	17066			2000
		711				
		1440	9077			
		1100				
105030	217818		7523			
102456	164300		7523			
874	53150					
1700	368					
52833		4550	570			600
13559		4550				
18610						
3000			570			
2800						
14864						600
					1170	
43087	7900	7182	3996			
41000	2600	7182	570			
2087	5300		3426			
26596	29720	7170				2690
25846	29720	3000				2350
750		4170				340

3-8 续表2

指标名称	内资企业	国有企业	集体企业	股份合作企业	联营企业
保险业					
其他金融活动					
房地产业	462069	122795	30068	1900	
租赁和商务服务业	1540				
租赁业					
商务服务业	1540				
科学研究、技术服务和地质勘查业	212	172			
研究与试验发展					
专业技术服务业	212	172			
科技交流和推广服务业					
地质勘查业					
水利、环境和公共设施管理业	198147	175632	3640		
水利管理业	51708	45320	700		
环境管理业	18207	15588			
公共设施管理业	128232	114724	2940		
居民服务和其他服务业	250				250
居民服务业	250				250
其他服务业					
教育	22243	20213		800	
教育	22243	20213		800	
卫生、社会保障和社会福利业	26168	26168			
卫生	24273	24273			
社会保障业					
社会福利业	1895	1895			
文化、体育和娱乐业	26006	13656	2900		
新闻出版业					
广播、电视、电影和音像业	120	120			
文化艺术业	17712	6962	1300		
体育	5385	5385			
娱乐业	2789	1189	1600		
公共管理和社会组织	28121	25531	1620		
中国共产党机关					
国家机构	17531	17531			
人民政协和民主党派					
群众团体、社会团体和宗教组织					
基层群众自治组织	10590	8000	1620		

单位：万元

有限责任公司	股份有限公司	私　营	其他企业	港、澳、台商投资企　业	外商投资企业	个体经营
58899	1000	196505	50902			1550
		1540				
		1540				
		40				
		40				
5628	5080	2479	5688			1770
			5688			
140		2479				
5488	5080					1770
	1230					
	1230					
3340		1610	4500			
3340		1610	4500			

3-9 按建设性质分固定资产投资（2011年）

单位：万元

指标名称	新建	扩建	改建和技术改造	单纯建造生活设施	迁建	恢复	单纯购置
总计	2817968	1105760	784127	172351	1940		37320
农、林、牧、渔业	131285	36248	560				
农业	49023	4450					
林业	12240	2163					
畜牧业	54236	28985					
渔业	400						
农、林、牧、渔服务业	15386	650	560				
采矿业	772416	701561	340437				8250
煤炭开采和洗选业	447969	678879	280592				
石油和天然气开采业	42300						
黑色金属矿采选业	35293	13792	57785				8250
有色金属矿采选业	239294						
非金属矿采选业	5900	8890	2060				
其他采矿业	1660						
制造业	297973	139600	173454		1940		
农副食品加工业	39274	14245	13371				
食品制造业	4390	4940					
饮料制造业	2912	5798					
纺织业		1200					
纺织服装、鞋、帽制造业							
皮革、毛皮、羽毛(绒)及其制品业		1861	1522				
木材加工及木、竹、藤、棕、草制		1400					
家具制造业	1767						
石油加工、炼焦及核燃料加工业	11000	5820					
化学原料及化学制品制造业	95982	5432	5168				
塑料制品业	4000						
非金属矿物制品业	80335	2554	40473		1940		
黑色金属冶炼及压延加工业	10671	1891	5910				
有色金属冶炼及压延加工业	4730	25921					
金属制品业	2450	1244	20314				
通用设备制造业	34401	50800	66904				

注：本表不含房地产开发投资

3-9 续表1

单位：万元

指标名称	新 建	扩 建	改建和技术改造	单纯建造生活设施	迁 建	恢 复	单纯购置
专用设备制造业	2810	10034	14492				
交通运输设备制造业	711						
电气机械及器材制造业	1440	6460	5300				
工艺品及其他制造业	1100						
废弃资源和废旧材料回收加工业							
电力、燃气及水的生产和供应业	516631	73815	60856	7730			29070
电力、热力的生产和供应业	441975	70435	57953	7000			29070
燃气生产和供应业	66299						
水的生产和供应业	8357	3380	2903	730			
建筑业							
交通运输、仓储和邮政业	698811	85338	137698	34600			
铁路运输业	22139	17730	53180				
道路运输业	664462	36162	84518	31600			
城市公共交通业							
管道运输业	570			3000			
装卸搬运和其他运输服务业		2800					
仓储业	11640	28646					
邮政业							
信息传输、计算机服务和软件业	1170						
电信和其他信息传输服务业	1170						
计算机服务业							
软件业							
批发和零售业	64286	9055		120			
批发业	48870	7000					
零售业	15416	2055		120			
住宿和餐饮业	66246	3000					
住宿业	60986	3000					
餐饮业	5260						
金融业	219						
银行业	219						
证券业							

注：本表不含房地产开发投资

3-9 续表2

单位：万元

指标名称	新建	扩建	改建和技术改造	单纯建造生活设施	迁建	恢复	单纯购置
房地产业	75508	10661	15451	121020			
房地产业	75508	10661	15451	121020			
租赁和商务服务业		1540					
租赁业							
商务服务业		1540					
科学研究、技术服务和地质勘查业	212						
研究与试验发展							
专业技术服务业	212						
水利、环境和公共设施管理业	109434	33019	48583	8881			
水利管理业	27031	13372	8904	2401			
环境管理业	9390	2559	6258				
公共设施管理业	73013	17088	33421	6480			
居民服务和其他服务业	250						
居民服务业	250						
其他服务业							
教育	15325	800	6118				
教育	15325	800	6118				
卫生、社会保障和社会福利业	15865	10303					
卫生	13970	10303					
社会保障业							
社会福利业	1895						
文化、体育和娱乐业	25186	820					
广播、电视、电影和音像业		120					
文化艺术业	17012	700					
体育	5385						
娱乐业	2789						
公共管理和社会组织	27151		970				
中国共产党机关							
国家机构	17531						
人民政协和民主党派							
群众团体、社会团体和宗教组织							
基层群众自治组织	9620		970				

注：本表不含房地产开发投资

3-10 按资金来源分固定资产投资（2011年）

单位: 万元

指标名称	本年资金来源小计	国家预算内资金	国内贷款	利用外资	自筹资金	其中：企、事业单位自有资金	其他资金来源
总计	4397263	247081	686535	1170	3332135	344324	130342
农、林、牧、渔业	155412	11733	5597		136085	5737	1997
农业	42325	7440	150		33635	1187	1100
林业	11883	1248			10405		230
畜牧业	78038	731	5447		71193	4550	667
渔业	400				400		
农、林、牧、渔服务业	22766	2314			20452		
采矿业	1685603	4600	205154		1466941	176871	8908
煤炭开采和洗选业	1306235	4600	73654		1219073	153187	8908
石油和天然气开采业	42300				42300		
黑色金属矿采选业	115211		2000		113211	23684	
有色金属矿采选业	204807		129500		75307		
非金属矿采选业	15390				15390		
其他采矿业	1660				1660		
制造业	541919	100	63139		455315	15386	23365
农副食品加工业	53073		5440		47633	4212	
食品制造业	11700		2600		5900	540	3200
饮料制造业	7110		1600		5510		
烟草制品业							
纺织业	1200				1200		
纺织服装、鞋、帽制造业							
皮革、毛皮、羽毛(绒)及其制品业	400		100		300		
木材加工及木、竹、藤、棕、草制	1400				1400		
家具制造业	1767				1767		
造纸及纸制品业							
印刷业和记录媒介的复制							
文教体育用品制造业							
石油加工、炼焦及核燃料加工业	13820				13820		
化学原料及化学制品制造业	74478				74478	2218	
医药制造业							
化学纤维制造业							
橡胶制品业							
塑料制品业	3500				3500		
非金属矿物制品业	137138		26000		91438	1500	19700
黑色金属冶炼及压延加工业	17852	100			17752		
有色金属冶炼及压延加工业	25921		21484		4437		
金属制品业	24008				24008		
通用设备制造业	128747		3895		124387	6916	465

3-10 续表1

单位: 万元

指标名称	本年资金来源小计	国家预算内资金	国内贷款	利用外资	自筹资金	其中：企、事业单位自有资金	其他资金来源
专用设备制造业	24794		2020		22774		
交通运输设备制造业	711				711		
电气机械及器材制造业	13200				13200		
工艺品及其他制造业	1100				1100		
废弃资源和废旧材料回收加工业							
电力、燃气及水的生产和供应业	702765	20056	238365		380873	104967	63471
电力、热力的生产和供应业	630195	17988	201715		347021	99567	63471
燃气生产和供应业	63837		36650		27187	5400	
水的生产和供应业	8733	2068			6665		
建筑业							
交通运输、仓储和邮政业	701102	119420	156509		414467	7280	10706
铁路运输业	127939		15000		112939		
道路运输业	529307	96548	141019		281034	1780	10706
城市公共交通业							
管道运输业	3570				3570		
装卸搬运和其他运输服务业	400				400		
仓储业	39886	22872	490		16524	5500	
邮政业							
信息传输、计算机服务和软件业	1170			1170			
电信和其他信息传输服务业	1170			1170			
计算机服务业							
软件业							
批发和零售业	79635				79635	8700	
批发业	55870				55870		
零售业	23765				23765	8700	
住宿和餐饮业	72924				72924	9300	
住宿业	66144				66144	9300	
餐饮业	6780				6780		
金融业							

3-10 续表2

单位: 万元

指标名称	本年资金来源小计	国家预算内资金	国内贷款	利用外资	自筹资金	其中：企、事业单位自有资金	其他资金来源
房地产业	235176	37560			189210	7581	8406
房地产业	235176	37560			189210	7581	8406
租赁和商务服务业	1540				1540		
租赁业							
商务服务业	1540				1540		
科学研究、技术服务和地质勘查业	212				212		
研究与试验发展							
专业技术服务业	212				212		
科技交流和推广服务业							
地质勘查业							
水利、环境和公共设施管理业	134444	31763	6531		89484	5202	6666
水利管理业	37503	14772	6531		15208	404	992
环境管理业	3020				1846		1174
公共设施管理业	93921	16991			72430	4798	4500
居民服务和其他服务业	800		150		650		
居民服务业	800		150		650		
其他服务业							
教育	15670	110	10590		4970		
教育	15670	110	10590		4970		
卫生、社会保障和社会福利业	27509	15660			11849		
卫生	25614	15660			9954		
社会保障业							
社会福利业	1895				1895		
文化、体育和娱乐业	22021	4379	500		16852	3300	290
新闻出版业							
广播、电视、电影和音像业	120				120		
文化艺术业	14312	1390	500		12132	300	290
体育	4800	1800			3000	3000	
娱乐业	2789	1189			1600		
公共管理和社会组织	19361	1700			11128		6533
中国共产党机关							
国家机构	15041	1700			6808		6533
基层群众自治组织	4320				4320		
国际组织							

3-11 固定资产投资规模及新增生产能力（2011年）

指标名称	计量单位	建设规模	本年施工规模	本年新开工	累计生产能力（或效益）	本年新增
原煤开采	万吨/年	4637	4131	1382	1175	860
洗煤	万吨/年	2250	1581.2	952	1270	1239.2
焦炭	万吨/年	15	13		15	13
铁矿开采(原矿)	万吨/年	248	238	208	188	178
铁矿选矿处理原矿量	万吨/年	49.9	49.9	29.9	44.9	44.9
铁矿石成品矿	万吨/年	291.3	291.3	291.3	221.3	221.3
生铁	万吨/年	12	12		3	3
粗钢	万吨/年	20	20			
铁合金	万吨/年	0.05	0.05	0.05		
氧化铝	吨/年	1900000	1036137	1036137		
水力发电	万千瓦	0.13	0.13		0.13	0.13
火力发电	万千瓦	180	180			
风力发电	万千瓦	73.6	68.66	43.81	14.95	14.95
其他发电	万千瓦	9.55	9.55	3		
输电线路长度(110KV及以上)	公里	131.66	131.66	131.66	131.66	131.66
水泥	万吨/年	616	486	220	136	136
石墨及炭素制品	吨/年	2052	2052		2052	2052
氮肥	万吨/年	823500	823500	3500	283500	3500
啤酒	万吨/年					
白酒	万吨/年					
其他酒	万吨/年	2	0.9	0.9	0.9	0.2
新建铁路里程	公里	28.28	28.28	20.98	25.78	25.78
电气化铁路里程	公里	5.75	5.75	4	5.75	5.75
新建公路	公里	569.01	569.01	315.11	295.71	295.71
其中：高速公路	公里	387	387	182	192	192
一级公路	公里	10.64	10.64	10.64	10.64	10.64
二级公路	公里	78.3	78.3	74		
改建公路	公里	2329.1	2329.1	1888.5	2329.1	2329.1
新(扩)建公路客、货运站	个	4	3	1	2	1
新(扩)建公路客、货运站	平方米	24158	20210	2655	8048	4100
城市自来水供水能力	万吨/日	5.6	2	2	2.6	2
城市污水处理能力	万吨/日	13	0.5	0.3	0.2	0.2

3-12　固定资产投资总规模及新增固定资产

单位: 万元

指标名称	计划总投资	自开始建设至本年底累计完成投资	#本年完成投资	施工项目个数（个）	#本年新开工	本年投产项目个数（个）	本年新增固定资产
总计	14215491	9812779	5160445	929	515	547	3546160
农、林、牧、渔业	373658	241171	168093	103	68	65	125370
农业	119139	63877	53473	28	20	15	37200
林业	23192	14703	14403	7	5	4	3511
畜牧业	169050	133955	83221	54	32	42	80293
渔业	6000	1400	400	1			
农、林、牧、渔服务业	56277	27236	16596	13	11	4	4366
采矿业	4084242	2811110	1822664	114	72	71	664941
煤炭开采和洗选业	2833778	2326686	1407440	59	30	25	538891
石油和天然气开采业	51993	54300	42300	2	1	1	2300
黑色金属矿采选业	167260	165954	115120	45	35	42	111710
有色金属矿采选业	1002565	240360	239294	2	1		
非金属矿采选业	27146	22150	16850	5	4	2	10560
其他采矿业	1500	1660	1660	1	1	1	1480
制造业	2482357	1602602	612967	179	108	143	405075
农副食品加工业	144031	106918	66890	25	12	17	46262
食品制造业	25816	23446	9330	5	3	4	7640
饮料制造业	33163	18880	8710	6	2	2	4098
纺织业	1200	1200	1200	1	1	1	1200
纺织服装、鞋、帽制造业							
皮革、毛皮、羽毛(绒)及其制品业	8700	8553	3383	2	1	1	6692
木材加工及木、竹、藤、棕、草制	2832	1900	1400	1			
家具制造业	1767	1767	1767	1	1	1	1767
石油加工、炼焦及核燃料加工业	21597	20630	16820	2	1	2	20600
化学原料及化学制品制造业	459151	225235	106582	6	3	4	13043
塑料制品业	4000	4000	4000	1	1	1	3996
非金属矿物制品业	318657	248348	125302	32	19	26	89850
黑色金属冶炼及压延加工业	168906	84229	18472	6	2	4	31531
有色金属冶炼及压延加工业	626307	558166	30651	3	1	1	12000
金属制品业	362313	29934	24008	7	3	5	10475
通用设备制造业	251977	217664	152105	63	45	57	114394
专用设备制造业	34002	33794	27336	11	8	10	26526

3-12 续表1

单位: 万元

指标名称	计划总投资	自开始建设至本年底累计完成投资	# 本年完成投资	施工项目个数（个）	# 本年新开工	本年投产项目个数（个）	本年新增固定资产
交通运输设备制造业	711	711	711	1	1	1	711
电气机械及器材制造业	16127	16127	13200	5	3	5	13200
通信设备、计算机及其他电子设备							
仪器仪表及文化、办公用机械制造							
工艺品及其他制造业	1100	1100	1100	1	1	1	1090
废弃资源和废旧材料回收加工业							
电力、燃气及水的生产和供应业	1943424	1450339	688102	87	55	50	260812
电力、热力的生产和供应业	1764285	1320947	606433	64	46	38	200429
燃气生产和供应业	111200	89699	66299	10	5	5	52440
水的生产和供应业	67939	39693	15370	13	4	7	7943
建筑业							
交通运输、仓储和邮政业	2920855	1956075	956447	86	66	72	1425298
铁路运输业	139579	123729	93049	8	5	6	107449
道路运输业	2709210	1764530	816742	66	54	55	1262483
管道运输业	3570	3570	3570	2	2	2	3570
装卸搬运和其他运输服务业	9000	9000	2800	1		1	9000
仓储业	59496	55246	40286	9	5	8	42796
邮政业							
信息传输、计算机服务和软件业	1170	1170	1170	1	1	1	1170
电信和其他信息传输服务业	1170	1170	1170	1	1	1	1170
批发和零售业	110727	91376	73461	19	12	12	30738
批发业	73218	61470	55870	9	7	5	19188
零售业	37509	29906	17591	10	5	7	11550
住宿和餐饮业	126787	85932	69246	13	10	5	15290
住宿业	115750	76022	63986	9	7	3	6150
餐饮业	11037	9910	5260	4	3	2	9140
金融业	793	793	219	1		1	793
银行业	793	793	219	1		1	793
保险业							

3-12 续表2

单位：万元

指标名称	计划总投资	自开始建设至本年底累计完成投资	# 本年完成投资	施工项目个数（个）	# 本年新开工	本年投产项目个数（个）	本年新增固定资产
房地产业	464026	363948	222640	100	59	46	116781
房地产业	464026	363948	222640	100	59	46	116781
租赁和商务服务业	1540	1540	1540	1	1	1	1540
租赁业							
商务服务业	1540	1540	1540	1	1	1	1540
科学研究、技术服务和地质勘查业	1766	960	212	2			
研究与试验发展							
专业技术服务业	1766	960	212	2			
科技交流和推广服务业							
地质勘查业							
水利、环境和公共设施管理业	688556	428801	199917	70	37	37	114584
水利管理业	155091	109176	51708	19	14	9	45029
环境管理业	51083	41750	18207	10		4	11650
公共设施管理业	482382	277875	130002	41	23	24	57905
居民服务和其他服务业	1886	800	250	1			
居民服务业	1886	800	250	1			
其他服务业							
教育	47683	41802	22243	16	5	13	20588
教育	47683	41802	22243	16	5	13	20588
卫生、社会保障和社会福利业	89205	47188	26168	16	4	9	21775
卫生	86010	43993	24273	15	4	8	18580
社会保障业							
社会福利业	3195	3195	1895	1		1	3195
文化、体育和娱乐业	56625	46299	26006	17	10	9	16182
新闻出版业							
广播、电视、电影和音像业	682	120	120	1	1		
文化艺术业	40041	36124	17712	12	7	8	12982
体育	11700	6497	5385	2	1	1	3200
娱乐业	4202	3558	2789	2	1		
公共管理和社会组织	41505	36203	28121	16	7	12	24401
中国共产党机关							
国家机构	28485	25183	17531	12	5	9	14381
基层群众自治组织	13020	11020	10590	4	2	3	10020
国际组织							

3-13 非农户固定资产投资主要指标

单位: 万元

指标	2010	2011
一、投资总额	71442	86810
#国有经济控股	19863	27692
#住　宅	8609	2135
按隶属关系分		
中　央		
地　方	71442	86810
按登记注册类型分		
国　有	19838	27692
非国有	51604	59118
按构成分		
建筑工程	44235	66674
安装工程	3850	2443
设备工器具购置	12642	11472
其他费用	10715	6221
按建设性质分		
新　建	44780	70330
扩　建	9396	14060
改建和技术改造	9853	200
按三次产业分		
第一产业	30297	26428
第二产业	18413	27469
第三产业	22732	32913
二、新增固定资产	55726	76880
中　央		
地　方	55726	76880
三、建设项目(个)		
施工项目	161	66
中　央		
地　方	161	66
施工项目中本年新开工	106	39
全部建成投产项目	108	44
四、房屋建筑面积(平方米)		
本年施工房屋面积	265067	105878
#住　宅	72820	40915
本年竣工房屋面积	215969	102698
#住　宅	33384	40315
五、投资资金来源合计	75383	66395
上年结余资金	332	
本年资金来源小计	75051	66395
国家预算内资金	6991	7032
国内贷款	4482	4100
利用外资		
自筹资金	54702	51673
#企事业单位自有资金	15191	967
其他资金来源	8876	3590

3-14 按国民经济行业分农村非农户固定资产投资

单位: 万元

行 业	2010	2011
总 计	71442	86810
农、林、牧、渔业	30297	26428
农 业	3708	6810
林 业	200	2163
畜牧业	17296	16705
渔 业	1600	400
农、林、牧、渔服务业	7493	350
采矿业	4825	10020
煤炭开采和洗选业	45	3360
黑色金属矿采选业	3900	200
有色金属矿采选业	268	
非金属矿采选业	612	4800
制造业	12889	17449
农副食品加工业	200	1700
食品制造业		
饮料制造业	500	
纺织业		
纺织服装、鞋、帽制造业		
皮革、毛皮、羽毛(绒)及其制品业		
造纸及纸制品业	300	
石油加工、炼焦及核燃料加工业		11000
化学原料及化学制品制造业		
医药制造业		
非金属矿物制品业	6960	4749
黑色金属冶炼及压延加工业		
有色金属冶炼及压延加工业		
金属制品业	580	
通用设备制造业	4349	
电气机械及器材制造业		
通信设备、计算机及其电子设备制造业		
仪器仪表及文化、办公 用机械制造业		
工艺品及其他制造业		
电力、燃气及水的生产和供应业	699	
电力、热力的生产和供应业		
燃气生产和供应业		
水的生产和供应业	699	

3-14 续表

单位: 万元

行业	2010	2011
建筑业		
房屋和土木工程建筑业		
交通运输、仓储和邮政业	2110	15210
铁路运输业		
道路运输业	2110	15210
仓储业		
信息传输、计算机服务和软件业		
电信和其他信息传输服务业		
批发和零售业	1468	2682
批发业	1138	2682
零售业	330	
住宿和餐饮业	300	340
住宿业		
金融业		
银行业		
保险业		
房地产业	11860	10161
房地产业	11860	10161
租赁和商务服务业		
商务服务业		
科学研究、技术服务		
水利、环境和公共设施管理业	2027	3710
水利管理业	240	831
环境管理业	457	2479
公共设施管理业	1330	400
居民服务和其他服务业	645	250
教　育	1055	
卫生、社会保障和社会福利业	578	
卫生	88	
文化、体育和娱乐业	1937	560
文化艺术业	1837	560
体育	100	
公共管理和社会组织	752	
中国共产党机关		
国家机构	449	
群众团体、社会团体和宗教组织		
基层群众自治组织	303	

3-15 房地产开发完成情况

项 目	计量单位	2011
本年完成投资	万元	240979
#商品住宅		194623
本年新增固定资产	万元	300822
本年商品房屋销售额	万元	233609
#商品住宅		208288
本年销售面积	平方米	1002825
#商品住宅		932553
本年施工房屋面积	平方米	4435654
#商品住宅		3774924
本年新开工施工 房屋面积	平方米	1663315
#商品住宅		1432154
本年竣工房屋面积	平方米	818349
#商品住宅		666961
本年竣工房屋价值	万元	157250
#商品住宅		129098

3-16 房地产开发施工、销售和空置情况（2011年）

指　标	计量单位	合　计	住　宅	#90平方米以下住房	#别墅高档公寓	办公楼	商业营业用房	其　他
房屋施工面积	平方米	4435654	3774924	692698		21830	393137	245763
#本年新开工		1663315	1432154	341763		13831	115852	101478
房屋竣工面积	平方米	818349	666961	124715		7600	82908	60880
#不可销售		73936	67393	50188		2488		4055
商品住宅竣工套数	套		6121	1982				
竣工房屋价值	万元	157250	129098	19794		2133	18632	7387
出租房屋面积	平方米							
商品房销售面积	平方米	1002825	932553	171196		2902	40302	27068
现　房		178528	155911	22250			11691	10926
期　房		824297	776642	148946		2902	28611	16142
商品房销售额	万元	233609	208288	35330		1973	17037	6311
现　房		41408	34306	4558			4442	2660
期　房		192201	173982	30772		1973	12595	3651
商品住宅销售套数	套		8248	1978				
现　房			1439	278				
期　房			6809	1700				
空置面积	平方米	185636	171075	9952			14315	246
空置1-3年面积		104103	93952	1289			10145	6
空置3年以上面积								

3-17 房地产开发资金来源情况（2011年）

单位: 万元

指　标	本年资金来源合计	上年末结余资金	本年资金来源小计	国内贷款	自筹资金	其他资金来源	#定金及预付款
总　计	321900	38462	283438	5964	154134	123340	103446
按登记注册类型							
内　资	321900	38462	283438	5964	154134	123340	103446
国　有	21899	1618	20281	700	18100	1481	1481
股份合作							
其他联营							
其他有限责任公司	56850	11821	45029		22055	22974	21789
股份有限公司							
私营独资	5947	1817	4130	50	1230	2850	2850
私营合伙	1820	1820					
私营有限责任公司	235384	21386	213998	5214	112749	96035	77326
私营股份有限公司							
其他企业							
按隶属关系	321900	38462	283438	5964	154134	123340	103446
中　央							
省							
地　区	60677	11841	48836		26755	22081	21506
县	9272	1498	7774		5400	2374	1764
乡　镇							
其　他	251951	25123	226828	5964	121979	98885	80176

3-18 房地产开发

指标	计划总投资	累计完成投资	本年完成投资	#土地开发投资额	建筑工程	安装工程	设备工器具购置
总计	778686	604670	240979		185749	30937	1040
按登记注册类型							
内资	778686	604670	240979		185749	30937	1040
国有	105440	81229	23027		8963	9350	
股份合作							
其他联营							
其他有限责任公司	116983	82868	28877		20787	7890	
股份有限公司							
私营独资	7055	4100	4100		2709	401	312
私营合伙							
私营有限责任公司	549208	436473	184975		153290	13296	728
私营股份有限公司							
其他内资企业							
按隶属关系							
中央							
省							
地区	182457	142022	39954		19664	16576	
县	19825	15834	5909		5045	664	
乡镇							
其他	576404	446814	195116		161040	13697	1040

投资（2011年）

单位：万元

其他费用	#旧建筑物购置费	#土地购置费	住宅	#90平方米以下住房	办公楼	商业营业用房	其他	本年新增固定资产
23253		15626	194623	44569	7606	27347	11403	300822
23253		15626	194623	44569	7606	27347	11403	300822
4714			19477	12927		500	3050	169745
200		200	26784	7326		829	1264	
678		387	2985		600		515	2850
17661		15039	145377	24316	7006	26018	6574	128227
3714			34695	12912		965	4294	167255
200		200	5525	1300		364	20	
19339		15426	154403	30357	7606	26018	7089	133567

3-19 房地产开发企业

指 标	固定资产原价	固定资产累计折旧	#本年折旧	资产总计	负债总计	所有者权益合计	经营收入总计
总 计	23397	4383	764	684131	571990	112141	102200
按登记注册类型							
内 资	23397	4383	764	684131	571990	112141	102200
国 有	1344	500	57	92622	96669	-4047	541
集 体							
股份合作							
国有联营							
集体联营							
国有与集体联营							
其他联营							
国有独资公司							
其他有限责任公司	1451	461	130	140659	97563	43097	24822
股份有限公司							
私营独资	3548	200	32	7687	1822	5865	165
私营合伙		59		633	133	500	
私营有限责任公司	17055	3164	546	442530	375804	66726	76673
私营股份有限公司							
其他内资企业							
按隶属关系							
中 央							
省							
地 区	1287	542	87	198235	179861	18374	25236
县	1254	416	100	31487	13398	18089	127
乡 镇							
其 他	20857	3425	578	454409	378731	75678	76837

财务状况（2011年）

单位：万元

土地转让收入	商品房屋销售收入	房屋出租收入	其他收入	经营成本	经营税金及附加	主营业务利润	利润总额	应交所得税
	98247	81	3763	85288	7973	-124	-883	1213
	98247	81	3763	85288	7973	-124	-883	1213
	538	1	2	588	185	-853	-839	57
	24822			1376	1996	19910	19879	209
		22	143	117	7	-4	-4	2
	72887	58	3618	83207	5785	-19177	-19918	945
	25234		2	1667	2054	19920	19901	253
	126	1		297	126	-758	-756	13
	72887	80	3761	83324	5792	-19286	-20027	947

3-20 房地产开发企业土地购置、开发和空置情况（2011年）

单位：平方米

指　　标	待开发土地面积	本年购置土地面积	本年土地成交价款（万元）	契税（万元）	空置面积	#空置面积（一年至三年）	#空置面积（三年以上）
总　　计	97081	285497	25180	434	185636	104103	
按登记注册类型							
内　资	97081	285497	25180	434	185636	104103	
国　有							
集　体							
股份合作							
国有联营							
集体联营							
国有与集体联营							
其他联营							
国有独资公司							
其他有限责任公司	50498	50498	3158	70	32546	32546	
股份有限公司							
私营独资		13556	2080				
私营合伙							
私营有限责任公司	46583	221443	19942	364	153090	71557	
私营股份有限公司							
其他内资企业							
按隶属关系	97081	285497	25180	434			
中　央							
省							
地　区	29684	29684	1958	70	32546	32546	
县							
乡　镇							
其　他	67397	255813	23222	364	153090	71557	

主要统计指标解释

全社会固定资产投资 是以货币形式表现的在一定时期内全社会建造和购置固定资产的工作量以及与此有关的费用的总称。该指标是反映固定资产投资规模、结构和发展速度的综合性指标，又是观察工程进度和考核投资效果的重要依据。全社会固定资产投资按登记注册类型可分为国有、集体、个体、联营、股份制、外商、港澳台商、其他等。

城镇固定资产投资 指城镇各种登记注册类型的企业、事业、行政单位及个体户进行的计划总投资(或实际需要总投资)500万元及500万元以上的建设项目投资、房地产开发投资。县城及以上区域内发生的投资，县及县以上各级政府及主管部门直接领导、管理的建设项目和企业事业单位的投资均为城镇固定资产投资。

房地产开发投资 指各种登记注册类型的房地产开发公司、商品房建设公司及其他房地产开发法人单位和附属于其他法人单位实际从事房地产开发或经营活动的单位统一开发的包括统代建、拆迁还建的住宅、厂房、仓库、饭店、宾馆、度假村、写字楼、办公楼等房屋建筑物和配套的服务设施，土地开发工程(如道路、排水、供电、供热、通讯、平整场地等基础设施工程)的投资；不包括单纯的土地交易活动。

农村投资 包括在农村区域范围内进行固定资产投资活动的企业、事业、行政单位及农村个人投资。

固定资产投资的资金来源 根据固定资产投资的资金来源不同，分为国家预算内资金、国内贷款、利用外资、自筹资金和其他资金。

(1)国家预算内资金：分为财政拨款和财政安排的贷款两部分。包括中央财政的基本建设基金(分经营性基金和非经营性基金两部分)、专项支出(如煤代油专项等)、收回再贷、贴息资金，财政安排的挖潜改造和新产品试制支出、城建支出、商业部门简易建筑支出、不发达地区发展基金等资金中用于固定资产投资的资金；地方财政中由国家统筹安排的资金等。

(2)国内贷款：指报告期固定资产投资单位向银行及非银行金融机构借入的用于固定资产投资的各种国内借款，包括银行利用自有资金及吸收的存款发放的贷款、上级主管部门拨入的国内贷款、国家专项贷款(包括煤代油贷款、劳改煤矿专项贷款等)、地方财政专项资金安排的贷款、国内储备贷款、周转贷款等。

(3)利用外资：指报告期收到的用于固定资产建造和购置的国外资金(包括设备、材料、技术在内)。包括对外借款(外国政府、国际金融组织贷款、出口信贷、外国银行商业贷款、对外发行债券和股票)、外商直接投资及外商其他投资。不包括我国自有外汇资金(国家外汇、地方外汇、留成外汇、调剂外汇和中国银行自有资金发行的外汇贷款等)。计算利用外资时，需要折算成人民币，折算中所使用的外汇汇率按现汇计算，即按使用外汇时的汇率计算。

(4)自筹资金：指固定资产投资单位报告期收到的，由各地区、各部门及企、事业单位筹集用于固定资产投资的预算外资金，包括中央各部门、各级地方和企、事业单位的自筹资金。

(5)其他资金：指在报告期收到的除以上各种资金之外其他用于固定资产投资的资金，包括企业或金融机构通过发行各种债券筹集到的资金、群众集资、个人资金、无偿捐赠的资金及其他单位拨入的资金等。

固定资产投资按国民经济行业分 根据建设项目建成投产后的主要产品或主要用途及社会经济活动性质来确定国民经济行业。一般情况下，一个建设项目或一个企业、事业单位只能属于一种国民经济行业。

固定资产投资按隶属关系分 是按建设单位或企业、事业、行政单位的主管上级机关确定的。

(1)中央：是指中共中央、人大常委会和国务院各部、委、局、总公司以及直属机构直接领导的建设项目企业、事业、行政单位。这些单位的固定资产投资计划由国务院各部门直接编制和下达，建设中所需物资、主要设备以及建设中的问题都由中央有关部门安排和解决。

（2）地方：是由省（自治区、直辖市）、地区（州、盟、省辖市）、县（旗、县级市）三级政府及业务主管部门直接领导和管理的建设项目、企业、事业、行政单位。地方项目还包括不隶属以上各级政府及主管部门的建设项目和企业、事业单位，如外商投资企业和无主管部门的企业等。

固定资产投资按建设性质分　根据整个建设项目情况来确定。建设项目的性质一般分为新建、扩建、改建和技术改造、迁建、恢复。

（1）新建：一般指从无到有"平地起家"开始建设的企业、事业和行政单位或建设项目。现有企业、事业、行政单位一般不属于新建。但如有的单位原有基础很小，经过建设后新增的固定资产价值超过该企、事业、行政单位原有固定资产价值（原值）三倍以上的也应作为新建。

（2）扩建：指在厂内或其他地点，为扩大原有产品的生产能力（或收益）或增加新的产品生产能力，而增建主要的生产车间（或主要工程）、分厂、独立的生产线。行政、事业单位在原单位增建业务用房（如学校增建教学用房、医院增建门诊部、病房等）也作为扩建。

现有企、事业单位为扩大原有主要产品生产能力或增加新的产品生产能力，增建一个或几个主要生产车间（或主要工程）、分厂，同时进行一些更新改造工程的，也应作为扩建。

（3）改建和技术改造：指现有企业、事业单位，对原有设施进行技术改造或更新（包括相应配套的辅助性生产、生活福利设施）的建设项目。现有企业、事业单位为适应市场变化的需要，而改变企业的主要产品种类（如军工企业转产民用品等）的建设项目，应作为改建。原有产品生产作业线由于各工序（车间）之间能力不平衡，为填平补齐充分发挥原有生产能力而增建不增加本企业主要产品设计能力的车间，也就在作为改建。技术改造是指企业、事业单位在现有基础上，用先进的技术代替落后的技术，用先进的工艺和装备代替落后的工艺和装备，以改变企业落的技术经济面貌，实现以内涵为主的扩大再生产，达到提高产品质量、促进产品更新换代、节约能源、降低消耗、扩大生产规模、全面提高社会经济效益的目的。技术改造具体包括以下内容：机器设备和工具的更新改造；生产工艺改革、节约能源和原材料的改造；厂房建筑和公共设施的改造；劳动条件和生产环境的改造等。

固定资产投资按构成分　固定资产投资活动按其工作内容和实现方式分为建筑安装工程，设备、工具、器具购置，其他费用三个部分。

（1）建筑安装工程（建筑安装工作量）：指各种房屋、建筑物的建造工程和各种设备、装置的安装工程。包括各种房屋建造工程；各种用途设备基础和各种工业窑炉的砌筑工程及金属结构工程；为施工而进行的各种准备工作和临时工程以及完工后的清理工作等；铁路、道路的铺设，矿井的开凿及石油管道的架设等；水利工程；防空地下建筑等特殊工程；列入房屋工程预算内的暖气、卫生、通风、照明、煤气等设备的价值及闭市油饰工程；列入建筑工程预算内的各种管道（蒸气、压缩空气、石油、给排水等管道）、电力、电讯电缆导线等的敷设工程；以及各种机械设备的安装工程；为测定安装工程质量，对设备进行的试运式工作；房地产开发单位进行的商品房屋开发建设工程、土地开发工程。

安装工程中，不包括被安装设备本身的价值。

（2）设备、工具、器具购置：指建设单位或企、事业单位购置或自制的，达到固定资产标准的设备、工具、器具的价值。新建单位扩建单位的新建车间，按照设计或计划要求购置或自制的全部设备、工具、器具，不论是否达到固定资产标准均计入"设备、工具、器具购置"中。

（3）其他费用：指在固定资产建造和购置过程中发生的，除上述几项内容以外的各种应分摊计入固定资产的费用。

施工项目 指报告期内进行建筑或安装施工活动的项目。凡是报告期内施过工的建设项目,不论施工时间长短,均作为施工项目统计。施工项目个数可以反映一定时期固定资产投资的实际规模,与同期全部建成投产项目个数相比,可以从建设速度的角度反映固定资产投资的效果。根据建设项目施工活动的不同性质,施工项目又分为:本年正式施工项目、本年收尾项目睡以前年度全部停缓建项目。

全部建成投产项目 工业项目指设计文件规定形成生产能力的主体工程琢其相应配套的辅助设施全部建成,经负荷试运转,证明具备生产设计规定合格产品的条件,并经过验收鉴定合格或达到竣工验收标准,与生产性工程配套的生活福利设施可以满足近期正常生产的需要,正式移交生产的建设项目非工业项目指设计文件规定的主体工程和相应的配套工程全部建成,能够发挥设计规定的全部效益,经验收鉴定合格或达到竣工验收标准,正式移交使用的建设项目。

新增生产能力(或工程效益) 指通过固定资产投资活动而增加的设计能力(或工程效益),该指标是以实物形态表现的反映固定资产投资成果的指标,也是考核投资经济效果的重要依据之一。

新增生产能力(或工程效益)一般有以下几种表现形式:

(1)用产品数量表示,以工程在单位时间内(一般是一年)所能生产的产品数量(即年产量)表示。如原煤矿开采用万吨/年表示,化学农药用吨/年表示,拖拉机制造用台/年表示等。某些化工产品由于含量差别大,按其设计含量计算折合量表示,如硫酸、纯碱、烧碱等。

(2)用单位时间内所能处理的原料数量表示,以工程每天(或小时)所能处理原料的数量表示。如机制糖工程日处理原料吨,食用植物油日处理原料吨,城市污水处理能力用万吨/日表示等。

(3)用新增加的主要设备的数量或容量表示,如新增棉布织机、丝织机等台数,毛纺锭等锭数,发电厂新增发电机组容量用千瓦表示等。

(4)用建筑物容积、容量、面积、长度表示,是非工业项目或工程新增效益的一种表现形式。如铁路投产里程、新建公路、水库容量、粮食仓库、学校学生席位、医院病床、有效灌溉面积等。

根据工程的特点,有时需要用两种或两种以上的复合计量单位表示新增生产能力(或工程效益),如新增内燃机生产能力同时用年产台数、千瓦数表示等。

房屋建筑面积 指房屋建筑物勒脚以上外墙外围的水平截面面积,包括房屋建筑物的有效面积和结构面积。该指标是从实物形态上反映建设规模和建设成果的重要指标之一,也是检查工程形象进度、计算工程造价、分析投资效果、研究施工任务和建筑材料之间平衡情况的重要依据。

住宅建筑面积 指施工和竣工房屋建筑面积中供居住用的房屋建筑面积。

施工面积 指报告期内施工的全部房屋建筑面积。包括本期新开工的面积和上期开工跨入本期继续施工的房屋面积,以及上期已停建在本期恢复施工的房屋面积。本期竣工和本期施工队工又停缓建的房屋,其建筑面积仍计入本期房屋施工面积中。

竣工面积 指在报告期内房屋建筑按照设计要求已经全部完工,达到住人和使用条件,经验收鉴定合格(或达到竣工验收标准),可正式移交使用的各栋房屋建筑面积的总和。

房屋建筑面积竣工率 指一定时期内房屋竣工面积占同期房屋施工面积的比率。是从房屋建筑施工速度的角度反映投资效果的指标。

新增固定资产 指报告期内已经完成建造和购置过程,并已交付生产或使用单位的固定资产价值。该指标是表示固定资产投资成果的价值指标,也是反映建设进度,计算固定资产投资效果的重要指标。

项目建设投产率 指一定时期内全部建成投产项目个数与同期施工项目个数的比率。该指标是从建设单位建设速度的角度反映投资效果的指标。

固定资产交付使用率 指一定时期新增固定资产与同期完成投资额的比率。该指标是反映固定资产动用速度,衡量建设过程中宏观投资效果的综合指标。由于新增固定资产是较长时期内形成的结果,而投资额则是当年完成的,因此,该指标一般适宜于反映较长时期内固定资产的动用情况。

商品房销售面积 指报告期内出售商品房屋的合同总面积(即双方签署的正式买卖合同中所确定的建筑面积)。由现房销售建筑面积和期房销售建筑面积两部分组成。

商品房销售额 指报告期内出售商品房屋的合同价款(即双方签署的正式买卖合同中所确定的合同总价)。该指标与商品房销售面积同口径,由现房销售和期房销售额两部分组成。

经济适用房 指根据地方经济适用房计划安排建设的政策性住宅。经济是指房屋建筑造价和销售售价格低于一般商品住宅;适用是指适合中低收入家庭购买使用。经济适用房主要是由地方政府统一下达投资计划,房地产公司开发,对外销售;用地一般采用行政划拨或招标投标方式,免收土地出让金;对各种经批准的收费减半征收,开发利润不超过3%;销售价格实行政府指导价。该指标可以分析房地产投资结构,反映中低收入家庭商品住宅的供求平衡情况。

能源消费与库存

XIAO FEI YU KU CUN

忻州统计年鉴

XIN ZHOU STATISTICAL YEARBOOK

79~88

资料整理人员

王俊梅　宿秀婧　寇艳清　韩晨阳

4-1　煤炭产品产销存（2011年）

单位：万吨

产品名称	年初库存量	本月止累计收入量	#生产量	本月止累计销售量 合计	省内地销	售给煤焦集运站
原　煤	81.78	4625.48	4625.48	4554.67	1462.51	1955.06
规模以上工业企业	81.78	4625.48	4625.48	4554.67	1462.51	1955.06
其中：重点煤矿	17.36	1326.10	1326.10	1335.46	476.19	264.54
规模以下工业企业及其它						
洗精煤	0.65	45.47	45.47	33.88	33.88	
其它洗煤	0.82	17.04	17.04	16.56	16.56	

产品名称	通过铁路直接售予外省市数	通过公路售予外省市数量	#通过铁路、公路供应出口	本月止累计企业自用量	水冲成自然损失量	盘盈(+)或盘亏(-)	月末库存量
原　煤	1083.50	53.60		18.67	1.20	6.70	139.42
规模以上工业企业	1083.50	53.60		18.67	1.20	6.70	139.42
其中：重点煤矿	594.73			3.36		6.70	11.34
规模以下工业企业及其它							
洗精煤				10.93			1.31
其它洗煤							1.30

4-2 焦炭产品产销存（2011年）

单位：万吨

产品名称	年初库存量	本月止累计收入量	#生产量	本月止累计销售量 合计	省内地销	售给煤焦集运站
焦炭	7.27	189.40	189.40	182.41	38.53	
其中：机焦	7.27	189.40	189.40	182.41	38.53	

产品名称	通过铁路直接售予外省市数	通过公路售予外省市数量	#通过铁路、公路供应出口	本月止累计企业自用量	水冲成自然损失量	盘盈(+)或盘亏(-)	月末库存量
焦炭	143.88					-3.22	11.04
其中：机焦	143.88					-3.22	11.04

4-3 煤炭集运站收支与库存

单位：万吨

产品名称	年初库存量	本月止累计收购量	本月止累计销售量		
			合计	通过铁路直接售予外省市数	通过公路售予外省市数量
煤　炭	108.99	953.32	953.35	953.35	
原　煤	108.99	953.32	953.35	953.35	
洗精煤					
其它洗煤					

产品名称	其中:通过铁路、公路供应出口	水冲或自然损失量	盘盈（+）或盘亏（-）	月末库存量	附:年末已有发运能力
煤　炭				108.96	
原　煤				108.96	
洗精煤					
其它洗煤					

4-4 工业企业能源

能源名称	计量单位	年初库存量	1至本季购进量	
			实物量	金 额（千元）
原煤	吨	1156491.47	11570359.92	4336416.19
其中：1.无烟煤	吨		69616.00	66857.22
2.炼焦烟煤	吨			
3.一般烟煤	吨	1156491.47	11500743.92	4269558.98
4.褐煤	吨			
洗精煤	吨	401702.00	2242552.32	3130880.50
其它洗煤	吨	28917.79	16681.55	5095.00
煤制品	吨	2314.08	23503.19	20933.65
焦炭	吨	129222.59	207523.48	283527.60
其它焦化产品	吨			
焦炉煤气	万立方米		4806.57	22665.32
高炉煤气	万立方米			
转炉煤气	万立方米			
发生炉煤气	万立方米			
天然气（气态）	万立方米		21837.48	552414.01
液化天然气（液态）	吨			
煤层气（煤田）	万立方米			
原油	吨			
汽油	吨		2477.08	18440.73
煤油	吨		20.00	140.00
柴油	吨	1063.24	56472.41	435699.90
燃料油	吨			
液化石油气	吨			
炼厂干气	吨			
石脑油	吨			
润滑油	吨			20.00
石蜡	吨			
溶剂油	吨			
石油焦	吨			
石油沥青	吨			
其它石油制品	吨	1.04	28.61	326.42
热力	百万千焦		354024.00	15931.08
电力	万千瓦时		389662.22	1949904.69
煤矸石用于燃料	吨		176509.99	24992.00
城市垃圾用于燃料	吨			
生物质废料用于燃料	吨			
余热余压	百万千焦			
其它工业废料用于燃料	吨			
其它燃料	吨标准煤			
能源合计	吨标准煤			

购进、消费与库存

1至本季消费量				合计中：运输工具消费	期末库存量
合 计	1.工业生产消费	#用于原材料	2.非工业生产消费		
12204700.45	12110446.00		94254.45		662849.45
28732.00	28732.00				40884.00
12175968.45	12081714.00		94254.45		621254.11
2404003.70	2404003.70				349532.00
15534.46	15534.46				30064.88
23285.27	22481.16		804.11		2520.00
237127.97	237127.97	24554.22			99600.08
4806.57	4806.57	157.08			
21837.48	21837.28		0.20		
2477.08	837.43		1639.65	500.55	
20.00			20.00		
56705.37	54359.89	1715.95	2345.48	394.69	782.46
2.00	2.00				
28.16	28.16				1.49
17460239.00	17106215.00		354024.00		
592493.96	574637.68		17856.27		
503944.78	503944.78				
11501026.30	11398363.81		102662.49		

4-5 工业企业能源

能源名称	计量单位	工业生产消费量	加工转换投入合计				
				火力发电	供热	原煤入洗	炼焦
原煤	吨	11522412.38	11346729.42	9570569.38	1266108.14	369551.90	140500.00
其中：1.无烟煤	吨	12945.00					
2.炼焦烟煤	吨						
3.一般烟煤	吨	11509467.38	11346729.42	9570569.38	1266108.14	369551.90	140500.00
4.褐煤	吨						
洗精煤	吨	2392829.70	2392829.70				2392829.70
其它洗煤	吨	4098.00	4098.00	2100.00	1998.00		
煤制品	吨						
焦炭	吨	41745.75					
其它焦化产品	吨						
焦炉煤气	万立方米						
高炉煤气	万立方米						
转炉煤气	万立方米						
发生炉煤气	万立方米						
天然气（气态）	万立方米	21776.00					
液化天然气（液态）	吨						
煤层气（煤田）	万立方米						
原油	吨						
汽油	吨	267.80					
煤油	吨						
柴油	吨	1444.18					
燃料油	吨						
液化石油气	吨						
炼厂干气	吨						
石脑油	吨						
润滑油	吨						
石蜡	吨						
溶剂油	吨						
石油焦	吨						
石油沥青	吨						
其它石油制品	吨						
热力	百万千焦	17106215.00					
电力	万千瓦时	231625.71					
煤矸石用于燃料	吨	503944.78	503944.78	291488.78	212456.00		
城市垃圾用于燃料	吨						
生物质废料用于燃料	吨						
余热余压	百万千焦						
其它工业废料用于燃料	吨						
其它燃料	吨标准煤						
能源合计	吨标准煤	10272000.98	9015354.34	5727149.88	769617.48	263970.93	2254616.06

购进 、消费与库存附表

炼油及煤制油	制气	天然气液化	加工煤制品	能源加工转换产出	回收利用
				239871.00	
				62143.00	
				1894020.00	
				85543.30	
				11145.00	
				21056029.28	
				1830884.11	
					165032.00
				5219495.55	5627.59

主要统计指标解释

能源资源 指报告期全省各种能源资源总量。能源品种包括原煤、洗精煤、焦炭、原油、汽油、柴油、煤油、燃料油、天然气、焦炉煤气、其他煤气、其他焦化制品、热力、电力等品种。能源资源组成包括三部分：

1.期初、期末库存量是指一定时点各种能源的库存量，其中包括产成品库存量，各种能源库存量。产成品库存量中，还包括乡村企业能源产成品库存量。

2.一次能源生产量是指报告期一次能源的生产量，其中包括原煤、水电、天然气（煤矿瓦斯）的生产量，不包括太阳能、风能产量。由一次能源加工转换产出的二次能源产量不包括在内。

3.外省市调入量是指报告期调入的各种能源数量。我省从外省市调入的能源主要是石油制品：汽油、柴油、煤油、燃料油及电网交界处输入部分电力和相邻省调入的部分煤炭。

能源消费总量 是指报告期全省用于生产、生活的各种能源消费量的总和。能源消费总量按标准煤折算。能源消费总量中包括：原煤、原油及其制品、天然气、电力，不包括生物能和太阳能等的利用。能源消费总量包括三部分：

1.能源终端消费量 指报告期全省物质生产部门、非物质生产部门的各种能源消费量。不包括加工转换损失量和运输、管理中的损失量。

2.能源加工转换损失量 指全省投入加工转换的各种能源数量和与产出能源及制品之和的差数，是能源加工转换过程的消费量，也称加工转换损失量。

3.损失量 指能源的运输、储存中发生的经营管理损失量，包括煤炭库存中的水冲、自然等损失量。

能源生产量弹性系数 是研究能源生产量的增长与国民经济增长之间关系的指标。国民经济年平均增长速度，可根据不同目的的需要，用工农业总产值、国内生产总值等指标来计算，本资料是采用国内生产总值指标计算的。其计算公式为：

$$能源生产弹性系数=\frac{能源生产量年平均增长速度}{国内生产总值年平均增长速度}\times 100\%$$

电力生产弹性系数 是研究电力生产的增长与国民经济增长之间关系的指标。其计算公式为：

$$电力生产弹性系数=\frac{电力生产量年平均增长速度}{国内生产总值年平均增长速度}\times 100\%$$

能源消费增长弹性系数 是反映能源消费增长速度与国民经济增长速度之间比例关系的指标。其计算公式为：

$$能源消费弹性系数=\frac{能源消费年平均增长速度}{国内生产总值年平均增长速度}\times 100\%$$

电力消费弹性系数 是反映电力消费增长速度与国民经济增长速度之间比例关系的指标。其计算公式为：

$$电力消费弹性系数=\frac{电力消费年平均增长速度}{国内生产总值年平均增长速度}\times 100\%$$

能源加工转换效率 是指报告期内一次能源产品经过加工转换后，产出的各种能源产品及其制品的数量，与同期投入加工转换的各种一次能源数量的比率。它是观察能源加工转换装置和生产工艺先进与落后、管理水平高低等的重要指标。

能源外调量 是报告期通过铁路、公路售给外省市、供应外贸出口的各种能源数量，我省调给外省市煤炭、焦炭和供应外贸出口煤炭均居全国首位。

一、二次能源外调量构成 是报告期各种能源外调量在能源外调总量中的结构比，它全面反映山西能源加工工业的发展，外调能源结构变化，原煤外调量所占比例逐年减少，二次能源外调量所占比例上升，供应的优质能源逐年增加，它是反映能源产业结构变化的重要标志。

物价

忻州

统计年鉴

XIN ZHOU STATISTICAL YEARBOOK

89~112

资料整理人员

宿青梅　郭美英

5-1 忻州市区1978—2011年居民消费价格总指数

年份	1980年价格=100 1980=100	1985年价格=100 1985=100	1990年价格=100 1990=100	1995年价格=100 1995=100	2000年价格=100 2000=100	2005年价格=100 2005=100	2010年价格=100 2010=100	上年价格=100
1978								100.1
1979								101.1
1980	100.0							100.5
1981	100.9							100.9
1982	102.5							101.6
1983	103.0							100.5
1984	104.6							101.5
1985	112.9	100.0						108.0
1986	120.8	107.0						107.0
1987	131.8	116.7						109.1
1988	163.1	144.4						123.7
1989	190.8	169.0						117.0
1990	197.5	174.9	100.0					103.5
1991	212.3	188.0	107.5					107.5
1992	234.6	207.7	118.8					110.5
1993	282.5	250.1	143.0					120.4
1994	352.8	312.4	178.6					124.9
1995	412.4	365.2	208.8	100.0				116.9
1996	440.0	389.7	222.8	106.7				106.7
1997	451.9	390.5	223.3	106.9				100.2
1998	437.9	378.4	216.3	103.6				96.9
1999	431.3	372.7	213.1	102.1				98.5
2000	442.1	382.0	218.4	104.6	100.0			102.5
2001	438.6	379.0	216.7	103.8	99.2			99.2
2002	429.8	371.4	212.3	101.7	97.2			98.0
2003	432.8	374.0	213.8	102.4	97.9			100.7
2004	442.3	382.2	218.5	104.7	100.1			102.2
2005	452.5	391.0	262.9	107.1	102.4	100.0		102.3
2006	462.0	399.2	268.4	109.3	104.5	102.1		102.1
2007	484.2	418.4	281.3	114.6	109.5	107.0		104.8
2008	516.2	446.0	299.9	122.2	116.7	114.1		106.6
2009	515.2	445.1	299.3	122.0	116.5	113.9		99.8
2010	529.6	457.5	307.7	125.4	119.8	117.1		102.8
2011	555.6	479.9	322.8	131.5	125.7	122.8	104.9	104.9

5-2 忻州市区1978—2011年商品零售价格总指数

年份	1980年价格=100 1980=100	1985年价格=100 1985=100	1990年价格=100 1990=100	1995年价格=100 1995=100	2000年价格=100 2000=100	2005年价格=100 2005=100	2010年价格=100 2010=100	上年价格=100
1978								100.2
1979								100.2
1980	100.0							100.5
1981	101.0							101.0
1982	102.3							101.3
1983	102.8							100.5
1984	103.9							101.0
1985	111.0	100.0						106.9
1986	118.1	106.4						106.4
1987	129.2	116.4						109.4
1988	161.2	145.2						124.7
1989	187.3	168.7						116.2
1990	192.3	173.2	100.0					102.7
1991	205.0	184.7	106.6					106.6
1992	224.7	202.4	116.8					109.6
1993	261.5	235.6	136.0					116.4
1994	318.8	287.2	165.8					121.9
1995	367.3	330.8	191.0	100.0				115.2
1996	389.7	351.0	202.7	106.1				106.1
1997	395.2	355.9	205.5	107.6				101.4
1998	379.4	341.7	197.3	103.3				96.0
1999	366.1	329.7	190.4	99.7				96.5
2000	353.3	318.2	183.7	96.2	100.0			96.5
2001	340.9	307.0	177.3	92.8	96.5			96.5
2002	337.5	303.9	175.5	91.9	95.5			99.0
2003	329.4	296.6	171.3	89.7	93.2			97.6
2004	332.1	299.0	172.7	90.4	94.0			100.8
2005	327.7	295.1	170.4	89.2	92.8	100.0		98.7
2006	332.7	299.6	173.0	90.6	94.2	101.5		101.5
2007	346.3	311.8	180.1	94.3	98.0	105.7		104.1
2008	370.9	333.9	192.9	101.0	105.0	113.2		107.1
2009	366.8	330.2	190.8	99.9	103.9	112.0		98.9
2010	372.7	335.5	193.9	101.5	105.6	113.8		101.6
2011	390.2	351.3	203.0	106.3	110.6	119.2	104.7	104.7

5-3 商品零售价格分类指数（2011年）

上年价格＝100

指　　标	市　　区	指　　标	市　　区
商品零售价格总指数	104.7	鸭	128.0
一、食品	111.8	其　他	
1.粮食	114.9	（3）肉禽加工制品	110.2
大　米	115.2	畜肉制品	113.2
面　粉	105.2	禽制品	107.8
粮食制品	122.7	6.蛋	112.7
其　他	111.6	鲜　蛋	112.9
2.淀粉	115.6	蛋制品	100.1
淀　粉	115.6	7.水产品	112.9
3.干豆类及豆制品	104.5	（1）鱼	117.3
干　豆	98.5	淡水鱼	115.7
豆制品	107.8	海水鱼	118.5
4.油脂	109.6	（2）其他水产品	103.1
食用植物油	106.8	虾蟹类	99.6
植物油制品	114.7	其　他	113.7
其　他		8.菜	103.1
5.肉禽及其制品	125.1	鲜　菜	102.7
（1）食用畜肉及副产品	132.7	干菜及菜制品	107.4
猪　肉	140.6	薯　类	108.2
牛　肉	105.2	9.调味品	106.0
羊　肉	116.6	盐	100.0
畜肉副产品	125.2	酱　油	100.8
其　他	100.0	醋	105.8
（2）禽	116.4	味　精	122.8
鸡	115.7	其　他	113.6

5-3 续表1

上年价格 = 100

指　　标	市　　区	指　　标	市　　区
10.糖	113.6	（1）茶叶	100.0
食　糖	121.2	茶　叶	100.0
糖　果	109.6	（2）饮料	107.1
巧克力制品	112.3	固体饮料	109.3
糖类小食品	112.9	液体饮料	105.1
11.干鲜瓜果	122.3	冷冻饮品	108.5
鲜瓜果	125.5	2.烟草	102.3
干(坚)果	115.7	国产卷烟	100.1
12.糕点饼干面包	111.8	进口卷烟	100.0
糕　点	107.4	其　他	107.5
饼　干	100.3	3.酒	102.0
面　包	126.1	白　酒	101.7
13.液体乳及乳制品	103.4	葡萄酒	102.0
巴氏杀菌奶或消毒奶	104.8	啤　酒	103.3
酸　奶	101.3	其　他	113.3
奶　粉	101.8	三、服装、鞋帽	107.3
其　他	100.0	1.服装	109.5
14.在外用膳食品	110.1	（1）男式服装	112.8
主　食	109.7	大　衣	125.2
炒　菜	109.2	毛线衣	103.2
地方小吃	129.6	夹克衫	110.4
15.其他食品	105.6	衬　衫	116.8
其他食品	105.6	T恤衫	91.7
二、饮料、烟酒	103.2	裤　子	119.8
1.茶及饮料	106.0	西　服	98.5

5-3 续表2

上年价格 = 100

指　　标	市　区	指　　标	市　区
运动衫裤	105.7	童　鞋	89.6
内　衣	114.4	（2）袜子	109.7
羽绒衣	126.6	男　袜	112.3
其　他	124.0	女　袜	106.2
（2）女式服装	108.8	（3）帽子	105.8
大　衣	99.7	男　帽	104.7
毛线衣	116.5	女　帽	106.6
羽绒衣	124.9	3.其他	98.2
套　装	99.9	领　带	98.2
衬　衫	115.5	四、纺织品	119.9
T恤衫	86.2	1.衣着材料	114.9
裙　子	98.9	棉　布	128.8
裤　子	119.9	棉混纺布	111.3
运动衫裤	104.3	化纤布	105.5
内　衣	107.7	毛　线	135.6
其　他	135.7	2.床上用品	121.9
（3）儿童服装	99.7	毛　毯	116.5
套　装	90.9	被　子	121.9
裤　子	109.0	床上套件	124.0
裙　子	100.7	其　他	90.0
其　他	113.1	五、家用电器及音像器材	91.6
2.鞋袜帽	101.6	1.家庭设备	90.0
（1）鞋	99.8	洗衣机	85.2
男　鞋	105.5	电风扇	94.7
女　鞋	98.0	电冰箱（柜）	90.6

5-3 续表3

上年价格 = 100

指　　标	市　区	指　　标	市　区
吸排油烟机	84.1	其　他	100.0
空 调 器	99.8	七、日用品	99.9
热 水 器	88.8	1.日用百货	97.0
微 波 炉	79.8	自 行 车	87.2
电 炊 具	94.4	雨　具	96.2
2.文娱用耐用消费品	93.6	剃须刀具	109.2
电 视 机	88.3	电　池	99.8
激光视盘机	79.1	卫 生 纸	100.0
摄 像 机	93.4	卫 生 巾	101.7
家用音响设备	87.7	其　他	
便携式音响	98.3	2.日用杂品	102.6
其　他	93.7	茶　具	100.5
3.音像器材	88.5	餐　具	106.4
专业音响器材	92.5	厨　具	99.2
专业声像器材	86.7	其　他	100.0
六、文化办公用品	92.9	3.洗涤用品	99.9
纸张本册	100.0	洗 衣 粉	100.0
文　具	100.0	肥 皂 类	99.9
电脑及配件	83.5	牙　膏	100.0
打印机及配件	100.0	清洁洗涤剂	99.7
扫 描 仪	95.4	4.其他日用品	102.9
复 印 机	99.2	燃气灶具	100.0
电子辞典	86.9	儿童玩具	100.0
计 算 器	100.0	照明器具	99.6
教学设备	100.0		

5-3 续表4

上年价格 = 100

指　　标	市　　区	指　　标	市　　区
钟表眼镜及配件	106.5	柜	108.7
日用普通饰品	105.3	床	103.5
日用皮革制品	107.9	桌	101.5
其　他	102.5	椅	108.3
八、体育娱乐用品	101.1	沙　发	96.8
1.体育用品	101.7	其　他	92.4
球　类	100.7	十一、化妆品	102.4
棋　牌	108.3	护肤品	105.4
健身器材	100.9	美容化妆品	107.7
2.娱乐用品	100.7	护发美容品	100.0
游艺器材	102.1	清洁化妆用品	100.0
照相器材	99.8	药物美容用品	100.1
乐　器	98.1	十二、金银珠宝	117.0
九、交通、通信用品	85.0	金饰品	111.1
1.交通运输机械	90.0	银饰品	138.9
轿　车	89.7	铂金饰品	108.0
客　车	95.3	其　他	
货　车	85.9	十三、中西药品及医疗保健用品	109.7
摩托车	80.0	1.医疗器具及用品	95.0
其　他		医疗器具及用品	95.0
2.通信器材	77.4	2.中药材及中成药	128.3
固定电话机	100.0	中药材	155.8
移动电话机	76.1	中成药	110.0
传真机	90.2	3.西药	99.9
其　他		抗微生物药	100.0
十、家具	102.0		

5-3 续表5

上年价格 = 100

指　　标	市　区	指　　标	市　区
消化系统用药	99.9	原　煤	108.2
呼吸系统用药	100.6	煤制品	104.7
解热镇痛及非甾体抗炎药	96.1	2.石油及制品	108.8
抗肿瘤药	100.0	液化石油气	114.1
激素及调节内分泌功能药	100.9	管道燃气	100.0
循环系统用药	99.3	汽　油	114.2
神经系统用药	100.3	柴　油	116.1
专科用药	101.4	其　他	
其　他	102.9	十六、建筑材料及五金电料	104.6
4.保健品及器具	107.9	1.建筑装璜材料	104.3
保健器具	100.0	木　材	113.0
滋补保健用品	108.2	木地板	92.7
十四、书报杂志及电子出版物	99.1	钢　材	110.8
1.教材及参考书	100.0	砖	96.8
工具书	100.0	水　泥	111.2
教　材	100.0	涂　料	98.6
参考书	100.0	胶合板	103.5
教育软件	100.7	玻　璃	94.9
2.书报杂志	100.0	粘　胶	101.0
书　籍	100.0	油　漆	103.1
报　纸	100.0	其　他	97.6
杂　志	100.0	2.五金电料	105.4
3.电子音像制品	95.3	五金工具	100.0
音响光盘和磁带	100.0	电工电料	116.8
录像磁带和视盘	98.1	水暖器材	95.6
计算机软件	84.4	其　他	111.3
十五、燃料	108.5		
1.煤炭及制品	107.5		

5-4 居民消费价格分类指数（2011年）

上年价格=100

指　　标	市　区	指　　标	市　区
居民消费价格总指数	104.9	6.蛋	112.7
一、食品	111.9	鲜　蛋	112.9
1.粮食	114.9	蛋制品	100.1
大　米	115.2	7.水产品	112.9
面　粉	105.2	（1）鱼	117.3
粮食制品	122.7	淡水鱼	115.7
其　他	111.6	海水鱼	118.5
2.淀粉	115.6	（2）其他水产品	103.1
淀　粉	115.6	虾蟹类	99.6
3.干豆类及豆制品	104.5	其　他	113.7
干　豆	98.5	8.菜	103.4
豆制品	107.8	鲜　菜	102.7
4.油脂	109.6	干菜及菜制品	107.4
食用植物油	106.8	薯　类	108.2
植物油制品	114.7	9.调味品	106.0
其　他		盐	100.0
5.肉禽及其制品	125.1	酱　油	100.8
（1）食用畜肉及副产品	132.7	醋	105.8
猪　肉	140.6	味　精	122.8
牛　肉	105.2	其　他	113.6
羊　肉	116.6	10.糖	113.6
畜肉副产品	125.2	食　糖	121.2
其　他	100.0	糖　果	109.6
（2）禽	116.4	巧克力制品	112.3
鸡	115.7	糖类小食品	112.9
鸭	128.0	11.茶及饮料	106.6
其　他		（1）茶叶	100.0
（3）加工肉禽	110.2	茶　叶	100.0
畜肉制品	113.2	（2）饮料	107.4
禽制品	107.8		

5-4 续表1

上年价格 = 100

指　　标	市　区	指　　标	市　区
固体饮料	109.3	啤　酒	103.3
液体饮料	105.1	其　他	113.3
冷冻饮品	108.5	3.吸烟、饮酒用品	110.2
12.干鲜瓜果	122.3	吸烟用品	107.5
鲜瓜果	125.5	饮酒用品	113.3
干（坚）果	115.7	三、衣着	108.0
13.糕点饼干	111.8	1.服　装	109.5
糕　点	107.4	（1）男式服装	112.8
饼　干	100.3	大　衣	125.2
面　包	126.1	毛线衣	103.2
14.液体乳及乳制品	103.4	夹克衫	110.4
巴氏杀菌奶或消毒奶	104.8	衬　衫	116.8
酸　奶	101.3	T恤衫	91.7
奶　粉	101.8	裤　子	119.8
其　他	100.0	西　服	98.5
15.在外用膳食品	110.1	运动衫裤	105.7
主　食	109.7	内　衣	114.4
炒　菜	109.2	羽绒衣	126.6
地方小吃	129.6	其　他	124.0
16.其他食品	105.6	（2）女式服装	108.8
其他食品	105.6	大　衣	99.7
二、烟酒及用品	102.2	毛线衣	116.5
1.烟草	102.3	羽绒衣	124.9
国产卷烟	100.1	套　装	99.9
进口卷烟	100.0	衬　衫	115.5
其　他	107.5	T恤衫	86.2
2.酒	102.2	裙　子	98.9
白　酒	101.7	裤　子	119.9
葡萄酒	102.0	运动衫裤	104.3

5-4 续表2

上年价格 = 100

指　　标	市　区	指　　标	市　区
内　衣	107.7	柜	102.1
其　他	135.7	床	108.7
（3）儿童服装	99.7	桌	103.5
套　装	90.9	椅	101.5
裤　子	109.0	沙　发	108.3
裙　子	100.7	其　他	96.8
其　他	113.1	（2）家庭设备	92.4
2.衣着材料	114.9	洗 衣 机	90.0
棉　布	128.8	电 风 扇	85.2
棉混纺布	111.3	电冰箱　（柜）	94.7
化 纤 布	105.5	吸排油烟机	90.6
毛　线	135.6	空 调 器	84.1
3.鞋袜帽	101.6	热 水 器	99.8
（1）鞋	99.8	微 波 炉	88.8
男　鞋	105.5	电 炊 具	79.8
女　鞋	98.0	2.室内装饰品	94.4
童　鞋	89.6	纺织装饰品	97.6
（2）袜子	109.7	装饰灯具	99.3
男　袜	112.3	其　他	96.1
女　袜	106.2	3.床上用品	97.4
（3）帽子	105.8	毛　毯	119.8
男　帽	104.7	被　子	116.5
女　帽	106.6	床上套件	124.1
4.衣着加工服务费	124.3	其　他	115.9
缝　纫	129.7	4.家庭日用杂品	102.1
清　洗	122.9	茶　具	100.5
四、家庭设备用品及维修服务	109.9	餐　具	106.4
1.耐用消费品	99.9	厨　具	99.2
（1）家　具	94.2	家用手工工具	100.7

5-4 续表3

上年价格 = 100

指　标	市　区	指　标	市　区
洗涤用品	101.5	检查费	100.0
其　他	99.3	手术费	100.5
5.家庭服务及加工维修服务	103.6	住院费	104.5
家庭服务	121.5	理疗费	100.0
加工维修服务	100.2	化验费	100.0
五、医疗保健和个人用品	104.6	其　他	100.0
1.医疗保健	104.4	2.个人用品及服务	105.4
（1）医疗器具及用品	95.0	（1）化妆美容用品	105.2
医疗器具及用品	95.0	化妆美容器具	106.5
（2）中药材及中成药	128.3	美容化妆品	107.7
中药材	155.8	护肤品	105.4
中成药	110.0	护发美容品	100.0
（3）西药	99.9	（2）清洁化妆用品	101.0
抗微生物药	100.0	洗发用品	100.0
消化系统用药	99.9	洗浴用品	100.4
呼吸系统用药	100.6	其　他	103.2
解热镇痛及非甾体抗炎药	96.1	（3）个人饰品	109.0
抗肿瘤药	100.0	首　饰	115.8
激素及调节内分泌功能药	100.9	皮　件	104.6
循环系统用药	99.3	手　表	101.1
神经系统用药	100.3	领　带	98.2
专科用药	101.4	其　他	119.8
其　他	102.9	（4）个人服务	100.6
（4）保健器具及用品	107.9	美　容	100.6
保健器具	100.0	理（烫）发	102.3
滋补保健用品	108.2	洗　浴	98.0
（5）医疗保健服务	100.9	其　他	100.0
挂号费	100.0	六、交通和通信	96.3
注射费	100.0	1.交通	95.6

5-4 续表4

上年价格 = 100

指　　标	市　区	指　　标	市　区
（1）交通工具	89.8	其　他	100.0
摩 托 车	96.2	（2）通信服务	100.0
自 行 车	89.7	移动通信费	100.0
轿　车	87.2	市内电话费	100.0
其　他	91.9	长途电话费	100.0
（2）车用燃料及零配件	113.4	月租费	100.0
汽　油	114.2	上网费	100.0
柴　油	116.1	信件邮寄	100.0
零 配 件	100.0	包裹邮寄	100.0
其　他	100.0	其　他	100.0
（3）车辆使用及维修费	100.0	七、娱乐教育文化用品及服务	98.7
驾 驶 证	100.0	1. 文娱用耐用消费品及服务	86.3
保 险 费	100.0	电 视 机	88.3
停 车 费	100.0	激光视盘机	79.1
车辆修理服务费	100.0	摄 像 机	93.4
其　他	100.0	照 相 机	97.0
（4）市区公共交通费	103.7	家用音响	87.7
公共汽车票	100.0	便携式音响	98.3
出租汽车	108.6	电　脑	83.5
其　他		修理服务	100.0
（5）城市间交通费	100.1	其　他	93.7
飞 机 票	100.0	2. 教育	100.4
火 车 票	99.4	（1）教材及参考书	100.0
长途汽车	101.0	工 具 书	100.0
其　他		教　材	100.0
2.通信	97.3	参 考 书	100.0
（1）通信工具	77.5	教育软件	100.7
固定电话机	100.0	（2）学杂托幼费	100.5
移动电话机	76.1	义务教育杂费	103.2

5-4 续表5

上年价格 = 100

指　　标	市　区	指　　标	市　区
非义务教育学杂费	100.0	其他住宿	100.0
技能培训学费	104.1	八、居住	102.5
托幼费	100.0	1.建房及装修材料	99.9
其　他	100.0	木　材	113.0
3.文化娱乐类	101.7	木地板	92.7
（1）文化娱乐用品	97.6	砖	96.8
乐　器	98.1	水　泥	111.2
音响光盘和磁带	100.0	涂　料	98.6
照相胶卷和存储卡	87.2	胶合板	103.5
录像磁带和视盘	100.0	玻　璃	94.9
儿童玩具	100.0	粘　胶	101.0
纸张本册	100.0	油　漆	97.6
文　具	100.0	其　他	105.1
体育用品	100.0	2.租房	119.7
其　他	100.0	公房房租	108.0
（2）书报杂志	100.0	私房房租	131.5
书　籍	100.0	其他费用	115.5
报　纸	100.0	3.自有住房	104.0
杂　志	100.0	房屋贷款利率	105.9
（3）文娱费	104.6	物业管理费用	100.0
电影票	114.4	维护修理费用	109.2
景点门票	100.0	其　他	100.0
有线电视	100.0	4.水、电、燃料	100.8
健身活动	100.3	水	100.0
其　他	100.0	电	100.0
4.旅游	102.5	液化石油气	114.1
旅行社收费	102.7	管道燃气	100.0
宾馆住宿	100.0	其他燃料	105.7

5-5 居民消费价格指数（2011年）

上年价格=100

市 县	居民消费价格总指数	食品类	烟酒及用品类	衣着类	家庭设备及用品类	医 疗保健类	交通和通讯类	娱乐教育文 化 类	居住类
市平均	105.0	109.9	103.5	104.3	100.2	105.8	99.9	101.4	104.0
忻 州	104.9	111.9	102.2	108.0	99.9	104.6	96.3	98.7	102.5
定 襄	105.0	109.7	102.9	104.0	101.0	104.9	100.3	100.5	105.0
五 寨	105.0	108.7	105.7	104.4	98.4	107.5	101.3	100.8	104.7
河 曲	105.0	109.8	105.7	103.1	96.2	103.9	99.6	106.6	104.1
五 台	105.0	110.3	105.8	104.3	102.7	102.2	101.3	100.8	103.0
原 平	105.1	108.7	102.5	102.2	102.7	111.5	100.8	100.9	104.4

5-6 商品零售

类别	市平均	忻州	定襄
总指数	105.1	104.7	104.5
一、食品类	110.2	111.8	109.8
二、饮料、烟酒类	102.8	103.2	102.2
三、服装、鞋帽类	104.2	107.3	103.6
四、纺织品类	106.2	119.9	104.2
五、家用电器类	97.1	91.6	102.4
六、文化用品类	101.1	92.9	103.6
七、日用品类	101.6	99.9	101.4
八、体育用品	99.6	101.1	96.3
九、交通、通讯类	93.1	85.0	84.7
十、家俱类	100.3	102.0	98.4
十一、化妆品类	106.8	102.4	98.6
十二、金银珠宝类	116.3	117.0	116.5
十三、中西药品类	109.3	109.7	107.7
十四、书报杂志类	101.0	99.1	100.0
十五、燃料类	109.1	108.5	111.9
十六、建材类	108.3	104.6	115.7

价格指数

上年价格=100

五寨	河曲	五台	原平
105.5	104.2	105.2	106.2
109.6	110.0	110.9	108.8
105.2	101.8	101.8	102.7
104.2	102.2	104.6	103.0
100.1	104.2	106.5	102.0
94.9	93.3	99.1	101.2
103.0	99.8	99.6	107.8
101.8	103.5	99.3	103.7
99.5	100.5	95.0	105.2
96.1	97.3	98.7	96.9
100.3	101.6	113.2	86.4
107.2	110.0	99.9	122.7
116.6	110.6	110.7	126.1
106.8	107.4	102.6	121.8
100.6	102.7	100.0	101.0
116.1	104.3	103.3	110.3
107.8	106.6	111.3	104.0

5-7 原材料、燃料动力购进价格指数

上年价格=100

名　　称	2002	2003	2004	2005	2006	2007	2008	2009	2010	2011
总 指 数	99.7	109.2	114.3	124.3	105.6	105.1	121.6	102.2	106.5	107.2
一、燃料动力类	100.6	113.9	121.7	132.5	106.8	104.8	124.5	109.8	102.8	103.9
二、黑色金属材料类	100.4	106.9	114.9	113.0	98.1	109.3	119.2	86.7	108.3	108.7
钢　材	100.1				96.7	101.3	105.5	74.0	88.2	106.9
其　他	101.0	106.9	114.9	113.0	98.8	112.0	124.2	89.8	119.2	110.1
三、有色金属材料和电线类	96.8	104.4	108.3	110.3	113.5	100.0	104.0	75.4	95.8	110.9
四、化工原料类	102.7	101.1	103.7	119.7	92.2	103.7	162.7	70.5	105.2	116.0
五、木材及纸浆类	98.7				105.2	98.3	109.0	109.3	88.5	102.1
六、建筑材料及非金属矿类	101.5	100.2	99.7	106.4	108.7	100.7	112.5	112.7	108.8	101.6
七、其他工业原材料及半成品类	98.8	101.1	104.9	112.1	104.8	103.9	101.0	107.4	124.8	106.6
八、农副产品类	97.7				112.0	106.0	117.3	105.4	122.2	110.4
九、纺织原料类				107.1			100.0			112.5

5-8 2004-2011年工业品出厂价格指数

项　目	2004	2005	2006	2007	2008	2009	2010	2011
全部工业品	115.0	118.2	102.7	109.0	117.1	98.4	111.8	109.4
按轻重工业分								
轻工业	106.5	111.0	103.0	100.7	106.7	103.5	111.8	112.5
以农产品为原料	109.0	102.7	101.6	101.3	107.2	99.7	116.4	112.7
以非农产品为原料	104.3	121.8	104.4	100.2	106.3	106.5	98.9	98.6
重工业	117.0	119.0	102.7	110.4	118.7	97.7	111.8	109.1
采掘工业	123.9	148.8	106.8	116.3	127.7	91.6	116.8	114.1
原料工业	113.4	104.8	99.6	108.6	116.5	105.0	109.0	105.7
加工工业	113.2	110.8	99.8	102.5	1107.5	96.5	101.7	103.1
按生产、生活资料分								
生产资料	115.9	118.4	102.6	109.8	118.2	98.1	111.7	109.6
采掘工业	123.9	148.8	106.6	115.7	127.8	94.2	117.0	114.1
原料工业	113.4	104.9	99.6	108.8	115.5	102.9	108.6	107.6
加工工业	110.8	109.2	100.2	102.2	107.9	98.6	101.7	103.6
生活资料	105.4	117.7	103.6	100.8	104.7	102.7	113.8	100.4
食品工业	105.7	121.4	103.8	100.9	104.9	102.2	114.8	100.0
一般日用品	101.4	99.3	100.0	100.0	100.1	105.6	99.7	109.2
按行业分								
煤炭采选业	123.2	156.0	112.6	115.5	128.8	99.0	112.2	114.3
黑色金属矿采选业	189.8	103.9	90.0	118.9	130.6	60.8	127.1	110.8

5-8 续表

项　目	2004	2005	2006	2007	2008	2009	2010	2011
有色金属矿采选业	105.0	110.7	106.3	104.6	107.5	109.4	124.4	142.5
农副食品加工业							118.6	99.7
食品造业制	105.4	107.0	107.1	109.1	104.9	100.9	115.3	116.3
饮料造业制	102.6	101.0	99.3	100.6	105.6	96.2	124.1	113.6
纺织业	105.5	106.3	101.2		108.7	98.8	105.9	119.2
炼焦、煤气及煤制品业	109.9	96.7	92.8	127.9	193.8	82.1	109.7	100.1
化学原料及化学制品制造业	113.4	118.5	100.6	116.9	115.8	126.1	97.9	112.6
医药工业	97.2	99.6	104.3	100.3	106.6	107.7	100.0	100.0
橡胶制品工业	100.0	100.8	93.3	107.2	98.7	100.0	93.8	118.5
建材及其它非金属矿制品业	107.5	106.1	102.5	99.7	110.5	110.3	101.1	87.7
黑色金属冶炼及压延加工业	134.3	107.0	92.7	103.0	102.8	75.4	103.5	109.8
有色金属冶炼及压延加工业	100.0	100.0	100.0	100.9	97.2	70.2	113.2	107.5
压延加工业								
通用设备制造业							101.5	102.9
专业设备制造业							101.7	102.8
电气机械及器材制造业	111.5	112.5	102.4		103.7	100.0	99.5	96.9
电力、热力的生产和供应业							103.3	105.6
煤气生产和供应业							100.0	100.0
水的生产与供应业	100.0	236.7	106.3	100.2	100.2	100.0	100.0	100.0

主要统计指标解释

居民消费价格指数　反映居民生活消费品及服务项目价格变动趋势和变动程度的相对数,采用链式拉斯贝尔公式,加权平均计算。

商品零售价格指数　反映市场商品零售价格变动趋势和变动程度的相对数。

农业生产资料价格指数　反映农业生产资料价格变动趋势和变动程度的相对数,计算方法同上,根据抽样调查方法在全省抽取 7 个县、市为填报单位。

工业产品出厂价格指数　是反映全部工业产品出厂价格总水平的变动趋势和程度的相对数,根据全市部分重点企业的产品出厂价格的定期调查资料,按加权算术平均公式计算。

原材料、燃料、动力购进价格指数　是反映工业企业购进主要原材料、燃料、动力价格水平变动趋势和程度的相对数。根据全省部分重点企业主要原材料、燃料、动力购进价格的定期调查资料,按加权算术平均公式计算。

房地产价格指数　是反映全社会各类房地产销售、租赁、土地交易价格变动趋势和幅度的相对数。包括房屋销售价格指数,房屋租赁价格指数和土地交易价格指数。

人民生活

忻州统计年鉴

XIN ZHOU STATISTICAL YEARBOOK

杨巧玲　张　丽

资料整理人员

杨巧玲　张　丽

6-1 城镇居民家庭生活基本情况

指　　标	计量单位	2000	2006	2007	2008	2009	2010	2011
一、调查户数	户	70	100	100	100	100	100	100
二、平均每户家庭人口数	人	3.12	2.99	2.98	2.89	2.89	2.88	2.93
三、平均每户就业人口数	人	1.73	1.49	1.45	1.33	1.28	1.25	1.36
四、平均每一就业者负担人数	人	1.80	2.01	2.06		2.26	2.30	2.15
五、平均每人全年可支配收入	元	4600.56	8480.26	10009.34	11718.39	12863.3	14938.63	17168.84
六、平均每人全年消费性支出	元	3842.02	5608.22	6971.92	8702.48	9549.9	9785.66	11038.15
七、人均使用面积	平方米	12.90	20.45	20.26	21.41	20.8	22.11	22.64

6-2 2007-2011年城镇居民家庭人均全部收入及构成

单位：元

指　　标	2007	2008	2009	2010	2011
家庭总收入(元)	10345.43	12199.93	13589.47	15811.56	18398.09
#可支配收入	10009.34	11718.39	12863.3	14938.63	17168.84
一、工薪收入	6969.44	7825.64	8299.75	9584.49	11980.39
1.工资及补贴收入	6680.9	7486.61	8102.96	9378.23	11670.73
2.其他劳动收入	288.54	339.03	196.79	206.26	309.67
二、经营净收入	805.3	590.69	663.49	766.93	1357.16
三、财产性收入	65.5	144.87	98.98	104.89	90.57
#1.利息收入	19.91	63.16	43.49	57.87	21.2
2.股息与红利收入	34.88	14.23		7.28	25.59
3.其他投资收入			29.99	3.64	
4.出租房屋收入		51.94	13.84	29.82	41.63
四、转移性收入	2505.19	3638.73	4527.26	5355.25	4969.97
#1.养老金或离退休金	2114.63	3246.89	4206.84	5120.82	3979.78
2.社会救济收入	18.56	55.17	64.86	37.03	30.67
3.辞退金					
4.赡养收入	128.71	15.19	73.14	5.1	77.49
5.捐赠收入	141.67	199.31	106.35	144.97	833.64
6.提取住房公积金		15.82	1.05		
家庭总收入构成(%)	100.00	100	100	100	100
#可支配收入	96.75	96.05	94.66	94.48	93.32
一、工薪收入	67.37	64.14	61.07	60.62	65.12
1.工资及补贴收入	64.58	61.37	59.63	59.31	63.43
2.其他劳动收入	2.79	2.78	1.45	1.3	1.68
二、经营净收入	7.78	4.84	4.88	4.85	7.38
三、财产性收入	0.63	1.19	0.073	0.66	0.49
#1.利息收入	0.19	0.52	0.32	0.37	0.31
2.股息与红利收入	0.34			0.05	0.04
3.其他投资收入	0.00		0.22	0.02	0.02
4.出租房屋收入	0.00	0.43	0.1	0.19	0.23
四、转移性收入	24.22	29.83	33.31	33.87	27.01
#1.养老金或离退休金	20.44	26.61	30.96	32.39	21.63
2.社会救济收入	0.18	0.45	0.48	0.23	0.17
3.辞退金	0.00				
4.赡养收入	1.24	0.12	0.54	0.03	0.42
5.捐赠收入	1.37	1.63	0.78	0.92	4.53
6.提取住房公积金	0.00	0.13	0.01		

6-3 2007-2011年城镇居民家庭平均每人全年消费性支出及构成

项　　目	2007	2008	2009	2010	2011
消费性支出(元)	6971.92	8702.48	9549.9	9785.66	11038.15
一、食　品	2101.59	2860.29	2805.55	2692.91	3419.21
1.粮油类	425.92	476.80	464.39	416.07	510.36
2.肉禽蛋水产品类	386.51	505.55	482.89	429.46	539.57
3. 蔬菜类	273.79	341.12	343.01	344.56	345.78
4.调味品	27.20	32.24	39.67	47.9	47.51
5.糖烟酒饮料类	202.77	283.29	293.5	261.02	387.3
6.干鲜瓜果类	143.09	197.85	213.93	240.95	326.78
7. 糕点、奶及奶制品	226.86	290.93	291.1	213.92	256.58
8. 其他食品	52.43	76.52	74.66	108.47	206.95
9. 饮食服务	363.01	655.99	602.38	630.56	798.39
二、衣　着	1194.93	1372.10	1368.39	1291.91	1728.93
三、家庭设备用品及服务	291.89	578.41	531.8	632.58	820.61
四、医疗保健	521.90	633.58	1006.59	1012.02	1045.99
五、交通和通信	623.48	643.70	1667.25	1557.73	1169.31
六、教育、文化、娱乐服务	1174.39	1286.22	927.95	1170.69	1806.67
七、居　住	905.05	1191.83	1061.75	1169.25	739.64
八、杂项商品及服务	158.70	136.33	180.61	258.57	307.79
消费性支出构成 (%)	100.00	100	100	100	100
一、食　品	30.14	32.87	29.38	27.52	30.98
1.粮油类	6.11	5.48	4.86	4.25	4.62
2.肉禽蛋水产品类	5.54	5.81	5.06	4.39	4.89
3. 蔬菜类	3.93	3.92	3.59	3.52	3.13
4.调味品	0.39	0.37	0.42	0.49	0.43
5.糖烟酒饮料类	2.91	3.26	3.07	2.67	3.51
6.干鲜瓜果类	2.05	2.27	2.24	2.46	2.96
7. 糕点、奶及奶制品	3.25	3.34	3.05	2.19	2.33
8. 其他食品	0.75	0.88	0.78	1.11	1.88
9. 饮食服务	5.21	7.54	6.31	6.44	7.23
二、衣　着	17.14	15.77	14.33	13.2	15.66
三、家庭设备用品及服务	4.19	6.65	5.57	6.46	7.43
四、医疗保健	7.49	7.28	10.54	10.34	9.48
五、交通和通信	8.94	7.4	17.46	15.92	10.59
六、教育、文化、娱乐服务	16.84	14.78	9.72	11.96	16.37
七、居　住	12.98	13.7	11.12	11.95	6.7
八、杂项商品及服务	2.28	1.57	1.89	2.64	2.79

6-4 城镇居民家庭平均每人全年购买的主要商品数量

指　　标	计量单位	2000	2006	2007	2008	2009	2010	2011
粮　　食	公斤	91.74	84.71	50.44	50.22	44.01	66.89	74.68
食用植物油	公斤	6.03	6.99	6.79	6.55	5.8	4.81	6.36
猪　　肉	公斤	8.95	9.78	8.75	9.53	10.36	9.79	9.49
牛 羊 肉	公斤	0.48	0.59	0.67	0.67	0.64	0.53	0.55
家　　禽	公斤	0.52	1.28	0.32	0.26	0.15	2.73	3.48
蛋　　类	公斤	13.27	14.12	13.64	11.73	11.71	9.68	9.89
鱼　　虾	公斤	1.88	2.29	2.15	1.85	1.85	1.52	1.73
蔬　　菜	公斤	112.01	146.97	146.44	162.77	151.15	127.16	114.67
酒　　类	公斤	2.67	1.54	4.16	2.53	2.64	1.93	2.05
服　　装	件	5.11	7.55	8.17	7.29	6.85	5.69	7.29
男　　装								
女　　装								
童　　装								
鞋　　类	双	1.94	2.56	2.83	2.69	2.45	2.19	2.68
煤　　炭	公斤	68.69	111.85	36.78	54.71	29.02	8.84	0.82

6-5 城镇居民家庭平均每百户年末耐用消费品拥有量

品　　名	计量单位	2000	2006	2007	2008	2009	2010	2011
洗 衣 机	台	100.00	96.00	99.00	96.00	97	97	93.00
电 冰 箱	台	82.80	85.00	90.00	92.00	93	93	93.00
微 波 炉	台					35	35	48
彩色电视机	台	115.70	107.00	107.00	108.00	110	110	103.00
组合音响	套	24.30	29.00	19.00	22.00	23	23	19.00
空 调 器	台	8.60	15.00	15.00	21.00	21	21	24.00
照 相 机	架		28.00	26.00	33.00	32	32	33.00
摩 托 车	辆	27.10	28.00	13.00	9.00	13	12	4.00
家用电脑	台		32.00	44.00	46.00	48	50	71.00
移动电话	部		136.00	134.00	141.00	139	140	171.00
家用汽车	辆		2.00		7.00	10	11	15.00

6-6 2007-2011年城镇居民家庭年末居住情况

单位: %

指标	2007	2008	2009	2010	2011
一、按房屋产权	100.0	100.0	100	100	100
租赁公房	1.0	1.0	1	1	
租赁私房		2.0	3	3	4
原有私房		3.0	3	3	
房改私房	85.0	76.0	76	76	63
商品房	14.0	18.0	17	17	33
其　他					
二、住宅建筑式样	100.0	100.0	100	100	100
单栋住宅		4.0	5	5	1
四居室	1.0	1.0			4
三居室	60.0	59.0	60	61	62
二居室	35.0	34.0	33	32	32
一居室					
普通楼房	3.0	1.0	1	1	1
平房及其他	1.0	1.0	1	1	
三、饮水情况	100.0	100.0	100	100	100
自来水	100.0	100.0	100	100	100
矿泉水					
纯净水					
井、河水					
其　他					
四、用水情况	100.0	100.0	100	100	100
独用自来水	100.0	100.0	100	100	100
公用自来水					
井、河水					
其　他					
五、卫生设备	100.0	100.0	100	100	100
无卫生设备					
有厕所浴室	39.0	49.0	50	51	48
有厕所无浴室	59.0	51.0	50	49	51
公　用	2.0				1
六、取暖设备	100.0	100.0	100	100	100
无取暖设备					
空调设备					
暖　气	100.0	100.0	100	100	99
其　他					
七、炊用燃料使用情况	100.0	100.0	100	100	100
管道煤气	62.0	63.0	64	65	60
液化石油气	17.0	18.0	12	13	8
煤	14.0	11.0	11	11	2
其　他	7.0	8.0	13	11	16

6-7　按家庭规模分组（2011年）

指　标	计量单位	总　计	一人户	二人户	三人户	四人户	五人及以上户
调查户数	户	100	2	28.08	49.5	15.67	4.75
比　　重	%	100	2	28.08	49.5	15.67	4.75
每户家庭人口数	人	2.93	1	2	3	4	5
每户就业人口数	人	1.36		0.43	1.81	1.49	2.4
每一就业者负担人数	人	2.15		4.65	1.66	2.68	2.08
每人可支配收入	元	17168.84	18590.5	24076.5	18106.82	10856.74	11503.33
每人消费性支出	元	11032.07	14060.41	13270.97	12241.93	8363.51	4958.65

6-8 2011年按相对收入不等

指标*相对收入				合计 <1>	最低10% <2>	更低5% <3>
调查户数	户			100	10	5
家庭基本情况						
一、住房情况						
1.家庭居住人口	人	户	B21	2.9	3.4	3.6
2.现住房总建筑面积	平方米	人	B22	30.11	20.18	17.06
3.房屋产权(合计)			B24			
租赁公房		%	B24			
租赁私房		%	B24	4	10	
原有私房		%	B24			
房改私房		%	B24	63	70	80
商品房		%	B24	33	20	20
其他		%	B24			
4.住宅建筑式样(合计)			B25			
单栋住宅		%	B25	1		
四居室		%	B25	4		
三居室		%	B25	62	40	20
二居室		%	B25	32	60	80
一居室		%	B25			
普通楼房		%	B25	1		
平房及其他		%	B25			
5.建筑年份		户	B26	15.55	18.9	19.2
6.装修状况(合计)			B27			
有装修		%	B27	45	30	
未装修		%	B27	55	70	100
(1)如果装修过最近一次装修年份	年	户	B271	3.87	2.1	
(2)如果装修过最近一次装修花费	元	户	B272	11800	6000	
7.现有住房按市场价估计值	元	户	B28	224900	158000	132000
8.租赁房房租	元	户	B29	218.4	504	
(1)租赁公房房租	元	户	B29			
(2)租赁私房房租	元	户	B29	218.4	504	
9.现住房房租折算	元	户	B210	5323.2	4176	3000
10.购房时间	年	户	B211	11.04	11.3	13.6
11.购房总金额	元	户	B212	88900	33000	37000
购房实际支出金额	元	户	B2120	84020.4	31500	36000
12.饮水情况(合计)			B213			
自来水		%	B213	100	100	100
矿泉水		%	B213			

距九组分组分户汇总

低10%	较低20%	中间20%	较高20%	高10%	最高10%	更高5%
<4>	<5>	<6>	<7>	<8>	<9>	<10>
10	20	20	20	10	10	5
3.5	3.2	2.8	2.65	2.5	2.3	2.4
21.97	27.27	28.84	35.6	38.24	46.65	47.5
	10	5				
50	45	65	75	70	70	40
50	45	30	25	30	30	60
					10	20
	5		10		10	
40	60	60	75	80	70	80
60	35	35	15	20	10	
		5				
15.7	11.9	18.1	13.65	17.3	16.3	13.4
60	40	35	60	50	40	40
40	60	65	40	50	60	60
4	2.65	2.65	5.4	6.6	4.6	3.8
6100	12500	9800	16150	12000	17000	23000
182000	228000	213000	243000	237000	304000	316000
	540	300				
	540	300				
5040	5658	5352	5142	5472	6240	6240
8.3	8.1	12.9	10.95	13.7	13.2	12.6
73100	100300	77000	99000	103000	127300	152000
70504	93450	72450	92500	95000	126400	152000
100	100	100	100	100	100	100

6-8 续表1

指标*相对收入				合计	最低10%	更低5%
				<1>	<2>	<3>
纯净水		%	B213			
井、河水		%	B213			
其他		%	B213			
13.用水情况(合计)			B214			
独用自来水		%	B214	100	100	100
公用自来水		%	B214			
井、河水		%	B214			
其他		%	B214			
14.卫生设备(合计)			B215			
无卫生设备		%	B215			
有厕所浴室		%	B215	48	10	20
有厕所无浴室		%	B215	51	90	80
公用		%	B215	1		
15.取暖设备(合计)			B216			
无取暖设备		%	B216			
空调设备		%	B216			
暖气		%	B216	99	90	80
其他		%	B216	1	10	20
16.炊用燃料使用情况(合计)			B217			
煤炭		%	B217	2	10	20
罐装液化石油气		%	B217	8	10	
管道液化石油气		%	B217			
管道煤气		%	B217	59	50	20
管道天然气		%	B217	15		
柴油		%	B217			
其他燃料		%	B217	16	30	60
17.除了现住房，还有几处其他住房	套	户	B219	0.06		
(1)出租房	套	户	B21911	0.03		
其中：建筑面积	平方米	户	B21912	1.74		
(2)偶尔居住房	套	户	B21921	0.02		
其中：建筑面积	平方米	户	B21922	1.9		
(3)其他用途房	套	户	B21931	0.01		
其中：建筑面积	平方米	户	B21932	1.02		
二、人口就业情况(按月平均)	户		B3			
(一)家庭人口数	人	户	B31	2.93	3.63	3.6
1.有收入者人数	人	户	B311	1.84	1.52	1.47
(1)就业人口数	人	户	B3111	1.36	1.38	1.4

低10%	较低20%	中间20%	较高20%	高10%	最高10%	更高5%
<4>	<5>	<6>	<7>	<8>	<9>	<10>
100	100	100	100	100	100	100
50	55	40	55	70	50	40
50	45	55	45	30	50	60
100	100	100	100	100	100	100
10						
20	5	5	5	10	10	20
70	50	70	65	40	60	40
	15	15	10	40	30	40
	30	10	20	10		
	0.1	0.15			0.1	0.2
	0.1	0.05				
	7.5	1.2				
		0.05			0.1	0.2
		6			7	14
		0.05				
		5.1				
3.5	3.21	2.8	2.65	2.5	2.37	2.53
1.71	1.94	1.89	1.86	1.91	1.9	1.8
1.4	1.71	1.42	1.25	1.3	0.8	1.2

6-8 续表2

指标*相对收入				合计	最低10%	更低5%
				<1>	<2>	<3>
①国有经济单位职工人数	人	户	B31111	1.08	0.8	1
②城镇集体经济单位职工人数	人	户	B31112			
③其他经济类型单位职工人数	人	户	B31113	0.01		
④城镇个体或私营企业主人数	人	户	B31114	0.1	0.1	0.2
⑤城镇个体或私营企业被雇人数	人	户	B31115	0.17	0.48	0.2
⑥离退休再就业人数	人	户	B31116			
⑦其他就业人数	人	户	B31117			
(2)离退休人数	人	户	B3112	0.45	0.1	
(3)其他有收入者人数	人	户	B3113	0.03	0.04	0.07
2.无收入者人数	人	户	B312	1.09	2.11	2.13
(二)在外就学人数	人	户	B35			
(三)非家庭人口在家用餐	人次	户	B33	0.03		
(四) 家庭人口在外用餐	人次	户	B34	1.07	0.7	0.25
三、耐用消费品						
1.摩托车	辆	百户	B12	4	10	20
2.助力车	辆	百户	B14	55	20	
3.家用汽车	辆	百户	B15	15		
4.洗衣机	台	百户	B16	93	90	80
5.电冰箱	台	百户	B18	93	80	60
6.彩色电视机	台	百户	B110	103	100	100
7.家用电脑	台	百户	B114	71	40	
8.组合音响	套	百户	B115	19		
9.摄像机	架	百户	B116	5		
10.照相机	架	百户	B117	33	10	
11.钢琴	架	百户	B118	1		
12.其他中高档乐器	件	百户	B119	4		
13.微波炉	台	百户	B120	48	10	
14.空调器	台	百户	B121	24	20	
15.淋浴热水器	台	百户	B124	48	10	20
16.消毒碗柜	台	百户	B126	2		
17.洗碗机	台	百户	B127			
18.健身器材	套	百户	B130	2		
19.固定电话	部	百户	B131	57	30	40
20.移动电话	部	百户	B132	171	130	80
四、信息化调查（每百户）						
1.接入互联网的移动电话	部	百户	B134	26		
2.接入有线电视网络的电视机	台	百户	B135	77	60	60

低10%	较低20%	中间20%	较高20%	高10%	最高10%	更高5%
<4>	<5>	<6>	<7>	<8>	<9>	<10>
0.6	1.35	1.2	1.15	1.2	0.8	1.2
	0.06					
0.3	0.1	0.05	0.1	0.1		
0.5	0.2	0.17				
0.2	0.2	0.45	0.6	0.6	1.1	0.6
0.11	0.03	0.02	0.01	0.01		
1.79	1.27	0.91	0.79	0.59	0.47	0.73
					0.03	
	0.13			0.05		
0.59	1.83	1.23	0.79	0.59	1.12	2.15
	5		5		10	20
30	60	80	65	60	30	40
10	25	10	10	30	20	40
90	100	90	90	90	100	100
90	90	100	105	80	90	80
100	100	100	105	100	120	140
60	70	85	75	70	80	100
	25	20	25	30	20	20
		10	5	10	10	
20	40	25	30	60	50	20
				10		
			15	10		
10	40	65	50	70	80	80
10	30	30	25	10	30	40
50	55	40	55	70	50	40
	10					
			5		10	
30	45	65	60	90	80	80
190	180	180	160	160	190	200
	30	25	25	40	60	60
30	75	95	80	80	100	100

6-8 续表3

指标*相对收入				合计	最低10%	更低5%
				<1>	<2>	<3>
3.接入互联网的计算机	台	百户	B136	60	30	
现金收支情况						
一、期初手存现金	元	人	D91	363.05	222.01	172.46
二、家庭总收入	元	人	D92	18398.09	7202.03	6043.81
其中:可支配收入	元	人	D920	17168.84	6958.21	5808.14
(一)工资性收入	元	人	D921	11980.39	5925.91	5051.62
1.工资及补贴收入	元	人	D9211	11670.73	5876.25	5051.62
2.其他劳动收入	元	人	D9212	309.67	49.66	
(二)经营净收入	元	人	D922	1357.16	138.39	278.69
(三)财产性收入	元	人	D923	90.57	21.02	42.33
1.利息收入	元	人	D9231	21.2	3.64	7.33
2.股息与红利收入	元	人	D9232	25.59		
3.保险收益	元	人	D9233			
4.其他投资收入	元	人	D9234			
5.出租房屋收入	元	人	D9235	41.63		
6.知识产权收入	元	人	D9236			
7.其他财产性收入	元	人	D9237	2.15	17.38	35
(四)转移性收入	元	人	D924	4969.97	1116.72	671.17
1.养老金或离退休金	元	人	D9241	3979.78	766.9	
2.社会救济收入	元	人	D9242	30.67	90.76	182.78
其中：最低生活保障收入	元	人	D92421	10.75	70.34	141.67
3.辞退金	元	人	D9243			
4.赔偿收入	元	人	D9244			
5.保险收入	元	人	D9245			
其中:失业保险金	元	人	D92450			
6.赡养收入	元	人	D9246			
其中：来自城镇居民的赡养收入	元	人	D92460	77.49		
7.捐赠收入	元	人	D9247		180.97	364.44
其中：来自城镇居民的捐赠收入	元	人	D92470	833.64		
8.提取住房公积金	元	人	D9249			
9.记帐补贴	元	人	D92410		42.76	52.78
10.其它转移性收入	元	人	D92411	44.01	35.34	71.17
三、出售财物收入	元	人	D93	4.37		
1.出售住房收入	元	人	D931	7.17		
2.出售其它物品收入	元	人	D932	7.17		
四、借贷收入	元	人	D94	1715.44	1600	2111.11
1.提取储蓄存款	元	人	D941	1492.63	496.55	333.33

低10%	较低20%	中间20%	较高20%	高10%	最高10%	更高5%
<4>	<5>	<6>	<7>	<8>	<9>	<10>
60	60	65	60	70	70	80
153.34	233.32	406.68	464.32	842.04	413.27	274.27
10266.43	14305.46	18197.54	22863.2	27700.83	39317.25	46637.68
9745.42	13148.04	16760.56	20815.42	26083.22	38071.32	44924.61
5572.55	11037.69	13078.05	15175.57	18545.55	16598.62	24358.18
5515.41	10793.64	13023.58	15001.08	18545.55	14105.66	19700.29
57.14	244.05	54.46	174.49		2492.96	4657.89
2758.57	1489.17	1257.14	1896.98	1188		
0.57	229.09	100.3	50.54	26.64	88.73	165.79
0.57		11.02	50.54	26.64	88.73	165.79
	116.88					
	112.21	89.29				
1934.74	1549.51	3762.05	5740.1	7940.64	22629.9	22113.71
1309.31	1342.08	3510.26	5422.43	5877.04	15877.78	9557.13
162.86						
17.14						
146.86		107.14	86.23	120	169.01	315.79
271.43	166.13	100.89	187.1	1901.6	6528.17	12197.37
44.29	41.3	43.75	44.34	42	54.93	43.42
					88.73	165.79
					88.73	165.79
800	2320.52	1080.36	2769.81	2090.64	350.7	655.26
742.86	2133.51	1062.5	2750.94	1850.64	211.27	394.74

6-8 续表4

指标*相对收入				合计	最低10%	更低5%
				<1>	<2>	<3>
2.借入款	元	人	D942	207.45	1034.48	1777.78
3.收回借出款	元	人	D943	15.35	68.97	
4.收回储蓄性保险本	元	人	D944			
5.兑售有价证券	元	人	D945			
6.收回投资本金	元	人	D946			
7.住房贷款	元	人	D947			
8.汽车贷款	元	人	D948			
9.教育贷款	元	人	D949			
10.其他贷款	元	人	D9410			
11.其他借贷收入	元	人	D9411			
五、家庭总支出	元	人	D95	14193.88	6754.18	6783.8
(一)消费性支出	元	人	D951	11032.07	6190.72	6365.8
(二)财产性支出	元	人	D954	5.8		
1.非生产性贷款利息支出	元	人	D9541	5.8		
2.其他	元	人	D9542			
(三)转移性支出	元	人	D953	1864.07	362.4	235.11
1.交纳所得税	元	人	D9531	40.55		
其中：来自工资性收入的个税	元	人	D95311	40.55		
来自经营净收入的个税	元	人	D95312			
来自财产性收入的个税	元	人	D95313			
来自转移性收入的个税	元	人	D95314			
2.捐赠支出	元	人	D9532	1662.79	345.57	235.11
3.购买彩票	元	人	D9533	0.45		
4.赡养支出	元	人	D9534	80.52	12.69	
其中：在外就学子女费用	元	人	D95340	4.09		
5.各种非储蓄性保险支出	元	人	D9535	27.29		
其中：车辆保险支出	元	人	D95350	13.68		
6. 其他转移性支出	元	人	D9536	52.47	4.14	
(四)社会保障支出	元	人	D955	1144.69	201.06	182.89
1.个人交纳的养老基金	元	人	D9551	534.24	182	173.33
2.个人交纳的住房公积金	元	人	D9552	360.2	8.14	
3.个人交纳的医疗基金	元	人	D9553	215.91	10.48	9.56
4.个人交纳的失业基金	元	人	D9554	7.57	0.44	
5.其他社会保障支出	元	人	D9555	26.76		
(五)购房与建房支出	元	人	D952	147.25		
1.购房	元	人	D9521	147.25		
2.建房	元	人	D9522			

低10%	较低20%	中间20%	较高20%	高10%	最高10%	更高5%
<4>	<5>	<6>	<7>	<8>	<9>	<10>
57.14	171.43	17.86		240	139.44	260.53
	15.58		18.87			
6943.29	11983.1	14613.24	19021.51	21760.32	22509.73	25357.96
5735.94	9093.76	11052.19	14541.17	17489.39	16807.94	18435.73
				68		
				68		
730.63	1102.81	2172.38	2621.86	2779.54	4510.79	5252.57
	2.18	4.57	144.96	152.22		
	2.18	4.57	144.96	152.22		
689.71	1022.41	1986.51	2126.66	2431.4	4238.91	4844.37
3.09	0.31				0.17	
15.71	26.49	141.88	140.09		233.24	341.05
					50.7	
	1.56	11.39	109.28	58.8		
			52.98	48		
22.11	49.85	28.04	100.88	137.12	38.48	67.15
476.73	1113.95	1388.66	1858.48	1423.39	1191	1669.66
355.13	669.67	649.88	616.31	559.96	486.93	668.92
82	270.79	314.09	803.33	455.84	569.03	851.53
39.6	168.28	308.14	387.12	392.59	132.08	143.68
	4.83	3.11	26.85	9.04	2.96	5.53
	0.37	113.45	24.87	5.96		
	672.58					
	672.58					

6-8 续表5

指标*相对收入				合计	最低10%	更低5%
				<1>	<2>	<3>
六、借贷支出	元	人	D96	2044.88	90.87	105.22
1.存入储蓄款	元	人	D961	1893.14	90.87	105.22
2.借出款	元	人	D962	6.82		
3.归还借款	元	人	D963	90.15		
4.储蓄性保险支出	元	人	D964	21.76		
5.购买有价证券	元	人	D965			
6.其他投资支出	元	人	D966	3.03		
7.归还住房贷款	元	人	D967	5.32		
8.归还汽车贷款	元	人	D968			
9.归还教育贷款	元	人	D969			
10.归还其它贷款	元	人	D9610	6.82		
11.其他借贷支出	元	人	D9611	17.83		
七、期末手存现金	元	人	D97	4292.52	2328.08	1438.36
消费支出	元	人	E	11032.07	6190.72	6365.8
其中:服务性消费支出	元	人	E0	2928.11	2097.41	2963.47
通过互联网购买商品或服务支出	元	人	D95100	1.69		
旅游人次	人次	户	LYR	0.09		
旅游花费总额	元	人	LYH	22.38		
有价证券收入	元	人	YJZQ			
一、食品	元	人	E1	3413.13	1784.83	1402.81
(一)粮油类	元	人	E11	510.36	348.38	355.79
1.粮食	元	人	E111	316.21	209.17	219.78
数量	千克	人		74.68	50.97	52.22
(1)大米、单价	元/千克		E1111	4.8	4.66	4.72
数量	千克	人		14.47	10.12	11.03
金额	元	人		69.48	47.14	52
(2)面粉.单价	元/千克		E1112	3.24	3.19	3.04
数量	千克	人		26.69	22.59	18.61
金额	元	人		86.55	72.08	56.5
(3)其他粮食及制品	元	人	E1113	160.19	89.94	111.28
数量	千克	人		33.52	18.25	22.58
2.淀粉及薯类	元	人	E112	39.18	24.1	21.99
数量	千克	人		11.3	6.44	7.76
3.干豆类及豆制品	元	人	E113	51.9	34.44	31.67
4.油脂类	元	人	E114	103.07	80.66	82.35
数量	千克	人		6.38	5.84	6.46
(1)食用植物油、单价	元/千克		E1141	16.14	13.82	12.75

低10%	较低20%	中间20%	较高20%	高10%	最高10%	更高5%
<4>	<5>	<6>	<7>	<8>	<9>	<10>
1382.65	1343.06	1008.88	2190.12	3511.61	8496.73	14174.98
1114.41	1282.6	997.45	2042.72	2730.81	8360.25	14096.03
	31.17					
242.86			30.19	612.8	42.25	78.95
	29.3	11.43	30.7		94.23	
25.39						
			29.43			
				80		
			57.08	88		
2893.84	3545.38	4062.47	4885.7	5361.58	9435.09	8663.24
5735.94	9093.76	11052.19	14541.17	17489.39	16807.94	18435.73
1894.65	2111.55	2443.14	4312.68	4101.06	4750.56	4507.86
		8.86				
	0.05	0.15	0.15	0.2		
	93.51		10.57			
1664.79	2884.86	3904.93	3871.53	4778.85	6292.17	7579.65
319.09	387.38	665.92	521.1	591.4	897.04	850.12
199.75	240.77	422.89	339.71	298.93	570.22	539.78
51.91	58.99	99.39	75.77	68.04	133.27	115.66
4.78	5.01	4.63	5.06	4.62	4.71	4.96
4.89	10.1	19.13	17.21	14.38	30.11	31.38
23.38	50.57	88.56	87.15	66.4	141.66	155.61
3.05	3.16	3.22	3.22	3.39	3.5	3.64
24.59	20.1	30.77	25.99	20.6	52.27	45.99
75.05	63.53	99.11	83.59	69.76	182.74	167.37
101.31	126.66	235.22	168.97	162.77	245.82	216.81
22.43	28.79	49.49	32.56	33.06	50.89	38.29
17.49	28.99	51.66	48.72	48.94	60.7	50.41
5.68	8.54	13.96	13.03	13.13	22.39	15.1
40.31	43.66	66.36	46.66	61.91	85.15	80.77
61.54	73.97	125.01	86.01	181.61	180.98	179.16
4.31	4.56	7.29	4.99	11.02	11.3	10.51
14.26	16.21	17.15	17.29	16.45	16.02	17.05

6-8 续表6

指标*相对收入				合计	最低10%	更低5%
				<1>	<2>	<3>
数量	千克	人		6.36	5.84	6.46
金额	元	人		102.66	80.66	82.35
(2)食用动物油	元	人	E1142	0.4		
(二)肉禽蛋水产品类	元	人	E12	539.57	323.54	273.11
1.肉类	元	人	E121	339.24	183.56	138.48
数量	千克	人		14.17	8	5.58
(1)猪肉.单价	元/千克		E1211	23.34	22.75	24.48
数量	千克	人		9.49	6.21	4.41
金额	元	人		221.41	141.24	107.96
(2)牛肉.单价	元/千克		E1212	31.84	27.8	27.8
数量	千克	人		0.23	0.01	0.03
金额	元	人		7.47	0.38	0.77
(3)羊肉.单价	元/千克		E1213	41.64	34.2	32.4
数量	千克	人		0.31	0.14	0.14
金额	元	人		12.93	4.72	4.5
(4)其他肉及制品	元	人	E1214	97.43	37.23	25.24
数量	千克	人		4.15	1.66	1.01
2.禽类	元	人	E122	70.03	32.12	39.76
数量	千克	人		3.48	1.51	1.84
(1)鸡.单价	元/千克		E1221	18.25	18.96	19.29
数量	千克	人		0.53	0.14	0.25
金额	元	人		9.75	2.62	4.82
(2)鸭.单价	元/千克		E1222	14.6		
数量	千克	人		0.08		
金额	元	人		1.12		
(3)其他禽类及制品	元	人	E1223	59.16	29.51	34.93
数量	千克	人		2.87	1.38	1.59
3.蛋类	元	人	E123	88.37	80.55	68.92
数量	千克	人		9.89	8.91	7.36
(1)鲜蛋.单价	元/千克		E1231	8.91	9.03	9.37
数量	千克	人		9.83	8.89	7.36
金额	元	人		87.56	80.33	68.92
(2)蛋制品	元	人	E1232	0.81	0.22	
数量	千克	人		0.07	0.01	
4.水产品类	元	人	E124	41.93	27.31	25.96
(1)鱼.单价	元/千克		E1241	20.33	19.99	20.63
数量	千克	人		1.64	1.05	1.03

低10%	较低20%	中间20%	较高20%	高10%	最高10%	更高5%
<4>	<5>	<6>	<7>	<8>	<9>	<10>
4.31	4.56	7.29	4.9	10.92	11.3	10.51
61.54	73.97	125.01	84.69	179.69	180.98	179.16
			1.32	1.92		
231.68	474.32	576.22	631.87	850.37	880.93	1030.91
138.98	300.77	365.85	412.63	594.41	481.27	562.11
5.78	12.44	16.22	16.68	24.2	19.65	22.35
23.75	23.65	22.78	23.45	22.88	24.29	25.15
4.49	9.12	9.38	11.62	14.84	12.73	15.59
106.55	215.68	213.6	272.37	339.47	309.26	392.21
	40.98	36.4	14.98	38.09	46.83	52.66
	0.09	0.33	0.42	0.39	0.51	0.74
	3.58	12.09	6.3	14.78	23.94	39.08
50	47.05	37.03	48.84	41.32	33.33	36
0.07	0.2	0.41	0.41	0.58	0.49	0.08
3.57	9.31	15.28	19.91	23.8	16.48	2.84
28.86	72.2	124.89	114.05	216.36	131.59	127.97
1.23	3.05	6.11	4.26	8.42	5.92	5.94
28.88	56.35	74.36	96.72	87.82	137.19	149.91
1.51	2.77	3.92	4.44	4.68	6.82	7.51
8	20.51	18.1	17.92	18.78	17.31	16.35
0.06	0.32	0.84	0.55	1	1.16	1.56
0.46	6.52	15.26	9.94	18.86	20.11	25.42
	11	19.41	14	11.47	26.67	30
	0.12	0.06	0.01	0.3	0.13	0.16
	1.37	1.18	0.13	3.44	3.38	4.74
28.42	48.45	57.93	86.65	65.52	113.7	119.75
1.45	2.33	3.01	3.88	3.38	5.54	5.79
49.21	75.64	85.24	83.57	102.15	196.36	271.46
5.59	8.54	9.56	9.5	11.54	21.36	28.63
8.8	8.85	8.9	8.75	8.82	9.16	9.44
5.59	8.5	9.5	9.39	11.44	21.15	28.27
49.21	75.22	84.62	82.19	100.85	193.79	266.96
	0.42	0.62	1.38	1.3	2.58	4.5
	0.04	0.05	0.12	0.11	0.21	0.36
14.6	41.56	50.77	38.95	65.98	66.1	47.44
18.97	20.32	20.97	19.59	21.07	20.21	21.1
0.66	1.7	1.85	1.54	2.45	2.65	1.75

6-8 续表7

指标*相对收入				合计	最低10%	更低5%
				<1>	<2>	<3>
金额	元	人		33.25	21.02	21.32
(2)虾.单价	元/千克		E1242	40.6	41.67	33.46
数量	千克	人		0.09	0.09	0.07
金额	元	人		3.69	3.79	2.42
(3)其他水产品及制品	元	人	E1243	5	2.5	2.22
数量	千克	人		0.31	0.17	0.14
㈢蔬菜类	元	人	E13	345.78	255.74	203.4
1.鲜菜.单价	元/千克		E131	2.85	2.7	2.34
数量	千克	人		114.67	92.14	83.22
金额	元	人		326.69	248.79	194.85
2.干菜	元	人	E132	15.06	4.39	6.48
3.菜制品	元	人	E133	4.03	2.55	2.07
㈣调味品	元	人	E14	47.51	27.05	23.06
㈤糖烟酒饮料类	元	人	E15	387.3	100.16	59.28
1.糖类	元	人	E151	30.75	19.1	12
2.烟草类	元	人	E152	228.03	36.41	21.89
3.酒类	元	人	E153	79.18	17.04	9.86
数量	千克	人		2.05	1.16	0.53
(1)白酒.单价	元/千克		E1531	69.09	20.93	18.68
数量	千克	人		0.92	0.37	0.53
金额	元	人		63.65	7.79	9.86
(2)果酒.单价	元/千克		E1532	52.65	50	
数量	千克	人		0.1	0.03	
金额	元	人		5.35	1.38	
(3)啤酒.单价	元/千克		E1533	8.07	6.01	
数量	千克	人		1.03	0.76	
金额	元	人		8.3	4.56	
(4)其他酒	元	人	E1534	1.88	3.31	
数量	千克	人				
4.饮料	元	人	E154	49.34	27.61	15.53
(1)碳酸饮料.单价	元/千克	人	E1541	7.76		
数量	千克	人		0.07		
金额	元	人		0.54		
(2)瓶装饮用水.单价	元/千克		E1543	5.36		
数量	千克	人		0.11		
金额	元	人		0.61		
(3)茶叶.单价	元/千克		E1544	79.34		

低10%	较低20%	中间20%	较高20%	高10%	最高10%	更高5%
<4>	<5>	<6>	<7>	<8>	<9>	<10>
12.57	34.61	38.72	30.13	51.57	53.55	36.99
38	41.4	36.67	44.99	43.33	35.43	33
0.01	0.09	0.09	0.07	0.19	0.15	0.16
0.54	3.74	3.14	3.31	8.32	5.24	5.21
1.49	3.21	8.91	5.51	6.1	7.31	5.24
0.11	0.26	0.6	0.24	0.33	0.37	0.2
180.5	271.96	417.35	411.03	508.16	441.24	379.63
2.28	2.84	2.91	2.94	3.3	2.67	2.78
75.39	91.27	133.16	132.89	141.25	158.1	134.39
171.93	259.29	387.97	390.41	466.58	422.12	373.76
2.8	7.87	26.19	16.96	37.28	14.97	2.09
5.77	4.8	3.19	3.66	4.3	4.15	3.77
29.02	29.78	69.05	50.61	69.89	72.68	71.44
82.5	321.03	481.94	420.25	576	960.51	1310.5
15.05	18.93	41.49	45.13	31.41	45.53	61.18
34.23	210.63	292.99	234.57	420.23	483.97	711
13.07	43.23	93.06	94.65	56.29	326.32	453.47
0.86	1.65	2.71	1.46	3.26	4.77	3.71
81	66.9	52.78	115.65	22.28	111.24	149.47
0.11	0.52	1.51	0.52	1.68	2.75	3
9.26	34.93	79.64	60.01	37.43	305.53	448.42
10	12.43	30	112.69	10.2	30.89	
0.03	0.11	0.01	0.2	0.2	0.19	
0.29	1.36	0.27	22.96	2.04	5.87	
4.32	6.8	8.95	9.98	11.14	7.91	7.11
0.71	1.02	1.2	0.74	1.38	1.82	0.71
3.09	6.94	10.71	7.34	15.38	14.37	5.05
0.44		2.45	4.34	1.44	0.55	
					0.02	
20.14	48.25	54.4	45.9	68.06	104.7	84.84
	12	5.57	11.09	16	9.6	
	0.02	0.21	0.04	0.02	0.21	
	0.19	1.14	0.48	0.32	2.03	
	5	3	5.36	4.71	6.86	
	0.01	0.03	0.26	0.42	0.3	
	0.04	0.08	1.42	1.98	2.03	
	112.61	27.05	230.96		87.5	

6-8 续表8

指标*相对收入				合计	最低10%	更低5%
				<1>	<2>	<3>
数量	千克	人		0.06		
金额	元	人		4.63		
(4)其他饮料	元	人	E1546	43.56	27.61	15.53
㈥干鲜瓜果类	元	人	E16	320.7	200.77	131.12
1.鲜果.单价	元/千克		E161	5.13	4.83	4.4
数量	千克	人		37.17	24.81	15.62
金额	元	人		190.73	119.91	68.77
2.鲜瓜.单价	元/千克		E162	2.97	2.24	2.47
数量	千克	人		14.15	11.47	7.22
金额	元	人		42.04	25.7	17.85
3.其他干鲜瓜果类及制品	元	人	E163	87.94	55.15	44.5
㈦糕点、奶及奶制品	元	人	E17	256.58	202.04	198.24
1.糕点.单价	元/千克		E171	14.4	13.93	15.06
数量	千克	人		7.61	6.27	5.42
金额	元	人		109.62	87.3	81.55
2.奶及奶制品	元	人	E172	146.95	114.74	116.69
(1)鲜乳品.单价	元/千克		E1721	4.59	4.4	4.05
数量	千克	人		20.31	16.74	18.39
金额	元	人		93.27	73.72	74.52
(2)奶粉.单价	元/千克		E1722	81.75	43.83	43.83
数量	千克	人		0.26	0.4	0.81
金额	元	人		21.42	17.53	35.31
(3)酸奶.单价	元/千克		E1723	5.23	5.3	4.64
数量	千克	人		4.82	3.66	1.39
金额	元	人		25.19	19.39	6.44
(4)其他奶制品	元	人	E1724	7.07	4.1	0.42
㈧其他食品	元	人	E18	206.95	103.5	29.74
㈨饮食服务	元	人	E19	798.39	223.65	129.08
1.食品加工服务费	元	人	E191	0.64	0.9	1.14
2.在外饮食	元	人	E192	797.76	222.75	127.93
二、衣着	元	人	F2	1728.93	868.55	691.32
㈠服装.单价	元/件		F21	166.48	136.87	138.86
数量	件	人		7.29	4.36	3.5
金额	元	人		1214.45	596.58	486
㈡衣着材料	元	人	F22	19.92	2.98	6
㈢鞋类.单价	元/双		F23	151.34	107.61	96.93
数量	双	人		2.68	2.07	1.67

低10%	较低20%	中间20%	较高20%	高10%	最高10%	更高5%
<4>	<5>	<6>	<7>	<8>	<9>	<10>
	0.06	0.17	0.05		0.07	
	6.32	4.59	10.46		5.92	
20.14	41.7	48.59	33.55	65.76	94.72	84.84
132.54	249.07	340.08	434.92	485.19	501.48	521.9
3.87	4.96	4.91	5.61	5.08	6.02	6.51
21.99	29.54	41.34	47.65	56.7	45.31	45.77
85.03	146.5	202.88	267.1	288.02	272.84	297.91
2.2	3.27	3	3.41	2.92	2.95	2.85
8.88	11.55	14.47	14.65	20.56	24.42	27.36
19.56	37.75	43.35	49.94	60.06	72.05	77.91
27.96	64.82	93.86	117.88	137.11	156.59	146.08
183.12	275.28	218.11	281.85	362.69	320.36	302.46
15.67	14.69	12.94	14.99	14.47	14.19	17.4
5.9	8.38	7.01	9.2	8.52	7.01	5.12
92.46	123.09	90.77	137.93	123.26	99.48	89.15
90.66	152.19	127.34	143.92	239.43	220.88	213.31
4.58	4.21	4.67	5.35	4.73	4.41	4.61
14.58	20.99	19.4	16.21	23.16	40.72	31.14
66.8	88.43	90.5	86.74	109.62	179.42	143.5
34.18	83.85	9.5	102.4	132.52	100	100
0.16	0.43	0.07	0.14	0.69	0.02	0.04
5.37	35.94	0.68	14.49	91.7	2.11	3.95
4.69	5.14	5.13	5.78	4.71	5.39	5.22
2.47	3.86	5.5	5.6	7.5	6.44	11.21
11.59	19.83	28.22	32.4	35.31	34.74	58.52
6.9	7.99	7.94	10.29	2.8	4.61	7.34
77.19	181.33	251.55	247.05	302.41	330.56	557.56
429.15	694.71	884.72	872.85	1032.75	1887.36	2555.13
	0.75	0.55	0.15	1.36	1.42	2.64
429.15	693.96	884.16	872.7	1031.39	1885.94	2552.49
638.89	1565.88	2006.38	2177.74	3226.2	1857.68	2024.35
90.18	179.66	201.77	129.32	221.01	248.36	293.54
5.09	6.2	6.62	12.23	11	4.65	4.11
458.63	1114.35	1336.72	1581.16	2431.06	1154.36	1205.05
8.94	6.35	12.86	41.2	64.18	21.15	4.74
73.07	129.69	172.37	166.17	168.65	225	277.62
1.71	2.87	3.09	2.6	3.6	2.7	2.68

6-8 续表9

指标*相对收入				合计	最低10%	更低5%
				<1>	<2>	<3>
金额	元	人		404.89	222.65	161.56
㈣其他衣着用品	元	人	F24	79.31	38.73	35.6
㈤衣着加工服务费	元	人	F25	10.36	7.61	2.17
三、居住	元	人	F7	739.64	400.21	350.47
㈠住房	元	人	F71	62.37	111.86	154.17
1.租赁房房租	元	人	F711	11.94	33.1	
2.住房装潢支出	元	人	F713	7.51		
3.维修用建筑材料	元	人	F714	17.49	5.66	6.94
4.其他住房支出	元	人	F715	25.44	73.1	147.22
㈡水电燃料及其他	元	人	F72	637.19	279.29	184.44
1.水.单价	元/吨		F721	1.9	1.98	2.01
数量	吨	人		16.68	12.4	9.98
金额	元	人		31.62	24.59	20.03
2.电.单价	元/度		F722	0.5	0.51	0.53
数量	度	人		439.78	246.91	222.47
金额	元	人		221.88	126.64	117.64
3.燃料	元	人	F723	79.97	32.55	6.11
⑴煤炭.单价	元/千克		F7231	0.6		
数量	千克	人		0.82		
金额	元	人		0.49		
⑵罐装液化石油气.单价	元/千克		F72321	6.66	6.87	
数量	千克	人		0.73	1.3	
金额	元	人		4.87	8.91	
⑶管道液化石油气.单价	元/立方米		F72322			
数量	立方米	人				
金额	元	人				
⑷管道煤气.单价	元/立方米		F72331	0.63	0.67	0.57
数量	立方米	人		89.93	35.23	10.72
金额	元	人		56.27	23.64	6.11
⑸管道天然气.单价	元/立方米		F72332	2.07		
数量	立方米	人		8.77		
金额	元	人		18.11		
⑹柴油.单价	元/升		F7234			
数量	升	人				
金额	元	人				
⑺其他燃料	元	人	F7235	0.23		
4.取暖费	元	人	F725	289.64	95.5	40.66

低10%	较低20%	中间20%	较高20%	高10%	最高10%	更高5%
<4>	<5>	<6>	<7>	<8>	<9>	<10>
125.26	371.89	532.51	432.68	607.8	608.45	745.18
45.31	68.86	108.53	97.46	115.52	72.03	68.59
0.74	4.43	15.76	25.24	7.64	1.69	0.79
544.91	755.5	603.61	854.38	1137.35	1149.28	1243.58
44.71	51.12	13.93	131.7	64.6	0.21	
	31.17			12		
			41.51			
19.14		12.59	66.79		0.21	
25.57	19.95	1.34	23.4	52.6		
443.2	632.06	564.89	703.59	1037.81	1085.31	1187.92
1.88	2.05	1.76	1.81	1.87	1.89	1.81
10.97	18.43	16.69	14.29	23.87	24.68	23.88
20.6	37.72	29.36	25.86	44.7	46.63	43.34
0.5	0.5	0.5	0.5	0.5	0.51	0.51
271.74	473.07	408.34	557.22	522.48	617.45	702.16
136.53	238.01	204.87	280.45	263.52	315.31	356.21
52.1	61.36	86.35	75.86	155.27	158.86	225.71
					0.6	0.6
					10.18	19.03
					6.13	11.45
7	6.8	6.42	5.69	6.77		
0.86	1.15	0.34	0.55	0.62		
6	7.84	2.18	3.11	4.2		
0.61	0.59	0.62	0.63	0.7	0.6	0.6
72.57	63.14	116.24	64.2	162.96	190.23	235.89
44.05	37.34	71.51	40.23	114.72	113.82	141.55
2.2	2.01	2.01	2.04	2.12	2.17	2.17
0.57	8.04	6	15.91	17.18	17.92	33.47
1.26	16.18	12.09	32.41	36.35	38.92	72.71
0.8		0.57	0.11			
233.97	270.04	224.14	321.42	526.32	556.23	562.66

6-8 续表10

指标*相对收入				合计	最低10%	更低5%
				<1>	<2>	<3>
5.其他相关支出	元	人	F724	14.08		
㈢居住服务费	元	人	F73	40.08	9.06	11.86
1.物业管理费	元	人	F731	29.99	1.52	
2.维修服务费	元	人	F732	2.64	1.66	
3.其他居住服务费	元	人	F733	7.45	5.89	11.86
四、家庭设备用品及服务	元	人	F3	820.61	550.36	356.66
㈠耐用消费品	元	人	F31	387.48	298.34	130.56
1.家具	元	人	F311	225.43		
2.家庭设备	元	人	F312	162.05	298.34	130.56
⑴洗衣机.单价	元/台		F3121	1318	900	
数量	台	百户		5	10	
金额	元	人		22.49	24.83	
⑵电冰箱.单价	元/台		F3123	1849.5		
数量	台	百户		2		
金额	元	人		12.62		
⑶微波炉.单价	元/台		F3125	520		
数量	台	百户		1		
金额	元	人		1.77		
⑷空调器.单价	元/台		F3126	3199.75	3450	
数量	台	百户		4	20	
金额	元	人		43.67	190.34	
⑸淋浴热水器.单价	元/台		F3128			
数量	台	百户				
金额	元	人				
⑹消毒碗柜.单价	元/台		F31211			
数量	台	百户				
金额	元	人				
⑺洗碗机.单价	元/台		F31212			
数量	台	百户				
金额	元	人				
⑻其他家庭设备	元	人	F31215	81.5	83.17	130.56
㈡室内装饰品	元	人	F32	21.36	3.31	
㈢床上用品	元	人	F33	88.37	45.15	2.09
㈣家庭日用杂品	元	人	F34	299.88	194.67	216.79
㈤家具材料	元	人	F35	17.27		
㈥家庭服务	元	人	F36	6.25	8.88	7.22
1.家政服务	元	人	F361	1.7	3.59	7.22

低10%	较低20%	中间20%	较高20%	高10%	最高10%	更高5%
<4>	<5>	<6>	<7>	<8>	<9>	<10>
	24.94	20.18		48	8.28	
57	72.32	24.79	19.09	34.94	63.76	55.66
57	58.3	15.38	7.52	34.94	36.51	4.74
	1.56	3.21	7.36		1.9	3.55
	12.47	6.19	4.22		25.35	47.37
226	1204.74	737.11	690.8	1529.41	811.95	607.14
40.4	871.51	289.76	192.08	578.37	192.17	37.58
	706.6	180.89	47.17	324		
40.4	164.91	108.87	144.91	254.37	192.17	37.58
	1295	1550				
	10	10				
	40.36	55.36				
			2299	1400		
			5	10		
			43.38	56		
				520		
				10		
				20.8		
				1900	3999	
				10	10	
				76	168.97	
40.4	124.55	53.51	101.53	101.57	23.2	37.58
	2.1	6.07	80.15	50.56	6.46	3.39
32.54	45.25	35.64	85.09	253.53	311.64	312.24
148.77	207.9	399.28	321.07	633.43	298.89	248.79
	77.92	1.09			0.04	
4.29	0.06	5.27	12.42	13.52	2.75	5.13
		1.8	0.94	8.72		

6-8 续表11

指标*相对收入				合计	最低10%	更低5%
				<1>	<2>	<3>
2.加工维修服务费	元	人	F362	4.55	5.3	
五、医疗保健	元	人	F4	1045.99	560.72	730.14
㈠医疗器具	元	人	F41	1.44		
㈡保健器具	元	人	F42	3.55		
㈢药品费	元	人	F43	598.89	327.26	396.94
㈣滋补保健品	元	人	F44	104.87	45.78	4.31
㈤医疗费	元	人	F45	316.32	187.68	328.89
㈥其他医疗保健支出	元	人	F46	20.91		
六、交通和通信	元	人	F5	1169.31	257.7	193.56
㈠交通	元	人	F51	618.3	86.33	86.5
1.家庭交通工具	元	人	F511	215.66	29.52	37.22
⑴摩托车.单价	元/辆		F5111			
数量	辆	百户				
金额	元	人				
⑵助力车.单价	元/辆		F5113	2240		
数量	辆	百户		5		
金额	元	人		38.21		
⑶家用汽车.单价	元/辆		F5114	45800		
数量	辆	百户		1		
金额	元	人		156.27		
⑷其他交通工具	元	人	F5115	21.18	29.52	37.22
2.车辆用燃料及零配件	元	人	F512	169.9	19.63	19.39
⑴燃料	元	人	F5121	156.02	10	
其中：汽油.单价	元/升		F51211	6.08	6.97	
数量	升	人		25.65	1.43	
金额	元	人		156.02	10	
其中：柴油.单价	元/升		F51212			
数量	升	人				
金额	元	人				
⑵零配件	元	人	F5122	5.74	9.35	18.83
⑶其他	元	人	F5123	8.14	0.28	0.56
3.交通工具服务支出	元	人	F513	57.68	8.11	13.94
⑴维修费	元	人	F5131	22.5	8.11	13.94
⑵车辆使用税费	元	人	F5132	28.05		
⑶其他车辆使用费用	元	人	F5133	7.14		
4.交通费	元	人	F514	175.05	29.08	15.94
⑴飞机	元	人	F5141	54.19		

低10%	较低20%	中间20%	较高20%	高10%	最高10%	更高5%
<4>	<5>	<6>	<7>	<8>	<9>	<10>
4.29	0.06	3.46	11.47	4.8	2.75	5.13
927.53	441.13	1028.44	1329.87	1723.61	2294.35	3247.7
	0.08			16.6	0.11	
		0.57	16.98	1.72	2.75	5.13
632.94	298.22	624.06	600.34	837.98	1464.47	2037.1
4.29	4.27	84.52	278.73	150.23	227.78	390.39
289.59	138.56	296.84	367.97	663.08	599	814.6
0.71		22.46	65.85	54	0.25	0.47
311.43	781.49	1128.66	2323.78	1969.6	1551.3	2157.79
74.51	345.78	412.64	1695.52	934.88	715.99	1191.87
24.29	52.52	145.39	876.89	132		
500	2500	3200		1800		
10	5	10		10		
14.29	38.96	114.29		72		
			45800			
			5			
			864.15			
10	13.56	31.11	12.74	60		
3.63	174.78	125.77	183.6	391.16	472.73	883.26
2.86	163.48	123.21	160.91	326.36	472.73	883.26
7.69	5.12	5.3	6.79	6.77	6.82	6.82
0.37	31.96	23.25	23.69	48.18	69.34	129.55
2.86	163.48	123.21	160.91	326.36	472.73	883.26
0.77	7.32	2.55	13.26			
	3.97		9.43	64.8		
4.74	53.81	19.23	154.26	129.28	21.46	34.34
4.31	13.99	18.52	59.91	34.6	7.31	11.05
	39.82	0.71	89.43	22	14.15	23.29
0.43			4.92	72.68		
41.86	64.67	122.25	480.76	282.44	221.79	274.26
			299.68			

6-8 续表12

指标*相对收入				合计	最低10%	更低5%
				<1>	<2>	<3>
⑵火车	元	人	F5142	45.14	4.52	
⑶长途汽车	元	人	F5143	35.8	11.28	7.61
⑷市内公共交通	元	人	F5144	13.62	5.88	7.06
⑸出租汽车费	元	人	F5145	14.3	5.68	0.83
⑹其他交通费	元	人	F5146	12	1.71	0.44
㈡通信	元	人	F52	551.02	171.37	107.06
1.通信工具	元	人	F521	118.85	19.03	
⑴电话机.单价	元/部		F5211	576	240	
数量	部	百户		5	10	
金额	元	人		9.83	6.62	
⑵移动电话.单价	元/部		F5212	1149	450	
数量	部	百户		27	10	
金额	元	人		105.85	12.41	
⑶其他通信工具	元	人	F5215	3.17		
2.通信服务	元	人	F522	432.17	152.33	107.06
⑴电信费	元	人	F5221	428.79	152.06	107.06
其中：上网费	元	人	F52211	54.74	18.21	
⑵邮费	元	人	F5222	1.39		
⑶其他通信服务费	元	人	F5223	1.99	0.28	
七、教育文化娱乐服务	元	人	F6	1806.67	1705.53	2589.23
㈠文化娱乐用品	元	人	F61	397.1	109.34	118.23
1.彩色电视机.单价	元/台		F611	4334.2		
数量	台	百户		5		
金额	元	人		73.94		
2.家用电脑	元	人	F614	94.68	1.1	
⑴购买整机	元/台		F6141	3733.17		
数量	台	百户		6		
金额	元	人		76.43		
⑵计算机外部设备	元	人	F6142	6.45		
⑶各种零配件及耗材	元	人	F6143	11.8	1.1	
3.组合音响.单价	元/台		F615	500		
数量	台	百户		1		
金额	元	人		1.71		
4.摄像机.单价	元/架		F617	2350		
数量	架	百户		1		
金额	元	人		8.02		
5.照相机.单价	元/架		F618	1925		

低10%	较低20%	中间20%	较高20%	高10%	最高10%	更高5%
<4>	<5>	<6>	<7>	<8>	<9>	<10>
7.27	8.91	41.16	69.74	113.72	143.49	233.45
22.99	22.99	60.98	45.13	42.4	39.59	35.92
7.51	7.57	5.93	36.25	17.02	14.83	1.89
3.26	21.79	13.54	14.09	18.94	20.92	3
0.83	3.41	0.64	15.88	90.36	2.96	
236.91	435.71	716.02	628.26	1034.72	835.31	965.92
48.57	6.23	103.93	162.79	494.64	220.94	185.53
800			40	900		
10			5	20		
22.86			0.75	72		
900	400	951.67	1219.71	1399.43	1307.25	2350
10	5	30	35	70	40	20
25.71	6.23	101.96	161.09	391.84	220.94	185.53
		1.96	0.94	30.8		
188.34	429.48	612.09	465.47	540.08	614.37	780.39
188.34	427.42	603.56	463.38	530.88	613.18	780.39
0.66	69.44	86.91	58.17	34.16	88.69	85.26
	0.19	3.89	2.09	1.52	1.18	
	1.87	4.64		7.68		
1310.61	1220.77	1316.72	2935.44	2103.23	2601.92	1269.24
250.41	326.79	441.21	698.17	445.79	415.34	189.17
5545		3288	4279.33			
10		5	15			
158.43		58.71	242.23			
2.14	88.86	120.04	189.98	25.6	190.14	
	4000	3300	3649.5		4500	
	5	10	10		10	
	62.34	117.86	137.72		190.14	
	23.38		0.94	13.6		
2.14	3.15	2.18	51.32	12		
			500			
			5			
			9.43			
		2350				
		5				
		41.96				
				1925		

6-8 续表13

指标*相对收入				合计 <1>	最低10% <2>	更低5% <3>
数量	架	百户		2		
金额	元	人		13.14		
6.钢琴.单价	元/架		F619			
数量	架	百户				
金额	元	人				
7.其他中高档乐器.单价	元/件		F6110	3500		
数量	件	百户		1		
金额	元	人		11.94		
8.健身器材.单价	元/件		F6111			
数量	件	百户				
金额	元	人				
9.电子辞典.单价	元/部		F6112			
数量	部	百户				
金额	元	人				
10.音像制品及软件	元	人	F6113	0.59		
11.体育用品	元	人	F6114	1.13		
12.书报杂志	元	人	F6115	63.52	59.98	74.07
13.纸张文具	元	人	F6116	27.52	10.6	12.39
14.其他文娱用品	元	人	F6117	100.91	37.65	31.78
㈡文化娱乐服务	元	人	F62	392.79	14.92	10.56
1.参观游览	元	人	F621	27.41	4.61	5.56
2.健身活动	元	人	F622	0.27		
3.团体旅游	元	人	F623	266.14		
4.其他文娱活动	元	人	F624	93.47	7.56	0.56
5.文娱用品修理服务费	元	人	F625	5.5	2.76	4.44
㈢教育	元	人	F63	1016.78	1581.27	2460.44
1.教材	元	人	F631	50.79	77.49	94.67
⑴课本及参考书	元	人	F6311	35.94	51.86	43.06
⑵教育软件	元	人	F6312	2.43		
⑶其他教材	元	人	F6313	12.43	25.63	51.61
2.教育费用	元	人	F632	965.98	1503.78	2365.78
⑴非义务教育学杂费	元	人	F6321	494.26	1227.59	1961.11
⑵义务教育学杂费	元	人	F6322	63.88	67.92	109.11
⑶托幼费	元	人	F6323	37.21	8.28	11.11
⑷成人教育费	元	人	F6324	59.03		
⑸家教费	元	人	F6325	69.21	74.04	129.67
⑹培训班	元	人	F6326	178.7	46.48	76.94

低10%	较低20%	中间20%	较高20%	高10%	最高10%	更高5%
<4>	<5>	<6>	<7>	<8>	<9>	<10>
				20		
				154		
	3500					
	5					
	54.55					
		0.11	2.81		0.78	1.46
	4.33		0.47	1.08		
25.82	58.98	47.5	90.42	81.48	95.75	129.32
10.41	17.42	37.22	28	60.55	47.21	7.98
53.61	102.64	135.67	134.81	123.08	81.46	50.41
89.83	227.19	467.21	644.38	1055.6	428.96	631.26
24.29	24.65	35.09	62.45	5.6	0.85	1.58
		1.43				
28.57	151.95	320.36	458.68	800	211.27	394.74
35.26	50.59	95.32	114.27	244.56	216.85	234.95
1.71		15.02	8.98	5.44		
970.37	666.79	408.29	1592.9	601.84	1757.62	448.82
30.42	32.38	65.89	55.13	58.52	36.34	
24	22.3	34.96	45.43	46.24	36.34	
	0.36	10.68		3.6		
6.42	9.72	20.25	9.7	8.68		
939.94	634.4	342.4	1537.76	543.32	1721.28	448.82
766.57	152.73	11.79	858.66		741.97	
0.39	127.95	67.04	35.09	56.92	42.25	78.95
30.94	22.32	20.54	111.06	42.24		
	60.81	67.86	181.13			
30	51.27	44.11	80.38	197.2	67.61	126.32
64.86	202.92	118.04	209.43	189.84	546.85	

6-8 续表14

指标*相对收入				合计	最低10%	更低5%
				<1>	<2>	<3>
⑺学校住宿费	元	人	F6327	8.94		
⑻其他教育费用	元	人	F6328	54.74	79.48	77.83
八、其他商品和服务	元	人	F8	307.79	62.82	51.61
㈠其他商品	元	人	F81	190.84	32.26	16.67
1.金银珠宝饰品	元	人	F811	52.46		
2.手表.单价	元/只		F812	67.5		
数量	只	人		0.01		
金额	元	人		0.46		
3.理发美容用具	元	人	F813	0.27		
4.化妆品	元	人	F814	109.36	21.89	9
5.其他杂品	元	人	F815	28.28	10.37	7.67
㈡服务	元	人	F82	116.95	30.57	34.94
1.旅馆住宿费	元	人	F821	1.94		
2.理发洗澡费	元	人	F822	56.85	26.92	28.11
3.美容费	元	人	F823	21.82		
4.其他服务	元	人	F824	36.35	3.64	6.83
非现金(实物与服务)收入总计.合计	元	人	C	40.18	3.86	2.78
一、食品.合计	元	人	C1	14.15	3.86	2.78
㈠粮油类.合计	元	人	C11	5.67	1.93	
㈡肉禽蛋水产品类.合计	元	人	C12	0.09		
㈢蔬菜类.合计	元	人	C13	0.1		
㈤糖烟酒饮料类.合计	元	人	C15			
㈥干鲜瓜果类.合计	元	人	C16	1.76		
㈦糕点、奶及奶制品.合计	元	人	C17	5.17	1.93	2.78
㈧其他食品.合计	元	人	C18	1.36		
㈨饮食服务.合计	元	人	C19			
二、衣着.合计	元	人	C2	20.4		
三、居住.合计	元	人	C7			
㈠住房.合计	元	人	C71			
㈡水电燃料及其他.合计	元	人	C72			
㈢居住服务费.合计	元	人	C73			
四、家庭设备用品及服务.合计	元	人	C3	4.78		
五、医疗保健.合计	元	人	C4	0.17		
其中:医疗基金.合计	元	人	C460			
㈠医疗器具.合计	元	人	C41			
㈡保健器具.合计	元	人	C42			
㈢药品费.合计	元	人	C43			

低10%	较低20%	中间20%	较高20%	高10%	最高10%	更高5%
<4>	<5>	<6>	<7>	<8>	<9>	<10>
	1.56			4	102.25	39.47
47.19	14.84	13.04	62.01	53.12	220.35	204.08
111.77	239.4	326.35	357.62	1021.14	249.29	306.28
48.03	131.66	231.67	205.4	719.04	118.17	122.57
	2.34	11.02	73.75	387.68	42.59	79.58
		100		35		
		0.02		0.04		
		1.79		1.4		
0.77		0.23	0.74			
14.63	87.67	181.5	114.91	321.56	35.01	42.99
32.63	41.66	37.14	16	8.4	40.57	
63.74	107.74	94.68	152.22	302.1	131.12	183.71
		5.36	5.06			
30.37	50.74	66.18	71.91	90.6	66.9	66.87
	49.09	18.93	15.36	54.8		
33.37	7.9	4.21	59.89	156.7	64.23	116.84
14.8	24.98		179.53			
9.09	24.98		39.34			
	11.27		16.4			
0.71						
			0.57			
1.57	3.27		4.72			
4.8	10.44		11.47			
2			6.19			
			112.83			
			26.42			
			0.94			

6-8 续表15

指标*相对收入				合计 <1>	最低10% <2>	更低5% <3>
㈣滋补保健品.合计	元	人	C44			
㈤医疗费.合计	元	人	C45			
㈥其他医疗保健.合计	元	人	C46	0.17		
六、交通和通信.合计	元	人	C5	0.68		
㈠交通.合计	元	人	C51	0.68		
㈡通信.合计	元	人	C52			
七、教育文化娱乐服务.合计	元	人	C6			
㈠文化娱乐用品.合计	元	人	C61			
㈡文化娱乐服务.合计	元	人	C62			
㈢教育.合计	元	人	C63			
八、其他商品和服务.合计	元	人	C8			
二、家庭总收入	元	人	D92	18398.09	7202.03	6043.81
其中:可支配收入	元	人	D920	17168.84	6958.21	5808.14
㈠工资性收入	元	人	D921	11980.39	5925.91	5051.62
㈡经营净收入	元	人	D922	1357.16	138.39	278.69
㈢财产性收入	元	人	D923	90.57	21.02	42.33
㈣转移性收入	元	人	D924	4969.97	1116.72	671.17
五、家庭总支出	元	人	D95	14193.88	6754.18	6783.8
消费支出	元	人	E	11032.07	6190.72	6365.8
其中:服务性消费支出	元	人	E0	2928.11	2097.41	2963.47
一、食品	元	人	E1	3413.13	1784.83	1402.81
二、衣着	元	人	F2	1728.93	868.55	691.32
三、居住	元	人	F7	739.64	400.21	350.47
四、家庭设备用品及服务	元	人	F3	820.61	550.36	356.66
五、医疗保健	元	人	F4	1045.99	560.72	730.14
六、交通和通信	元	人	F5	1169.31	257.7	193.56
七、教育文化娱乐服务	元	人	F6	1806.67	1705.53	2589.23
八、其他商品和服务	元	人	F8	307.79	62.82	51.61

低10%	较低20%	中间20%	较高20%	高10%	最高10%	更高5%
<4>	<5>	<6>	<7>	<8>	<9>	<10>
			0.94			
5.71						
5.71						
10266.43	14305.46	18197.54	22863.2	27700.83	39317.25	46637.68
9745.42	13148.04	16760.56	20815.42	26083.22	38071.32	44924.61
5572.55	11037.69	13078.05	15175.57	18545.55	16598.62	24358.18
2758.57	1489.17	1257.14	1896.98	1188		
0.57	229.09	100.3	50.54	26.64	88.73	165.79
1934.74	1549.51	3762.05	5740.1	7940.64	22629.9	22113.71
6943.29	11983.1	14613.24	19021.51	21760.32	22509.73	25357.96
5735.94	9093.76	11052.19	14541.17	17489.39	16807.94	18435.73
1894.65	2111.55	2443.14	4312.68	4101.06	4750.56	4507.86
1664.79	2884.86	3904.93	3871.53	4778.85	6292.17	7579.65
638.89	1565.88	2006.38	2177.74	3226.2	1857.68	2024.35
544.91	755.5	603.61	854.38	1137.35	1149.28	1243.58
226	1204.74	737.11	690.8	1529.41	811.95	607.14
927.53	441.13	1028.44	1329.87	1723.61	2294.35	3247.7
311.43	781.49	1128.66	2323.78	1969.6	1551.3	2157.79
1310.61	1220.77	1316.72	2935.44	2103.23	2601.92	1269.24
111.77	239.4	326.35	357.62	1021.14	249.29	306.28

主要统计指标解释

城镇居民家庭就业人口 指从事社会劳动并取得劳动报酬或经营收入的人口。我国的就业方针是:“在国家统筹规划和指导下,实行劳动部门介绍就业,自愿组织起来就业和自谋职业相结合”。因此通过这三种方式就业的,不论在全民所有制、集体所有制单位工作或从事个体劳动,不论有固定性职业或临时性职业就是就业人口。

城镇居民家庭总收入 指调查户中生活在一起的所有家庭成员在调查期得到的工薪收入、经营净收入、财产性收入、转移性收入的总和,不包括出售财物和借贷收入。

城镇居民家庭可支配收入 指调查户可用于最终消费支出和其它非义务性支出以及储蓄的总和,即居民家庭可以用来由支配的收入。它是家庭总收入扣除交纳的个人所得税、个人交纳的社会保障费以及调查户的记帐补贴后的收入。计算公式为:

可支配收入 = 家庭总收入 - 交纳个人所得税 - 个人交纳的社会保障支出 - 记帐补贴

城镇居民家庭工薪收入 指就业人员通过各种途径得到的全部劳动报酬,包括所从事的主要职业的工资以及从事第二职业,其他兼职和零星劳动得到的其它劳动收入。

城镇居民家庭消费支出 指调查户用于本家庭日常生活的全部支出,包括食品、衣着、家庭设备用品及服务、医疗保健、交通和通讯、娱乐教育文化服务、居住、其它商品和服务八大类等。包括用于赠送的商品或服务。

农村居民家庭纯收入:指农村住户当年从各个来源得到的总收入相应地扣除所发生的费用后的收入总和。纯收入主要用于再生产投入和当年生活消费支出,也可用于储蓄和各种非义务性支出。“农民人均纯收入”按人口平均的纯收入水平,反映的是一个地区或一个农户农村居民的平均收入水平。计算方法:

纯收入 = 总收入 - 家庭经营费用支出 - 税费支出 - 生产性固定资产折旧 - 赠送农村内部亲友支出

农村居民家庭生活费支出:指农村住户用于物质生活和精神生活方面的支出。生活消费支出包括食品支出、衣着支出、居住支出、家庭设备用品及服务支出、医疗保健支出、交通和通讯支出、文化教育娱乐用品及服务支出、其他商品和服务支出。

农村经济

忻州统计年鉴

XIN ZHOU STATISTICAL YEARBOOK

155~174

资料整理人员

宣锁军　苗金秀　白　哲　李　雯

7-1　2004—2011年农村基层组织情况

指　　标	计量单位	2004	2005	2006	2007	2008	2009	2010	2011
一、农村基层组织情况									
1.乡(镇)政府	个	188	188	188	188	188	185	185	185
# 镇政府	个	59	59	59	59	59	59	59	59
2.村民委员会	个	4895	4895	4900	4900	4894	4888	4888	4888
二、乡村户数	户	684555	689640	699547	709454	718212	728639	756780	854993
三、乡村人口	人	2337257	2348576	2362988	2377400	2384156	2381322	2404308	2428242
四、乡村从业人员数	人	843552	861793	875525	889256	932765	940875	972394	1021549
1.按性别分									
男劳动力	人	480769	492705	497315	501924	531078	537236	549677	580514
女劳动力	人	362783	369088	378210	387332	401687	403639	422717	441035
2.按行业分									
农林牧渔业	人	561879	569338	566626	563914	577650	579720	585520	610302
工　业	人	72442	74676	81176	87675	94008	86007	91472	95906
建筑业	人	70389	73110	78947	84785	93670	100522	104114	121024
交通运输、仓储及邮电通讯业	人	43586	44840	47090	49339	54583	46955	52574	55102
批发、零售贸易业、餐饮业	人	38099	39622	41591	43560	48707	42578	45161	46837
其他非农行业	人	57157	60207	60095	59983	64147	60213	63436	59314

7-2 主要年份农林牧渔业总产值

按现行价格计算　　　　单位：万元

年份	农林牧渔业总产值	农业产值	林业产值	牧业产值	渔业产值	农林牧渔服务业产值
1952	11108	9509	108	1491		
1957	12101	9500	369	2232		
1962	8561	6907	341	1312	1	
1965	16642	12302	1340	3000		
1970	23858	20802	578	2478		
1975	31856	25727	1726	4353	50	
1978	35432	26672	2648	6112		
1980	41161	30544	3045	7572		
1985	76762	55948	7897	12894	23	
1990	121505	89949	5589	25602	365	
1995	247648	149935	10759	85961	993	
2000	305932	166489	21166	116982	1295	
2001	223901	80874	23148	118798	1081	
2002	319132	155382	38044	124679	1027	
2003	352672	184343	27696	131577	1153	7903
2004	388743	199575	21168	156497	1364	10139
2005	391989	188089	17553	175220	1329	9798
2006	390313	212293	24281	139412	1388	12939
2007	494114	293315	24551	157700	1447	17101
2008	580242	326430	29006	203734	1804	19268
2009	725901	339641	111979	250808	2355	21118
2010	823049	465090	57219	273392	2364	24984
2011	927160	500020	57693	338153	2994	28300

注：由于国家统计报表制度的改革，2003年–2006年农林牧渔业总产值口径有变动。一是总产值中包括了农林牧渔服务业产值；二是其中的“农业产值”中不包括“农民家庭兼营工业”；三是林业产值中“竹木采运”产值为全社会口径。

7-3 2004—2011年农林牧渔业增加值

单位：万元

指标	2004	2005	2006	2007	2008	2009	2010	2011
一、农林牧渔业总产值	388743	391989	390313	494114	580242	725901	823049	927160
农 业	199575	188089	212293	293315	326430	339641	465090	500020
林 业	21168	17553	24281	24551	29006	111979	57219	57693
牧 业	156497	175220	139412	157700	203734	250808	273392	338153
渔 业	1364	1329	1388	1447	1804	2355	2364	2994
农林牧渔服务业	10139	9798	12939	17101	19268	21118	24984	28300
二、农林牧渔业中间消耗	167418	176800	164745	209551	239536	300086	330839	378212
农 业	85044	88511	88842	121511	130786	145623	158633	170576
林 业	11042	10196	10940	11069	12667	45829	29837	25514
牧 业	66645	72087	58578	68913	86479	97475	130361	167622
渔 业	560	560	598	609	824	504	1003	1300
农林牧渔服务业	4127	5446	5787	7449	8780	10655	11005	13200
三、农林牧渔业增加值	221325	215189	225568	284563	340706	425815	492210	548948
农 业	114531	99578	123451	171804	195644	194018	306457	329443
林 业	10126	7357	13341	13482	16339	66150	27382	32179
牧 业	89852	103133	80834	88787	117255	153333	143031	170531
渔 业	804	769	790	838	980	1851	1361	1695
农林牧渔服务业	6012	4352	7152	9652	10488	10463	13979	15100

7-4 主要年份耕地面积和机械动力

单位: 千公顷

年 份	农业机械总动力(万千瓦特)	耕地总资源	有效灌溉面 积	#机电灌溉面积	机耕地面积
1952		643.63	57.98		
1957	0.11	640.27	77.62	0.35	5.44
1962	1.39	616.41	81.86	2.89	51.90
1965	2.22	615.63	83.52	8.89	60.21
1970	4.93	554.29	95.55	34.56	71.91
1975	30.36	556.41	118.21	64.32	136.13
1978	48.70	558.68	124.29	76.06	175.02
1980	54.82	556.41	123.85	69.32	158.14
1985	78.96	509.56	115.91	60.14	166.38
1990	88.75	500.40	126.09	72.52	174.22
1995	102.70	496.17	131.16		
2000	125.51	710.72	111.49	27.80	192.24
2001	127.30	697.93	128.93	20.06	204.35
2002	136.32	663.06	128.95	0.00	203.49
2003	146.77	639.74	128.27	26.35	206.99
2004	168.83	630.50	128.11	7.68	192.46
2005	173.09	623.05	127.94	7.08	188.79
2006	180.08	648.74	127.69	14.75	192.49
2007	184.33	648.66	127.39	22.69	191.84
2008	185.13	649.55	127.21	46.45	216.10
2009	200.17		127.20	62.52	245.07
2010	216.15		129.13	65.54	279.27
2011	225.98		129.85	65.05	272.51

7-5 2004-2011年主要年份农作物播种面积

单位: 千公顷

指　　标	2004	2005	2006	2007	2008	2009	2010	2011
农作物总播种面积	430.56	435.22	443.15	449.22	461.98	466.35	470.32	473.38
一、粮　食	348.65	363.98	389.00	399.02	407.10	417.15	420.88	422.53
(一)谷　物	252.71	261.24	290.90	307.37	311.17	316.87	321.96	322.63
#稻　谷	1.51	0.87	0.71	0.60	0.71	0.62	0.53	0.45
小　麦	0.35	0.30	0.27	0.26	0.35	0.36	0.29	0.28
玉　米	192.93	198.61	210.05	225.87	227.63	229.92	237.99	242.63
谷　子	17.56	25.05	31.64	29.53	28.47	29.56	32.62	28.82
高　粱	3.17	3.08	2.29	2.32	2.59	2	2.59	2.11
燕　麦	20.53	17.18	19.68	21.68	23.30	23.77	21.35	21.17
(二)豆　类	46.64	53.83	50.85	49.54	54.65	57.78	55.49	53.26
#大　豆	23.12	25.64	22.20	20.80	25.06	24.61	25.58	24.92
(三)薯　类	49.30	48.91	47.25	42.11	41.28	42.5	43.43	46.64
#马铃薯	48.27	47.95	46.53	41.37	40.42	41.63	42.47	45.81
二、油　料	59.70	53.82	40.33	36.77	37.93	35.21	35.23	34.68
#花　生	1.18	0.91	0.95	1.10	1.03	0.98	1	1.03
油　菜	0.10	0.09	0.12	0.09	0.08	0.08	0.03	0.01
芝　麻	0.02	0.05	0.05	0.06	0.03	0.05	0.05	0.07
胡　麻	23.25	24.89	18.18	17.13	21.71	21.31	22.86	22.04
向日葵	27.23	20.34	15.91	12.49	8.66	7.75	6.23	6.11
三、棉　花	0.08	0.04	0.05	0.04	0.08	0.15	0.13	0.12
四、麻　类								
五、甜　菜	0.01			0.01				
六、烟　叶								
七、药　材	1.23	0.52	0.44	0.18	0.29	0.25	0.25	0.12
八、蔬　菜	7.36	6.83	6.12	6.43	8.18	6.02	6.38	7.95
九、瓜果类	2.42	2.35	2.14	2.48	3.47	3.20	3.24	3.43
十、其他作物	11.11	7.68	5.07	4.29	4.93	4.37	4.19	4.56
#青饲料	8.28	6.69	4.51	3.17	4.52	3.81	3.93	3.91

7-6 主要年份主要

年份	粮食	1.谷物	#稻谷	#小麦	#玉米	#谷子
1952	451790	353908	2035	21800	40215	104670
1957	377600	289513	2285	26875	57240	61945
1962	334365	261001	945	23535	40390	50825
1965	386900	324439	2215	43790	69850	54890
1970	589670	492405	2005	41460	78860	83015
1975	816240	699181	8700	68360	137070	90815
1978	708400	599639	11445	51945	156615	74830
1980	730420	620651	11360	36405	157105	71515
1985	877385	742577	16132	69439	180310	85181
1989	1007889	812131	15317	29725	326959	74051
1990	1067783	868909	17511	31673	349872	75014
1991	663564	554446	19260	23453	269919	30483
1992	1010590	837710	19485	22183	409266	69367
1993	1061380	811791	14063	18447	428402	62184
1994	1170675	920085	15241	8024	520346	77022
1995	838994	706418	11316	4996	507001	42522
1996	1175000	942459	11837	3595	608791	77977
1997	909720	725738	11820	3754	536633	45185
1998	1137883	911114	12706	3292	715990	56659
1999	557618	479763	9277	2255	405131	18411
2000	917225	735647	12394	3688	557686	45617
2001	505539	430603	7181	3313	363201	13345
2002	936475	738192	9070	1552	594985	43012
2003	1034587	839855	6959	1643	711981	41540
2004	1185514	1018540	8393	1349	926015	29484
2005	1022009	884299	3920	1131	800936	33775
2006	1089803	974478	3667	1013	886465	36436
2007	1230716	1095595	3176	933	986339	45375
2008	1170005	1032158	3464	1188	923382	41890
2009	1141777	1007839	3102	1542	895086	43840
2010	1478991	1316506	1947	896	1162828	71398
2011	1485389	1310662	1978	1106	1154939	65051

农作物产量

单位：吨

#高粱	2.豆类	#大豆	3.薯类	#马铃薯	油料	蔬菜
88070	36907	25835	60975	60326	10110	102020
47760	34907	24435	53180	50770	10730	103940
49490	27029	18920	46335	36268	3795	111010
73200	24836	17385	37625	36338	10910	72810
171110	40460	28325	56805	49764	12040	196650
261760	27764	19435	89295	82506	9995	151520
203765	23036	16125	85725	80008	13180	127955
199235	24579	17205	85190	79633	38640	125175
251010	31587	22111	103221	97219	91001	234454
209503	42031	29422	153727	148388	65606	276217
232875	43470	30429	155404	147725	86245	250685
127594	22386	13724	86732	83655	76932	200521
200395	27871	19510	145009	138032	90415	253172
191463	81511	28697	168078	160331	111040	266721
204127	93310	32411	157280	146035	118648	300148
104750	42555	14967	90021	83301	34293	233864
149462	66451	29647	166090	159700	59678	302769
72033	48524	20484	135458	128134	87180	278759
59334	60119	25494	166650	160679	105160	347518
28600	16190	6275	61665	58275	37032	247286
59564	44510	20590	137068	127759	78617	347624
30565	16350	9631	58586	53808	17498	254819
40964	36294	17067	161989	157490	72697	291169
30539	46126	22408	148606	143664	82355	256133
11122	51442	26304	115532	112719	52443	201413
8653	45548	22186	92162	90264	40037	183804
7604	36630	15356	78695	77050	31075	159893
9292	48417	20650	86704	84446	43562	150966
8980	46812	23991	91035	87577	43012	201507
6772	54819	25956	79119	77170	38507	163843
6799	61847	30197	100638	98176	36696	180973
9312	65333	32341	109394	107023	43693	208389

7-7 主要年份主要农作物单位面积产量

单位：公斤/公顷

年份	粮食	1、谷物	#稻谷	#小麦	#玉米	#谷子	#高粱	2、豆类	#大豆	3、薯类	#马铃薯	油料	蔬菜	瓜果
1952	751	733	1973	484	1690	840	1200	730		1223		366		
1957	646	619	1635	550	1433	593	1020	561		1013		316		
1962	578	566	1020	430	1365	593	1013	584		787		158		
1965	692	726	1785	768	1755	600	1185	546		713		333		
1970	1171	1223	2925	797	2228	990	2325	941		1125		450		
1975	1621	1735	4005	1063	3900	1215	3698	1134		1696		364		
1978	1463	1548	4133	730	3360	1058	3383	1182		1462		272		
1980	1577	1675	4695	825	3735	1125	3750	954	622	1622		610	12908	9705
1985	2294	2427	6780	3375	5115	1965	5370	1065	825	1999	1935	822	26595	17085
1990	2675	2721	6030	3130	5685	1770	4875	924	915	2685	2670	1046	33600	20205
1995	2234	2983	5074	2108	5115	1211	4311	598	572	1332	1278	371	28244	14237
2000	2494	3244	6197	3207	5005	1388	3681	710	758	1795	1721	880	26435	18130
2001	1461	2037	4132	3641	2968	503	1605	184	237	593	552	260	23372	22878
2002	2664	3141	4693	3302	4430	1328	3204	730	700	1690	1650	1021	25319	20527
2003	3101	3811	4670	3821	5230	1545	3514	963	970	2273	2263	1200	27993	20991
2004	3400	4030	5558	3854	4800	1679	3509	1103	1138	2343	2335	878	27366	28738
2005	2808	3385	4505	3770	4032	1348	2809	846	865	1884	1882	744	26911	20329
2006	2802	3350	5165	3752	4220	1152	3321	720	692	1666	1656	771	26126	22101
2007	3084	3564	5293	3588	4367	1537	4005	977	993	2059	2041	1185	23748	22506
2008	2874	3317	4879	3394	4057	1471	3467	857	957	2205	2167	1134	24634	36996
2009	2737	3181	5003	4283	3893	1483	3386	949	1055	1862	1854	1094	27238	29851
2010	3514	4089	3680	3073	4886	2189	2622	1115	1180	2317	2312	1042	28362	27906
2011	3515	4062	4444	3894	4760	2257	4421	1227	1298	2345	2336	1260	26228	32990

7-8 主要年份主要油料作物产量

单位:吨

年 份	花生果	油菜籽	芝 麻	胡麻籽	向日葵籽	蓖麻籽
1952				6555	370	
1957				5590	2053	
1962				2295	465	
1965				6253	395	
1970				6875		
1975				4695	1401.3	
1978				8463	2395.9	
1980	121	109	77	22891	11957.6	533
1985	3144	31	96	31769	41069	11087
1990	4848	11	209	28340	42440	5338
1995	6818		361	10286	12835	2113
2000	5810	101	402	15226	43188	11154
2001	2411	38	56	2336	9865	1820
2002	3327		71	15205	47355	2425
2003	4260	5	45	20732	49199	3655
2004	3112	81	46	16935	24010	4307
2005	1927	79	82	13726	17983	3086
2006	2286	236	32	12526	11343	1750
2007	2717	219	37	19541	14974	3020
2008	2856	206	23	23234	9179	4388
2009	2646	234	52	21617	8618	2103
2010	2568	21	36	21863	7370	
2011	2706	5	37	24696	9983	

7-9 主要年份造林面积和果园面积

年　份	造林面积（千公顷）	零星植树（万株）	果园面积（千公顷）
1952	2.29	182.42	3.09
1957	8.92	511.69	3.75
1962	5.70	419.44	4.27
1965	28.66	1236.96	6.02
1970	15.50	1106.70	7.69
1975	22.72	1672.64	9.29
1978	24.97	1948.38	11.61
1980	31.38	2565.44	12.51
1985	82.26	2898.15	21.32
1990	23.25	1573.67	30.68
1995	48.96	1788.61	39.77
2000	55.36	1689.21	34.91
2001	58.16	1515.77	30.94
2002	108.63	1461.88	34.07
2003	84.55	1329.32	28.87
2004	52.69	1172.00	27.09
2005	23.80	837.98	25.96
2006	27.27	898.20	22.55
2007	35.43	906.38	22.48
2008	32.94	923.00	21.67
2009	52.48	1016.63	21.92
2010	39.40	1072.43	17.78
2011	40.03	1025.09	19.09

7-10 2004—2011年造林和果园面积

单位：公顷

项　目	2004	2005	2006	2007	2008	2009	2010	2011
一、当年造林面积	52686.00	23801.00	27266.00	35434.00	32942.00	52480.00	39397.00	40032
#用 材 林	490.00							
经 济 林	1198.00	259.00	2272.00		1368.00	4089.00	5860.00	7639
防 护 林	50998.00	23542.00	24986.00	35101.00	31574.00	46511.00	31970.00	30833
二、育苗面积	2239.70	2186.10	2083.40	2386.70	2778.00	3040.00	3072.20	4303
#本年新育	1156.10	1146.20	1064.60	1095.40	1414.60	1282.00	1376.90	1909.1
三、零星植树(万株)	1172.00	837.98	898.20	906.38	923.00	1016.63	1072.43	1025.09
四、年末果园面积	27094.00	25958.00	22554.00	22484.00	21670.00	21918.00	17775.42	19085
#苹果园	7868.00	9815.00	7773.00	7310.00	7777.00	7897.00	4199.40	4328.5
梨 园	6760.00	7620.00	6746.00	6821.00	6594.00	6587.00	4612.73	4862.7
葡萄园	541.00	516.00	525.00	549.00	708.00	476.00	398.26	439.8

7-11 2004—2011年主要林产品与水果产量

单位: 吨

指标	2004	2005	2006	2007	2008	2009	2010	2011
一、主要干果产量	7489	8640	9311	7458	7608	10531	9580	14472
#核 桃	1027	996	721	1573	1430	2013	597	2810
二、主要调料品产量	99	96	83	89	104	123	63	62
#花椒	99	96	83	89	104	123	63	62
三、水果产量	39293	39545	36407	61781	61231	71214	61658.75	120554.6
#苹 果	13039	11683	10211	12896	17222	15257	17855.15	28951.5
梨	15503	14608	13441	35103	28732	39686	24723.62	61117
葡 萄	2712	3015	2835	3287	5687	3498	3860.7	6331.4
红 枣(鲜枣)	4116	6047	7598	6046	5449	7584	9620.95	13075.9
柿 子(鲜柿)	607	607	156	602	575	750	753	940
沙 果	221	213	55	340	208	264	457.8	325.1
桃	686	667	571	641	795	895	1493.67	1923.7

7-12 2004—2011年畜牧业生产情况

项　目	计量单位	2004	2005	2006	2007	2008	2009	2010	2011
一、大牲畜年末存栏	头	468517	460422	199791	191343	271780	268719	248752	210011
1. 牛	头	301549	301385	109011	105911	163514	163454	161609	124273
# 乳牛	头	26710	27151	25487	29173	32901	31176	24003	25077
2.马	匹	10835	10847	6392	5638	6228	7438	5421	5492
3.驴	头	83813	79420	45543	42287	54562	54411	45801	45174
4.骡	头	72320	68770	38845	37508	47476	43416	35921	35072
二、猪年末存栏	头	593327	638690	260364	291336	480343	483557	524604	522199
# 能繁殖的母猪	头	50519	51645	19218	23352	55620	52537	50428	52186
三、羊年末存栏	只	2420215	2414474	1705373	1734313	2203944	2145916	2410272	2237855
1.山　羊	只	1187659	1199022	969324	972426	1317225	1285402	1513001	1306638
2.绵　羊	只	1232556	1215452	625499	594261	886719	860514	897271	931217
四、家禽年末存栏	只	5854295	6857242	3754516	4500055	5912163	5396546	5951000	5553863
五、养蜂年末箱数	箱	5766	5781	5970	4885	4667			
六、养兔年末存栏	只	41896	69628	49603	61548	61016	81502	361800	197700
七、猪、牛、羊出栏									
猪全年出栏	头	668667	694966	458684	491280	513479	583076	645456	509928
牛全年出栏	头	95274	101940	35805	36748	51129	62073	56710	55504
羊全年出栏	只	1386120	1392349	756022	784801	1283156	1290738	1198918	1466908
八、当年肉类总产量	吨	93528	97083	58010	60073	72989	84269	83278	88029
# 猪肉产量	吨	54504	56842	38216	40930	41958	47821	51281	49781
牛肉产量	吨	12334	13081	4809	4992	6601	8419	7316	6107
羊肉产量	吨	19764	19726	10004	10383	18585	20023	17845	26404
禽肉产量	吨	4874	5255	2622	2380	4234	5765	4915	4296
兔肉产量	吨	94	91	173	227	100	107	344	282
九、畜禽产品产量	吨								
1.奶　类	吨	53944	54555	51772	60537	68995	63990	68151	38350
# 牛　奶	吨	53928	54515	51742	60532	68995	63990	68151	38350
2.绵羊毛产量	吨	1303	1398	763	740	1083	949	1101	1296
3.山羊毛产量	吨	627	628	481	526	692	461	450	447
4.羊绒产量	吨	296	330	257	305	341	481	325	251
5.禽蛋产量	吨	40952	47956	39847	43730	43865	39658	41386	53932
6.蜂蜜产量	吨	128	129	121	101	115	42	153	100

7-13 主要年份肉类产量和猪羊头数

年 份	肉类总产量（吨）	禽蛋（吨）	牛奶（吨）	大牲畜年末存栏（万头）	猪年末头数（万头）	羊年末只数（万只）
1952				22.49	12.00	101.85
1957				22.63	18.64	106.67
1962				21.41	10.19	116.40
1965				23.90	28.41	140.11
1970				26.83	32.42	120.15
1975				26.70	41.69	157.27
1978	20745	2466	865	26.39	47.93	138.42
1980	23079	3101	1829	27.00	53.24	141.29
1985	29356	9318	17096	29.72	43.81	80.17
1990	35938	10254	26208	32.76	43.58	145.75
1995	62840	26449	38650	39.34	56.20	173.80
2000	83264	27735	36529	47.50	63.67	227.97
2001	84621	33888	33657	47.30	59.24	240.66
2002	88783	38186	39707	46.53	57.83	252.05
2003	92553	40413	45419	47.38	56.24	247.08
2004	93528	40952	53928	46.85	59.33	242.02
2005	97083	47956	54515	46.04	63.87	241.45
2006	58010	39847	51742	19.98	26.04	170.54
2007	60073	43730	60532	19.13	29.13	173.43
2008	72989	43865	68995	27.18	48.03	220.39
2009	84268	39658	63990	26.87	48.36	214.59
2010	83278	41386	68151	24.88	52.46	241.03
2011	88029	53932	38350	21.00	52.22	223.79

7-14 2004-2011年农业机械拥有量

项　　目	计量单位	2004	2005	2006	2007	2008	2009	2010	2011
农业机械总动力	千瓦特	1688314	1730944	1800802	1843284	1851333	2001726	2161483	2259774
大中型农用拖拉机	台	2818	2650	2861	3138	4582	6047	7677	9348
	千瓦特	97987	94938	107622	117369	146551	185658	235028	284040
小型农用拖拉机	台	26119	26380	25714	25662	25543	27344	28835	30566
	千瓦特	278249	307940	273673	295993	261536	283674	295670	308958
大中型拖拉机配套农具	部	3843	4180	4400	5878	7618	9829	13187	18984
小型拖拉机配套农具	部	17852	18085	21380	22441	22248	24980	26837	28582
农用排灌动力机械	台	8748	8729	8737	8813	8582	8678	9555	11763
	千瓦特	141309	141504	140666	142940	132898	138645	149423	149316
农用水泵	台	7908	8075	8186	8131	8816	9497	7882	7916
联合收获机	台	7	10	17	24	60	192	332	714
	千瓦特	642	325	440	440	2503	11878	22298	48227
割晒机	台	25	26	26	48	164	1115	1165	1269
	千瓦特	360	360	360	360	370	856	1230	
机动脱粒机	台	3440	3653	3780	4288	5751	6514	9168	10129
农用运输车	辆	43548	45636	48247	49772	43928	47460	49636	50563
	千瓦特	516007	550357	573686	605128	738142	890001	935128	951162

7-15 主要年份化肥施用量、小水电站和农村用电量

年份	农用化肥施用量（实物量、吨）	农村小型水电站		农村用电量（万千瓦小时）
		个数（个）	装机容量（千瓦）	
1952	72			
1957	1611			
1962	4640			
1965	11920	20	739	860
1970	26382	15	544	2606
1975	130254	45	1626	10153
1978	193044	125	3940	11548
1980	195626	129	2720	10550
1985	244633	34	2099	10586
1990	348695	32	3206	14793
1995	425835			26378
2000	445507	16	2023	29396
2001	396243	16	2023	35080
2002	410523	16	2023	34121
2003	414729	16	2023	35164
2004	419159	13	1836	46132
2005	436510	13	1836	49997
2006	437548	13	1836	53138
2007	438748	13	1836	52958
2008	436209	13	1836	48028
2009	436093	13	1836	53245
2010	441585	13	1836	50856
2011	461010	12	1756	56355

主要统计指标解释

乡村户数　指长期（一年以上）居住在乡镇（不包括城关镇）行政管理区域内的住户，还包括居住在城关镇所辖行政村范围内的农村住户。户口不在本地而在本地居住一年及以上的住户也包括在本地农村住户内；有本地户口，但举家外出谋生一年以上的住户，无论是否保留承包耕地都不包括在本地农村住户范围内。不包括乡村地区内的国有经济的机关、团体、学校、企业、事业单位的集体户。

乡村从业人员　指乡村人口中劳动年龄在16周岁以上实际参加生产经营活动并取得实物或货币收入的人员，包括劳动年龄内经常参加劳动的人员，也包括超过劳动年龄但经常参加劳动的人员，但不包括户口在家的在外学生、现役军人和丧失劳动能力的人，也不包括待业人员和家务劳动者。从业人员按从事主业时间最长（时间相同按收入）分为农林牧渔业从业人员、工业从业人员、建筑业从业人员、交通运输业、仓储及邮电通信业从业人员、信息传输、计算机服务业和软件业从业人员、批零贸易业、餐饮业从业人员、其它非农行业从业人员。

农林牧渔业总产值　农林牧渔业总产值是以货币表现的农林牧渔业的全部产品总量和对农林牧渔业生产进行的各种支持性服务活动的价值。它反映一定时期内农林牧渔业生产总规模和总成果，是观察农林牧渔业生产水平和发展速度，研究农林牧渔业内部比例关系、农林牧渔业与工业、农林牧渔业与国家建设、人民生活比例关系的重要指标，同时也是计算农林牧渔业劳动生产率和农林牧渔业增加值的基础资料。

农林牧渔业增加值　农林牧渔业增加值是指农、林、牧、渔业生产及农林牧渔服务业提供服务活动所增加的价值，为农林牧渔业现价总产值扣除农林牧渔业现价中间投入后的余额，是农、林、牧、渔及其服务业各单位生产经营对社会所作的贡献。从宏观上来说，农林牧渔业增加值是计算国内生产总值的基础；从微观上来说，农林牧渔业增加值能客观反映农林牧渔业各生产单位或行业的投入、产出、效益、速度和收入等情况。

年末耕地总资源　指能够种植农作物的田地。包括当年实际耕种的熟地；新开荒且已种植的地；"沿海"、"沿湖"地区已围垦利用三年以上的"海涂"、"湖田"；弃耕、休闲不满三年，随时可以复耕的地；因灾害或其他因素，虽然当年内未种植农作物但仍可复耕的地；以种植农作物为主，附带种植桑树、果树和其他林的地；年年进行耕耘种草的地；南方小于1米、北方小于2米宽的沟、渠、路、田埂。不包括因灾害或其他因素，已不能复耕的地；弃耕、休闲满三年的地，或者虽不满三年，但已经成为荒地的土地；不进行耕耘，种植牧草已成为永久性草地的土地；专业性的桑园、茶园、果园、果木苗圃地、芦苇地、天然草场等；以混凝土等铺设的温室、玻璃室，导致栽培的植物体与地面隔绝的基地。

常用耕地　指耕地总资源中专门种植农作物并经常进行耕种、能够正常收获的土地。包括当年实际耕种的熟地；弃耕、休闲不满三年，随时可以复耕的地；开荒利用三年以上的地；南方小于1米、北方小于2米宽的沟、渠、路、田埂。不包括临时种植农作物的坡度在25度以上的陡坡地；在河套、湖畔、库区临时开发的成片或零星土地；也不包括已列为国家和省（区、市）退耕计划但仍临时耕种的土地。常用耕地分为基本农田和零星可用耕地。

水田　指筑有田埂(坎)，可以经常蓄水，用于种植水稻、莲藕、席草等水生作物的耕地。因天旱暂没有蓄水而改种旱地作物的，或实行水稻和旱地作物轮种的（如水稻和小麦、油菜、蚕豆等轮种），仍计为水田。

水浇地　指旱地中有一定水源和灌溉设施，在一般年景下能够正常灌溉的耕地。由于雨水充足在当年暂没有进行灌溉的水浇地，也应包括在内。没有灌溉设施的引洪淤灌的耕地，不算水浇地。

临时性耕地　指在常用耕地以外临时开垦种植农作物，不能正常收获的土地。包括临时种植农作物的坡度在25度以上的陡坡地，在河套、湖畔、库区临时开发种植农作物的成片或零星土地。根据我国《水土保护法》规定，现在临时种植农作物坡度在25度以上的陡坡地要逐步退耕还林还草；环北京、黑河流域、塔里木河流域等地区临时开垦种植农作物，易造成水土流失及沙化的土地，已列为国家或地方退耕还林还草的规划，近年也要逐步退耕。这部分临时性耕地又称待退的临时性耕地。

农作物播种面积　指实际播种或移植有农作物的面积。凡是实际种植有农作物的面积，不论种植在耕地上还是种植在非耕地上，均包括在农作物播种面积中。在播种季节基本结束后，因遭灾而重新改种和补种的农作物面积，也包括在内。

农作物总产量　指本年度内生产的各种农作物总产量，不论计划内外、数量多少，耕地与非耕地上的农作物产量，都应统计在内。包括粮食、棉花、油料、麻类、糖类、药材、蔬菜、瓜类及其他农作物。

农业机械总动力　指主要用于农、林、牧、渔业的各种动力机械的动力总和。包括耕作机械、排灌机械、收获机械、农用运输机械、植物保护机械、牧业机械、林业机械、渔业机械和其他农业机械。内燃机按引擎马力折成瓦(特)计算、电动机按功率折成瓦(特)计算。不包括专门用于乡、镇、村、组办工业、基本建设、非农业运输、科学试验和教学等非农业生产方面用的动力机械与作业机械。

农林牧渔业劳动力　指全社会直接参加农林牧渔业生产活动的劳动力。

工业

忻州统计年鉴

XIN ZHOU STATISTICAL YEARBOOK

资料整理人员

赵　恒　徐丽霞　张　丽

8-1 主要年份工业企业单位数

单位：个

年份	按隶属关系分			按经济类型分			按轻重工业分		按企业规模分		
	工业企业单位数	中央企业	地方企业	国有经济	集体经济	其他经济	轻工业	重工业	大型企业	中型企业	小型企业
1952	315	1	314	35	160	120					315
1957	391	2	389	137	239	15					391
1962	332	20	312	123	209						332
1965	326	27	299	121	205						326
1970	389	5	384	154	235						389
1975	695	12	683	255	440		360	335			695
1978	990	10	980	285	705		505	485			990
1980	887	11	876	277	610		466	421			887
1985	1001	6	995	261	731	9	471	530			1001
1990	1095	7	1088	283	801	11	433	662		15	1080
1995	1048	6	1042	319	708	21	368	680	4	16	1028
2000	230	2	228	156	27	47	75	155	5	15	210
2001	232	3	229	141	27	64	62	170	5	14	213
2002	240	3	237	129	25	86	56	184	5	14	221
2003	258	3	255	117	28	113	44	214		25	233
2004	360	4	356	142	39	179	58	302	1	28	331
2005	332	4	328	128	22	182	43	289	1	29	298
2006	333	2	331	84	34	215	44	289	1	34	298
2007	328	2	326	28	10	290	27	301	3	35	290
2008	332	5	327	23	9	300	26	306	4	43	285
2009	268	2	266	20	3	245	28	240	2	39	227
2010	323	2	321	24	3	296	27	296	6	48	269
2011	307	2	305	20	1	286	24	283	15	42	250

注：1952–1997年为全部工业企业口径；1998–2006年为国有企业、大中型企业和年产品销售收入500万元及以上非国有企业口径；2007–2010年为年主营业务收入500万元及以上的工业法人企业口径；2011年为年主营业务收入2000万元及以上的工业法人企业口径。

8-2 工业

产品名称	计量单位	2000	2006
原　煤	万吨	322	2472
洗　煤	万吨	12	43
铁矿石原矿量	万吨	40	1316
纱	吨	6073	5327
布	万米	2150	1461
焦　碳	万吨	32	101
硫酸（折100%）	吨		25094
炭化钙（电石）	吨		67109
合成氨	吨		97563
农用氮、磷、钾化肥（折纯）	吨	153048	204380
精甲醇	吨		74792
水　泥	万吨	84	80
生　铁	吨	275600	233628
铁合金	吨	8548	66790
黄　金	千克		750
镁	吨		180
变压器	千伏安		393205
发电量	万千瓦小时	156876	1119894
白碳黑	吨		11071
草　酸	吨		49734
法　兰	吨		45237
氧化铝	万吨		35

产品产量

2007	2008	2009	2010	2011
2901	3035	2755	3207	4625
148	335	121	39	25
1546	1744	1081	3135	4205
3346	2883	2943	2490	2408
1289	1034	986	748	739
134	138	146	169	189
28950	21979	4617		
70663	39454			
97437	61622	23013	7406	11753
173392	110890	37875	28335	38392
69989	33596	896		28153
72	56	39	48	32
171207	107172	56756	217156	101187
97589	90279	77309	93694	81741
1011	1141	995	1149	
1241	767			
210435	227275	411090	103585	81851
1315465	1364709	1165719	1686285	2101737
11954	12116	10805	10843	11769
57230	51996	35645	36095	28153
50334	60612	93042	143764	203340
70	96	102	131	251

8-3 2011年工业企业

甲栏分组	企业单位数（个）	#亏损企业	工业总产值（当年价格）	工业销售产值（当年价格）	#出口交货值
总　计	307	37	6196698	5860562	58995
一、按登记注册类型分组:					
内资企业	307	37	6196698	5860562	58995
国有企业	20		1037773	977321	
中央企业	2		443482	439625	
地方企业	18		594291	537696	
集体企业	1		19676	19676	
股份合作企业					
有限责任公司	49	11	1422819	1329347	
国有独资公司	1	1	2096	2096	
其他有限责任公司	48	10	1420724	1327251	
股份有限公司	9	2	348457	308522	5398
私营企业	227	24	3362874	3221529	53596
私营独资企业	66	7	1173753	1138085	
私营合伙企业	4	2	21734	19453	2779
私营有限责任公司	151	14	1894007	1769102	43066
私营股份有限公司	6	1	273380	294889	7752
其他企业	1		5101	4169	
二、按经济组织类型分组					
独资企业	87	7	2231201	2135081	
国有企业	20		1037773	977321	
集体企业	1		19676	19676	
私营独资企业	66	7	1173753	1138085	
合作、合伙企业	5	2	26834	23622	2779
私营合伙企业	4	2	21734	19453	2779
其他企业（内资）	1		5101	4169	
股份有限公司	15	3	621837	603411	13150
股份有限公司(内资)	9	2	348457	308522	5398
私营股份有限公司	6	1	273380	294889	7752
有限责任公司	200	25	3316826	3098449	43066
国有独资公司	1	1	2096	2096	
私营有限责任公司	151	14	1894007	1769102	43066
其他有限责任公司	48	10	1420724	1327251	
三、在总计中:亏损企业	37	37	275497	249042	1546
在总计中:国有控股企业	43	6	1970472	1847887	
在总计中:农村工业	7	1	74352	67530	
在总计中:轻工业	24	3	147547	126457	
重工业	283	34	6049151	5734105	58995
在总计中:大型企业	15		2707397	2612753	
中型企业	42	4	1609023	1508789	7710
小型企业	246	32	1871657	1728906	51284
微型企业	4	1	8622	10113	

主要经济指标总表（大行业2011）

单位：万元

资产总计	#流动资产合计	资产总计				负债合计
		流动资产合计				
		应收帐款	存　货			
				产成品	在成品	
10158177	4111377	650608	688869	266331	72053	6321833
10158177	4111377	650608	688869	266331	72053	6321833
2206142	1376909	113639	58144	10166	4041	1049339
1019297	623377	15773	32964			261351
1186844	753533	97866	25180	10166	4041	787987
46185	6491		3683	2600		8518
3041379	851120	200209	163509	85780	4549	2285703
5343	3044		879			3854
3036036	848076	200209	162630	85780	4549	2281849
812912	223478	43155	37284	16922	2109	360210
4042390	1648871	293007	422895	150768	59454	2617240
1960630	495198	99717	128171	24979	39963	1464055
17198	13413	3887	5489	3382	1069	10430
1572415	771658	149371	258452	106358	16345	814966
492147	368602	40032	30784	16048	2078	327790
9169	4508	599	3353	96	1901	824
4212956	1878599	213356	189998	37745	44004	2521911
2206142	1376909	113639	58144	10166	4041	1049339
46185	6491		3683	2600		8518
1960630	495198	99717	128171	24979	39963	1464055
26366	17921	4486	8842	3478	2970	11254
17198	13413	3887	5489	3382	1069	10430
9169	4508	599	3353	96	1901	824
1305060	592079	83187	68068	32970	4186	687999
812912	223478	43155	37284	16922	2109	360210
492147	368602	40032	30784	16048	2078	327790
4613794	1622778	349580	421961	192139	20894	3100669
5343	3044		879			3854
1572415	771658	149371	258452	106358	16345	814966
3036036	848076	200209	162630	85780	4549	2281849
748135	210712	31876	70403	39047	3331	599297
4825246	1971626	264769	118834	34886	9461	2834058
100372	48453	29546	7554	4845	416	59066
226660	109311	14221	54877	31797	3791	156126
9931516	4002066	636388	633993	234535	68262	6165707
4750441	2278420	323927	217935	41760	49222	2957163
2563403	927991	150152	216844	94064	4551	1614806
2840133	904165	176361	253958	130508	18281	1746707
4199	800	169	133			3158

8-3 续表1

甲栏分组	所有者权益合计	营业收入	#主营业务收入	营业成本	#主营业务成本
总计	3828252	5985585	5872609	4579073	4451852
一、按登记注册类型分组:					
内资企业	3828252	5985585	5872609	4579073	4451852
国有企业	1156800	1044479	1025254	609568	601955
中央企业	757946	469494	469494	258566	258566
地方企业	398854	574985	555761	351002	343389
集体企业	37667	19676		12780	12780
股份合作企业					
有限责任公司	751738	1299488	1229761	980154	963518
国有独资公司	1489	2073	2073	1993	1993
其他有限责任公司	750249	1297415	1227688	978161	961525
股份有限公司	452702	313949	311612	230116	230116
私营企业	1421001	3303005	3300994	2742286	2639314
私营独资企业	496570	1142337	1137753	940812	937953
私营合伙企业	6768	25317	25291	21531	21442
私营有限责任公司	753803	1768698	1776514	1500300	1497616
私营股份有限公司	163860	366654	361437	279643	182304
其他企业	8345	4988	4988	4169	4169
二、按经济组织类型分组					
独资企业	1691037	2206491	2163007	1563159	1552687
国有企业	1156800	1044479	1025254	609568	601955
集体企业	37667	19676		12780	12780
私营独资企业	496570	1142337	1137753	940812	937953
合作、合伙企业	15113	30305	30279	25700	25611
私营合伙企业	6768	25317	25291	21531	21442
其他企业（内资）	8345	4988	4988	4169	4169
股份有限公司	616562	680603	673048	509759	412420
股份有限公司(内资)	452702	313949	311612	230116	230116
私营股份有限公司	163860	366654	361437	279643	182304
有限责任公司	1505541	3068186	3006275	2480455	2461134
国有独资公司	1489	2073	2073	1993	1993
私营有限责任公司	753803	1768698	1776514	1500300	1497616
其他有限责任公司	750249	1297415	1227688	978161	961525
三、在总计中:亏损企业	148827	236867	242414	220904	220791
在总计中:国有控股企业	1991185	1877156	1839678	1176880	1156861
在总计中:农村工业	41303	68028	70657	58260	58260
在总计中:轻工业	67875	131213	130683	115051	114861
重工业	3760377	5854372	5741926	4464022	4336991
在总计中:大型企业	1793279	2709320	2694771	1959509	1848352
中型企业	946050	1524778	1437411	1170240	1155931
小型企业	1087882	1741374	1727682	1439747	1437991
微型企业	1042	10113	12746	9578	9578

单位: 万元

营业税金及附加	#主营业务税金及附加	其他业务收入	其他业务利润	销售费用	管理费用
68802	66572	112976	10984	111269	392045
68802	66572	112976	10984	111269	392045
19406	17278	19225	19	20827	123739
8417	8417			1661	22886
10989	8861	19225	19	19166	100853
328	327	19676		363	2566
13748	13648	69727	6315	42015	95806
					173
13748	13648	69727	6315	42015	95632
3064	3064	2338	130	4851	5792
32256	32254	2011	4521	43121	163955
12168	12167	4584	−181	15548	42448
37	37	26	3	395	1257
17043	17043	−7816	2400	18750	67333
3008	3008	5217	2299	8427	52917
1	1			92	187
31902	29772	43484	−162	36738	168753
19406	17278	19225	19	20827	123739
328	327	19676		363	2566
12168	12167	4584	−181	15548	42448
38	38	26	3	487	1444
37	37	26	3	395	1257
1	1			92	187
6071	6071	7555	2428	13279	58709
3064	3064	2338	130	4851	5792
3008	3008	5217	2299	8427	52917
30791	30691	61911	8715	60765	163138
					173
17043	17043	−7816	2400	18750	67333
13748	13648	69727	6315	42015	95632
2555	2555	−5548	340	6584	25403
32066	29844	37478	6323	40065	193896
224	224	−2629	3	1494	5249
1216	1216	530	122	3090	4817
67586	65356	112446	10863	108179	387227
30771	28642	14549	2100	48450	208391
15643	15543	87367	7595	41292	92161
22386	22384	13692	1290	21527	91082
3	3	−2632		1	411

8-3 续表2

甲栏分组	财务费用	营业利润	营业外收入	营业外支出	利润总额
总　计	199719	742809	17588	50508	707663
一、按登记注册类型分组:					
内资企业	199719	742809	17588	50508	707663
国有企业	16392	271554	1418	5720	267252
中央企业	2479	176931	419	3354	173996
地方企业	13914	94623	999	2366	93256
集体企业	59	5903		8	5895
股份合作企业					
有限责任公司	68519	124301	12017	11961	122367
国有独资公司	63	–156			–156
其他有限责任公司	68457	124457	12017	11961	122523
股份有限公司	12465	59592	169	487	59275
私营企业	102106	281078	3970	32332	252478
私营独资企业	76773	99275	976	4571	95681
私营合伙企业	179	2784	20	130	2672
私营有限责任公司	17575	165500	2309	26525	141048
私营股份有限公司	7578	13520	664	1106	13078
其他企业	178	381	15		396
二、按经济组织类型分组					
独资企业	93224	376732	2394	10299	368828
国有企业	16392	271554	1418	5720	267252
集体企业	59	5903		8	5895
私营独资企业	76773	99275	976	4571	95681
合作、合伙企业	357	3165	35	130	3068
私营合伙企业	179	2784	20	130	2672
其他企业（内资）	178	381	15		396
股份有限公司	20044	73112	833	1593	72353
股份有限公司(内资)	12465	59592	169	487	59275
私营股份有限公司	7578	13520	664	1106	13078
有限责任公司	86094	289800	14326	38487	263415
国有独资公司	63	–156			–156
私营有限责任公司	17575	165500	2309	26525	141048
其他有限责任公司	68457	124457	12017	11961	122523
三、在总计中:亏损企业	8836	–29039	2769	496	–26765
在总计中:国有控股企业	83092	387223	4848	11288	380784
在总计中:农村工业	1619	8252	56	84	8224
在总计中:轻工业	3238	8764	295	305	8754
重工业	196481	734044	17293	50203	698909
在总计中:大型企业	109389	407012	2534	18698	390848
中型企业	49913	214297	5081	14650	202473
小型企业	40325	121425	9974	17115	114314
微型企业	92	74		46	29

单位: 万元

应交所得税	亏损企业亏损总额	利税总额	本年应付工资总额	本年应交增值税	全部从业人员年平均人数（人）
200479	26765	1217689	386923	441223	86987
200479	26765	1217689	386923	441223	86987
90655		406319	103097	119661	17001
44703		230981	27404	48569	2382
45952		175337	75693	71092	14619
1474		9569	823	3345	486
32450	18886	234894	101416	98779	22567
	156	-156	123		102
32450	18729	235050	101293	98779	22465
15367	3025	89363	18351	27024	3737
60435	4855	477143	162899	192410	43097
22383	186	190921	45954	83072	7607
667	25	3324	1051	615	452
31701	4625	238113	114335	80022	26523
5685	19	44786	1559	28700	8515
99		401	338	5	99
114512	186	606808	149874	206079	25094
90655		406319	103097	119661	17001
1474		9569	823	3345	486
22383	186	190921	45954	83072	7607
766	25	3725	1388	620	551
667	25	3324	1051	615	452
99		401	338	5	99
21052	3044	134149	19909	55724	12252
15367	3025	89363	18351	27024	3737
5685	19	44786	1559	28700	8515
64150	23511	473007	215751	178801	49090
	156	-156	123		102
31701	4625	238113	114335	80022	26523
32450	18729	235050	101293	98779	22465
2250	26765	-16837	13894	7374	6715
120802	13676	620032	180643	207182	31275
217	46	10879	2997	2430	1621
637	840	12627	11361	2657	7089
199843	25925	1205061	375562	438566	79898
127352		678686	211516	257067	34733
46367	3649	317865	102425	99750	26719
26760	23071	221073	72889	84373	25495
	46	65	93	34	40

8-4 2011年国有控股工业企业

甲栏分组	企业单位数（个）	#亏损企业	工业总产值（当年价格）	工业销售产值（当年价格）	#出口交货值
总 计	43	6	1970472	1847887	
煤炭开采和洗选业	22	2	1412401	1315010	
黑色金属矿采选业	1		7607	7396	
有色金属矿采选业	1		11345	11345	
农副食品加工业	1		1402	1232	
纺织业	1		15707	15566	
非金属矿物制品业	3	2	23951	17234	
黑色金属冶炼和压延加工业	2	1	50294	49872	
金属制品业	1		6908	6844	
专用设备制造业	2		41974	40911	
电力、热力生产和供应业	9	1	398882	382476	

主要经济指标（大行业2011）

单位: 万元

资产总计	#流动资产合计	资产总计				负债合计
		流动资产合计				
		应收帐款	存 货	产成品	在成品	
4825246	1971626	264769	118834	34886	9461	2834058
2903450	1644972	195663	70847	17275	6839	1606298
16505	7572	43	1755	44		5885
3462	2044	486	743	524		2080
4824	3962	-119	1595	1545		4900
15838	8556	756	4398	1746	1528	22464
28580	14708	6047	4477	2010		23964
23249	11971	76	7304	6531		13593
3758	2781	523	1899	805	1094	3222
39943	31703	13390	14231	4406		31131
1785639	243358	47905	11586			1120519

8-4 续表1

甲栏分组	所有者权益合计	营业收入	#主营业务收入	营业成本	#主营业务成本
总　计	1991185	1877156	1839678	1176880	1156861
煤炭开采和洗选业	1297152	1330239	1308016	814200	802997
黑色金属矿采选业	10620	7396	7396	4005	4005
有色金属矿采选业	1381	11345	11345	9832	9832
农副食品加工业	-77	2126	2067	2128	1996
纺织业	-6627	17216	17042	17063	17006
非金属矿物制品业	4616	20229	20224	15021	15021
黑色金属冶炼和压延加工业	9656	50096	49872	31155	31041
金属制品业	536	7900	7596	7428	7399
专用设备制造业	8809	33878	33721	22732	22732
电力、热力生产和供应业	665118	396730	382399	253319	244833

单位: 万元

营业税金及附加	#主营业务税金及附加	其他业务收入	其他业务利润	销售费用	管理费用
32066	29844	37478	6323	40065	193896
25830	23701	22223	-75	33111	165773
636	636			19	562
107	107				556
		59	1	1	91
42	42	174	118	47	1431
96	96	5	5	3418	1715
68	68	225	225	885	1747
1	1	304	275	158	260
96	96	157	12	2083	6694
5191	5098	14332	5763	345	15068

8-4 续表2

甲栏分组	财务费用	营业利润	营业外收入	营业外支出	利润总额
总 计	83092	387223	4848	11288	380784
煤炭开采和洗选业	30027	302497	1126	9932	293691
黑色金属矿采选业	–26	2200		14	2187
有色金属矿采选业		951		100	851
农副食品加工业	30	–2	2		
纺织业	1	2372	18	21	2368
非金属矿物制品业	140	–160	91	9	–77
黑色金属冶炼和压延加工业	217	2521		6	2515
金属制品业	58	–4	23	1	19
专用设备制造业	262	1904	23	56	1872
电力、热力生产和供应业	52384	74944	3565	1150	77359

单位：万元

应交所得税	亏损企业亏损总额	利税总额	本年应付工资总额	本年应交增值税	全部从业人员年平均人数（人）
120802	13676	620032	180643	207182	31275
101746	12042	480969	145980	161448	21877
547		3905	950	1082	152
213		982	263	25	105
			99		88
		2801	1897	390	2823
123	526	1425	2353	1406	990
0	952	2886	2821	303	750
18		25	386	6	111
46		2772	2687	804	1010
18110	156	124268	23208	41718	3369

8-5 2011年大中型工业企业

甲栏分组	企业单位数（个）	#亏损企业	工业总产值（当年价格）	工业销售产值（当年价格）	#出口交货值
总 计	57	4	4316419	4121542	7710
煤炭开采和洗选业	18		1607673	1546590	
黑色金属矿采选业	11		409725	375461	
有色金属矿采选业	1		41865	41325	
农副食品加工业	1		16985	10350	
纺织业	1		15707	15566	
石油加工、炼焦和核燃料加工业	4	1	327132	308121	
化学原料和化学制品制造业	3	1	62990	60646	2758
医药制造业	1	1	6344	5714	
橡胶和塑料制品业	1		28368	23650	
非金属矿物制品业	1		6651	5632	
黑色金属冶炼和压延加工业	3	1	230806	211947	
有色金属冶炼和压延加工业	2		698949	677533	
金属制品业	2		60392	58172	4952
通用设备制造业	2		241055	232672	
专用设备制造业	1		40697	39634	
电力、热力生产和供应业	5		521081	508532	

主要经济指标（大行业2011）

单位: 万元

资产总计	#流动资产合计	资产总计				负债合计
		流动资产合计				
		应收帐款	存　货	产成品	在成品	
7313845	3206412	474079	434778	135823	53773	4571969
3023488	1835539	199937	84514	28437	8255	1640080
305495	174852	54718	48107	11298		197847
29979	16321	695	2401			7106
37711	18821	1253	6619	2997		38408
15838	8556	756	4398	1746	1528	22464
408661	182132	15864	62653	37058		334961
144076	79357	1665	16755	6827	451	60375
20190	18461	3657	11912	10675		17265
40215	33664	22269	5689	4718	416	26654
6463	1116	98	955	456		3031
182529	111678	10292	38634	8150		130042
1272553	275946	39020	90313	5010	38988	942501
54718	34213	7592	7872	187		28275
107316	71654	36799	19824	13858	4135	15777
38325	30785	12615	14231	4406		30332
1626288	313317	66849	19903			1076853

8-5 续表1

甲栏分组	所有者权益合计	营业收入	#主营业务收入	营业成本	#主营业务成本
总 计	2739328	4234098	4132182	3129748	3004283
煤炭开采和洗选业	1383409	1628685	1551871	1034962	926420
黑色金属矿采选业	107648	379320	379076	263972	263972
有色金属矿采选业	22874	40850	40850	23348	23348
农副食品加工业	-3242	15876	15876	13148	13148
纺织业	-6627	17216	17042	17063	17006
石油加工、炼焦和核燃料加工业	73700	320601	316185	295232	290974
化学原料和化学制品制造业	83701	62660	62546	49151	49151
医药制造业	2923	5648	5648	4334	4334
橡胶和塑料制品业	13562	23650	23650	19105	19105
非金属矿物制品业	3432	5637	5632	4208	4208
黑色金属冶炼和压延加工业	52488	210122	210122	188861	188861
有色金属冶炼和压延加工业	330052	679919	675311	551492	547969
金属制品业	26443	56823	55801	49031	48432
通用设备制造业	91540	230662	230653	193598	193598
专用设备制造业	7993	32600	32444	21690	21690
电力、热力生产和供应业	549434	523829	509475	400554	392069

单位: 万元

营业税金及附加	#主营业务税金及附加	其他业务收入	其他业务利润	销售费用	管理费用
46414	44185	101916	9695	89742	300551
27028	24898	76814	2207	38487	207835
7363	7363	243	243	4196	17085
260	260			116	3319
17	17			460	339
42	42	174	118	47	1431
422	416	4416	151	13560	8317
229	229	114	114	5379	2705
24	24			962	400
70	70			1178	2348
39	39	5	5	559	374
139	139		-1	3963	3702
5296	5296	4609	1074	14765	20437
90	90	1022		3005	2327
988	988	9	9	736	2621
91	91	157	12	1985	6580
4317	4224	14354	5763	345	20733

8-5 续表2

甲栏分组	财务费用	营业利润	营业外收入	营业外支出	利润总额
总 计	159302	621309	7614	33347	593321
煤炭开采和洗选业	33540	326175	1789	10264	317700
黑色金属矿采选业	3356	91972	3	13935	78217
有色金属矿采选业	-189	13936		408	13528
农副食品加工业	219	2692		49	2644
纺织业	1	2372	18	21	2368
石油加工、炼焦和核燃料加工业	5638	6717	2581	114	7194
化学原料和化学制品制造业	-51	5187	1233	63	5778
医药制造业	176	-391	1	15	-406
橡胶和塑料制品业	-1	4475	56	38	4493
非金属矿物制品业	5	451	1	4	448
黑色金属冶炼和压延加工业	1582	18953	48	7025	12111
有色金属冶炼和压延加工业	52434	39982	1347	369	40960
金属制品业	1594	1932		187	1746
通用设备制造业	518	32544			32544
专用设备制造业	262	1885	23	56	1852
电力、热力生产和供应业	60218	72427	516	799	72144

单位: 万元

应交所得税	亏损企业亏损总额	利税总额	本年应付工资总额	本年应交增值税	全部从业人员年平均人数（人）
173719	3649	996551	313941	356816	61452
108560		536178	143285	191449	29577
20532		117675	21768	32095	6903
3409		15566	3358	1779	775
		2785	1209	124	450
		2801	1897	390	2823
	2794	12368	16871	4752	3005
874	448	8618	4042	2611	2598
	406	-194	325	187	302
153		5439	1177	876	500
123		979	1217	492	638
3028	1	24410	15415	12161	3228
10933		89354	14980	43098	2087
333		3424	3674	1588	1170
8136		41357	41110	7825	2535
41		2706	2567	763	920
17598		133086	41049	56626	3941

8-6 2011年私营工业企业

甲栏分组	企业单位数（个）	#亏损企业	工业总产值（当年价格）	工业销售产值（当年价格）	#出口交货值
总　计	227	24	3362874	3221529	53596
煤炭开采和洗选业	10	1	251671	274436	
黑色金属矿采选业	119	11	975529	888317	
有色金属矿采选业	3		64773	63722	
非金属矿采选业	1		7204	7204	
农副食品加工业	8	1	37508	37303	
酒、饮料和精制茶制造业	2	1	25097	23823	
纺织业	1		5111	5130	
石油加工、炼焦和核燃料加工业	2		33264	31649	
化学原料和化学制品制造业	3	2	29916	27547	1546
医药制造业	1		8497	1157	
橡胶和塑料制品业	1		28368	23650	
非金属矿物制品业	5		23408	21620	
黑色金属冶炼和压延加工业	14	1	291919	272044	
有色金属冶炼和压延加工业	2		698949	677533	
金属制品业	37	3	298076	296695	52051
通用设备制造业	7	1	274113	262370	
专用设备制造业	6	2	37818	35676	
铁路、船舶、航空航天和其他运输设备制造业	1		1722	1722	
电气机械和器材制造业	1	1	1367	1367	
电力、热力生产和供应业	2		216139	216139	
燃气生产和供应业	1		52427	52427	

主要经济指标（大行业2011）

单位：万元

资产总计	#流动资产合计	资产总计				负债合计
		流动资产合计				
		应收帐款	存货	产成品	在成品	
4042390	1648871	293007	422895	150768	59454	2617240
479599	359256	35321	21989	12887	1650	317988
738755	321380	32700	128893	66749	5009	388631
46114	19564	1083	3218	780		9601
832	275	88	182	182		575
32346	16846	4861	7839	6787		16246
49207	18940	1202	9485	2080		35542
9710	2942	90	766	418		1745
55674	30969	3214	1277	1274		12506
23758	20932	864	5861	2936	451	14205
1858	442		186			832
40215	33664	22269	5689	4718	416	26654
27735	8849	3504	2490	1260	208	12646
206113	125208	11340	44384	11567	104	131602
1272553	275946	39020	90313	5010	38988	942501
246222	157775	54522	54358	14830	3850	150446
174196	100130	40807	26474	17710	6600	50535
46424	32601	17129	5655	121	2178	35132
2748	1502	725	777	270		1467
5333	1862	304	1475	1189		2889
564132	107108	23950	11061			453737
18867	12682	14	524			11760

8-6 续表1

甲栏分组	所有者权益合计	营业收入	#主营业务收入	营业成本	#主营业务成本
总计	1421001	3303005	3300994	2742286	2639314
煤炭开采和洗选业	161569	343814	349768	256193	158854
黑色金属矿采选业	349036	907285	907186	721843	720472
有色金属矿采选业	36513	62792	62792	41136	41136
非金属矿采选业	257	7204	7204	6970	6970
农副食品加工业	15986	35565	35565	33549	33549
酒、饮料和精制茶制造业	13666	22195	22195	19396	19396
纺织业	7965	4384	4384	3252	3252
石油加工、炼焦和核燃料加工业	43168	29357	29357	27903	27903
化学原料和化学制品制造业	9553	27547	27547	25825	25825
医药制造业	1026	1454	1163	979	978
橡胶和塑料制品业	13562	23650	23650	19105	19105
非金属矿物制品业	15089	22824	22824	17846	17846
黑色金属冶炼和压延加工业	72211	265961	265961	239360	239360
有色金属冶炼和压延加工业	330052	679919	675311	551492	547969
金属制品业	95261	301168	298361	272569	271832
通用设备制造业	123661	260007	259973	219679	219679
专用设备制造业	11292	35204	35103	29184	29184
铁路、船舶、航空航天和其他运输设备制造业	1189	2924	2924	2691	2691
电气机械和器材制造业	2443	1161	1161	885	885
电力、热力生产和供应业	110395	216161	216139	209516	209516
燃气生产和供应业	7107	52427	52427	42912	42912

单位: 万元

营业税金及附加	#主营业务税金及附加	其他业务收入	其他业务利润	销售费用	管理费用
32256	32254	2011	4521	43121	163955
3261	3261	-5954	2282	8660	52395
18728	18727	99	93	1317	49173
413	413			116	3958
				99	62
155	155			407	326
746	746		(1)	108	545
32	32			135	200
92	92			142	178
112	112			1062	944
32	32	292			426
70	70			1178	2348
73	73			582	1110
534	534			3278	4896
5296	5296	4609	1074	14765	20437
274	274	2807	937	9433	9781
1024	1024	34	34	1044	3498
1270	1270	102	102	443	1071
5	5			105	166
1	1			87	410
		22			10535
139	139			159	1497

8-6 续表2

甲栏分组	财务费用	营业利润	营业外收入	营业外支出	利润总额
总 计	102106	281078	3970	32332	252478
煤炭开采和洗选业	6734	12359	664	878	12145
黑色金属矿采选业	7487	118466	182	21398	97458
有色金属矿采选业	–190	17324		439	16885
非金属矿采选业	62	74			74
农副食品加工业	413	733			733
酒、饮料和精制茶制造业	1611	75		132	–57
纺织业	117	648	6	40	614
石油加工、炼焦和核燃料加工业	180	863			863
化学原料和化学制品制造业	6	–236	1156	34	308
医药制造业		17		9	9
橡胶和塑料制品业	–1	4475	56	38	4493
非金属矿物制品业	697	2370		1	2369
黑色金属冶炼和压延加工业	2606	23648		7622	16160
有色金属冶炼和压延加工业	52434	39982	1347	369	40960
金属制品业	5827	10661	288	929	10017
通用设备制造业	932	34523	1	19	34506
专用设备制造业	322	1323		243	1080
铁路、船舶、航空航天和其他运输设备制造业		57			57
电气机械和器材制造业	16	–221			–221
电力、热力生产和供应业	22872	6124	240	171	6193
燃气生产和供应业	–17	7814	29	11	7833

单位：万元

应交所得税	亏损企业亏损总额	利税总额	本年应付工资总额	本年应交增值税	全部从业人员年平均人数（人）
60435	4855	477143	162899	192410	43097
5647	46	44939	965	29533	8401
24134	3602	174374	37041	58187	12600
4133		20812	4138	3514	1066
		141	675	68	137
40	33	1122	4069	233	1216
31	402	1222	575	533	484
203		865	280	219	150
25		1796	805	841	431
	93	1343	1142	923	1088
2		164	603	124	267
153		5439	1177	876	500
38		3227	1053	784	649
3714	1	31155	15547	14461	3629
10933		89354	14980	43098	2087
1158	136	14866	14219	4575	4806
8222	21	44099	42447	8570	3206
44	300	2687	1399	337	886
		117	120	55	120
	221	-208	170	13	94
		30468	21083	24275	1159
1958		9161	411	1189	121

8-7 2011年工业企业

甲栏分组	企业单位数（个）	#亏损企业	工业总产值（当年价格）	工业销售产值（当年价格）	#出口交货值
总计	307	37	6196698	5860562	58995
煤炭开采和洗选业	36	3	1734352	1661246	
黑色金属矿采选业	127	11	1174468	1070895	
有色金属矿采选业	4		76118	75067	
非金属矿采选业	1		7204	7204	
农副食品加工业	13	1	69912	60457	
食品制造业	2		5163	5154	
酒、饮料和精制茶制造业	2	1	25097	23823	
纺织业	2		20818	20696	
造纸和纸制品业	1		2500	2367	
石油加工、炼焦和核燃料加工业	5	1	342906	323895	
化学原料和化学制品制造业	7	4	123487	106600	6944
医药制造业	2	1	14841	6871	
橡胶和塑料制品业	1		28368	23650	
非金属矿物制品业	9	2	49666	41231	
黑色金属冶炼和压延加工业	20	3	405437	376407	
有色金属冶炼和压延加工业	3	1	702363	680877	
金属制品业	37	3	298076	296695	52051
通用设备制造业	7	1	274113	262370	
专用设备制造业	11	2	102911	98303	
铁路、船舶、航空航天和其他运输设备制造业	1		1722	1722	
电气机械和器材制造业	1	1	1367	1367	
电力、热力生产和供应业	14	2	683385	661239	
燃气生产和供应业	1		52427	52427	

主要经济指标（大行业2011）

单位:万元

资产总计	#流动资产合计	应收帐款	存 货	产成品	在成品	负债合计
10158177	4111377	650608	688869	266331	72053	6321833
3553291	2036166	231488	97791	32761	8489	1985704
923566	430063	82920	147704	76304	5077	485366
49576	21607	1569	3960	1304		11682
832	275	88	182	182		575
108961	54306	7040	24666	15264	1901	70326
7924	1720	318	984	549	155	1165
49207	18940	1202	9485	2080		35542
25548	11498	846	5164	2164	1528	24209
2105	1157	559	499	156		933
414262	187558	18880	62933	37339		339184
221279	94451	6638	22102	8565	2560	100183
22048	18904	3657	12098	10675		18097
40215	33664	22269	5689	4718	416	26654
60547	27690	10479	9749	3704	208	40119
311860	176455	17417	63058	25275	104	196256
1274169	276464	38955	90697	5223	38988	943947
246222	157775	54522	54358	14830	3850	150446
174196	100130	40807	26474	17710	6600	50535
96032	70764	34435	21428	6070	2178	70045
2748	1502	725	777	270		1467
5333	1862	304	1475	1189		2889
2549391	375746	75478	27072			1754749
18867	12682	14	524			11760

8-7 续表1

甲栏分组	所有者权益合计	营业收入	#主营业务收入	营业成本	#主营业务成本
总　计	3828252	5985585	5872609	4579073	4451852
煤炭开采和洗选业	1566152	1745853	1660486	1111281	1002739
黑色金属矿采选业	437112	1090556	1090296	838712	837341
有色金属矿采选业	37894	74137	74137	50968	50968
非金属矿采选业	257	7204	7204	6970	6970
农副食品加工业	35978	65958	65898	59152	59020
食品制造业	6760	4634	4634	3253	3253
酒、饮料和精制茶制造业	13666	22195	22195	19396	19396
纺织业	1338	21601	21426	20315	20258
造纸和纸制品业	1173	2001	2001	1941	1941
石油加工、炼焦和核燃料加工业	75078	336376	331960	310652	306393
化学原料和化学制品制造业	121095	108414	108300	91670	91670
医药制造业	3949	7102	6810	5313	5312
橡胶和塑料制品业	13562	23650	23650	19105	19105
非金属矿物制品业	20428	45149	45145	34704	34704
黑色金属冶炼和压延加工业	113304	372473	372248	323032	322919
有色金属冶炼和压延加工业	330222	683265	678655	554651	551127
金属制品业	95261	301168	298361	272569	271832
通用设备制造业	123661	260007	259973	219679	219679
专用设备制造业	25984	89900	89641	71311	71311
铁路、船舶、航空航天和其他运输设备制造业	1189	2924	2924	2691	2691
电气机械和器材制造业	2443	1161	1161	885	885
电力、热力生产和供应业	794641	667431	653078	517913	509427
燃气生产和供应业	7107	52427	52427	42912	42912

单位: 万元

营业税金及附加	#主营业务税金及附加	其他业务收入	其他业务利润	销售费用	管理费用
68802	66572	112976	10984	111269	392045
30023	27893	85367	2207	43712	229002
21959	21957	260	255	5602	57252
520	520			116	4514
				99	62
179	179	59	1	1042	1147
120	120			170	68
746	746		-1	108	545
74	74	174	118	182	1630
1	1				40
422	416	4416	151	13629	8415
259	259	114	114	5920	4598
56	56	292		962	825
70	70			1178	2348
206	206	5	5	4000	3035
691	691	225	214	5810	8045
5308	5308	4610	1074	14802	20517
274	274	2807	937	9433	9781
1024	1024	34	34	1044	3498
1385	1385	259	114	2692	8270
5	5			105	166
1	1			87	410
5344	5251	14354	5763	416	26379
139	139			159	1497

8-7 续表2

甲栏分组	财务费用	营业利润	营业外收入	营业外支出	利润总额
总 计	199719	742809	17588	50508	707663
煤炭开采和洗选业	37348	333797	1790	11300	324287
黑色金属矿采选业	9042	168180	184	27260	141312
有色金属矿采选业	-190	18274		539	17736
非金属矿采选业	62	74			74
农副食品加工业	1166	4432	269	84	4617
食品制造业	42	981			981
酒、饮料和精制茶制造业	1611	75		132	-57
纺织业	118	3020	24	61	2983
造纸和纸制品业		19			19
石油加工、炼焦和核燃料加工业	5727	6815	2581	114	7293
化学原料和化学制品制造业	224	6518	1243	129	7055
医药制造业	176	-374	1	24	-397
橡胶和塑料制品业	-1	4475	56	38	4493
非金属矿物制品业	836	2224	91	10	2305
黑色金属冶炼和压延加工业	3067	26673	56	7637	19227
有色金属冶炼和压延加工业	52521	39952	1348	369	40932
金属制品业	5827	10661	288	929	10017
通用设备制造业	932	34523	1	19	34506
专用设备制造业	639	3770	27	509	3289
铁路、船舶、航空航天和其他运输设备制造业		57			57
电气机械和器材制造业	16	-221			-221
电力、热力生产和供应业	80573	71070	9600	1346	79324
燃气生产和供应业	-17	7814	29	11	7833

单位: 万元

应交所得税	亏损企业亏损总额	利税总额	本年应付工资总额	本年应交增值税	全部从业人员年平均人数（人）
200479	26765	1217689	386923	441223	86987
111946	12087	556002	151645	201693	31479
35428	3602	238304	49130	75032	16168
4345		21794	4400	3539	1171
		141	675	68	137
139	33	5258	6062	461	2073
135		1305	176	204	155
31	402	1222	575	533	484
203		3666	2177	609	2973
5		27	68	7	38
25	2794	12554	16956	4840	3070
1274	772	13389	5895	6075	3321
2	406	-30	927	311	569
153		5439	1177	876	500
164	526	5114	3652	2604	1745
3853	955	36947	20772	17029	5320
10933	28	89418	15225	43179	2237
1158	136	14866	14219	4575	4806
8222	21	44099	42447	8570	3206
142	300	6018	4865	1345	2234
		117	120	55	120
	221	-208	170	13	94
20365	4483	153085	45180	68417	4966
1958		9161	411	1189	121

8-8 主要年份主要

年 份	原 煤(万吨)	洗煤(万吨)	硫 酸(吨)(折100%)	生 铁(万吨)	焦 炭(万吨)	铁矿石原矿量(万吨)	水 泥(万吨)	碳化钙(吨)(电石)
1952	28							
1957	135				11			
1962	159				6			
1965	165				5		1	
1970	212				4		2	30
1975	347		1300	1	14		13	3688
1978	449		1430	2	21		18	6282
1980	558		1600	3	13		26	3432
1985	1051		1500	6	22		41	10546
1990	1222		33900	12	65		49	23365
1995	1514		30700	27	130		82	59306
2000	322	12	34600	28	32	40	84	102860
2001	459	12	28108	26	34	53	93	59816
2002	617	35	20369	14	18	112	98	63248
2003	1139	43	28428	20	54	402	75	98398
2004	1985	37	33080	13	71	442	92	113795
2005	1965	53	31846	20	77	775	83	68252
2006	2472	43	25094	23	101	1342	80	67109
2007	2900	148	28950	17	134	1546	72	70663
2008	3035	335	21979	11	138	1744	56	39454
2009	2755	121	4617	6	146	1081	39	
2010	3207	39		22	169	3135	48	
2011	4625	25		10	189	4205	32	

工业产品产量

合成氨(吨)	纱(吨)	布(万米)	铁合金(吨)	变压器(千伏安)	发电量(万千瓦小时)	白碳黑(吨)	草酸(吨)	法兰(吨)
		36			17			
		102			357			
		36			2045			
	250	134			2338			
3600	2662	1392		7490	2625			
46200	2543	1260		62475	6346			
53800	2672	1548		101915	30699			
66600	2378	2032		45930	42012			
97200	2483	2431		130000	61818			
117200	6680	2686		235000	64318			
163000	5341	3069		180311	86247			
172400	6072	2150	8548	257473	157179			
219354	6160	1779	11754	253705	187000	3739	29058	
241726	7044	1889	13258	227638	213418	6777	33305	
247540	6538	1483	19010	283138	204624	8315	39626	
246668	5020	1028	15039	414300	271006	7936	52195	47737
239967	5256	1363	42316	191890	1012023	9237	52223	40595
97563	5327	1461	66790	393205	1119894	11071	49734	45237
97437	3346	1289	97589	210435	1315465	11954	57230	50334
61622	2883	1034	90279	227275	1364709	12116	51996	60612
23013	2943	986	77309	411090	1165719	10805	35645	93042
7406	2490	748	93695	103585	1686285	10843	36095	143764
11753	2408	739	81740	81851	2101737	11769	28153	203340

主要统计指标解释

工业　指从事自然资源的开采，对采掘品和农产品进行加工和再加工的物质生产部门。具体包括：(1)对自然资源的开采，如采矿、晒盐、森林采伐等(但不包括禽兽捕猎和捕捞)；(2)对农副产品的加工、再加工，如粮油加工、食品加工、轧花、缫丝、纺织、制革等；(3)对采掘品的加工、再加工，如炼铁、炼钢、化工生产、石油加工、机器制造、木材加工等，以及电力、自来水、燃气的生产和供应等；(4)对工业品的修理、翻新，如机器设备的修理、交通运输工具(包括小卧车)的修理等。

工业统计调查单位　工业统计调查单位分为两类：独立核算法人工业企业和工业活动单位。

(1)独立核算法人工业企业　是指从事工业生产经营活动的单位。独立核算法人工业企业应同时具备以下条件：①依法成立，有自己的名称、组织机构和场所，能够承担民事责任；②独立拥有和使用资产，承担负债，有权与其他单位签订合同；③独立核算盈亏，并能够编制资产负债表。

(2)工业活动单位　是指在一个场所从事一种或主要从事一种工业生产活动的经济单位。它包括独立核算工业企业按主营业务活动(即工业生产活动)划分的主营业务活动单位和非工业企业所属的工业生产活动单位(即原非独立核算工业生产单位)。工业活动单位，一般应同时具备以下三个条件：①具有一个场所，从事一种或主要从事一种工业活动；②单独组织工业生产、经营或业务活动；③单独核算收入和支出。

本年鉴中涉及的企业登记注册类型：

国有控股企业　指国有企业和国有控股企业。国有企业(即过去的全年所有制工业或国营工业)是指企业全部资产归国家所有，并按《中华人民共和国企业法人登记管理条例》规定登记注册的非公司制的经济组织。包括国有企业、国有独资公司和国有联营企业。1957年以前的公私合营工业，后均改造为国营工业，1992年改为国有工业，这部分工业的资料不单独分列时，均包括在国有企业内。国有控股企业是对混合所有制经济的企业进行的“国有控股”分类。它是指这些企业的全部资产中国有资产(股份)相对其他所有者中的任何一个所有者占资(股)最多的企业。该分组反映了国有经济控股情况。

集体企业　指企业资产归集体所有，并按《中华人民共和国企业法人登记管理条例》规定登记注册的经济组织。是社会主义公有制经济的组成部分。包括城乡所有使用集体投资举办的企业，以及部分个人通过集资自愿放弃所有权并依法经工商行政管理机关认定集体所有制的企业。

股份有限公司　指根据《中华人民共和国法人登记管理条件》规定登记注册，其全部注册资本由等额股份构成并通过发行股票筹集资本，股东以其认购的股份对公司承担有限责任，公司以其全部资产对其债务承担责任的经济组织。

港、澳、台商投资企业　指企业注册登记类型中的港、澳、台资合资、合作、独资经营企业家和股份有限公司之和。

外商投资企业　指企业注册登记类型中的中外合资、合作经营企业、外资企业和外商投资股份有限公司之和。

轻工业　指主要提供生活消费品和制作手工工具的工业。按其所使用的原料不同，可分为两大类：(1)以农产品为原料的轻工业，是指直接或间接以农产品为基本原料的轻工业。主要包括食品制造、饮料制造、烟草加工、纺织、缝纫、皮革和毛皮制作、造纸以及印刷等工业；(2)以非农产品为原料的轻工业，是指以工业产品为原料的轻工业。主要包括文教体育用品、化学药品制造、合成纤维制造、日用化学制品、日用玻璃品、日用金属品、手工工具制造、医疗器械制造、文化和办公用机械等工业。

重工业　是指为国民经济各部门提供物质技术基础的主要生产资料的工业。按其生产性质和产品用途，可以分为下列三类：(1)采掘工业，是指对自然资源的开采，包括石油开采、煤炭开采、金属矿开采、非金属矿开采和木材采伐等工业;(2)原材料工业,指向国民经济各部门提供基本材料、动力和燃料的工业。包括金属冶炼及加工、炼焦及焦炭、化学、化工原料、水泥、人造板以及电力、石油和煤炭加工等工业;(3)加工工业,是指对工业原材料进行再加工制造的工业。包括装备国民经济各部门的机械设备制造工业、金属结构、水泥制品等工业,以及为农业提供的生产资料如化肥、农药等工业。

根据上述划分原则,修理业中重工业产品为修理作业对象的划为重工业,反之划为轻工业。

从 2003 年起,轻、重工业内部不再细划分。

工业总产值 是以货币表现的工业企业在一定时期内生产的已出售或可供出售工业产品总量,它反映一定时间内工业生产的总规模和总水平。它包括:在本企业内不再进行加工,经检验、包装入库(规定不需包装的产品除外)的成品价值,对外加工费收入,自制半成品、在产品期末初差额价值。工业总产值采用"工厂法"计算,即以工业企业作为一个整体,按企业工业生产活动的最终成果来计算,企业内部不允许重复计算,不能把企业内部各个车间(分厂)生产的成果相加。但在企业之间、行业之间、地区之间存在着重复计算。

轻重工业总产值的划分也是按"工厂法"计算的,即一个工业企业在正常情况下生产的主要产品的性质属于轻工业,则该企业为国家资本、集体资本、法人资本、个人资本、港澳台资本和外商资本等。

资产合计 指企业拥有或控制的能以货币计量的经济资源。包括各种财产、债权和其他权利。资产按其流动性划分为流动资产、长期投资、固定资产、无形及递延资产和其他资产。

(1)流动资产 指企业可以在一年内或者超过一年的一个生产周期内变现或耗用的资产合计。包括现金及各种存款、短期投资、应收及预付款项、存货等。

(2)固定资产 指企业固定资产净值、固定资产清理、在建工程、待处理固定资产损失所占用的资金合计。

(3)无形资产 指企业长期使用而没有实物形态的资产。包括专利权、非专利权、商标权、著作权、土地使用权、商誉等。

负债合计 指企业承担的能以货币计量,将以资产或劳务偿付的债务。负债一般按偿还期长短分为流动负债和长期负债、递延税项等。

(1)流动负债 指企业在上年内或者一年的一个营业周期内需要偿还的债务合计,其中包括短期借款、应付及预收款项、应付工资、应交税金和应交利润等。

(2)长期负债 指企业在一年以上或者超过一年的一个营业周期上需要偿还的债务合计,其中包括长期借款、应付债务、长期应付款项等。

所有者权益 指企业投资人对净资产的所有权。企业净资产等于企业全部资产减去全部负债后的余额,其中包括投资者对企业的最初投入,以及资本公积金、盈余公积金和未分配利润,股份制企业即为股东权益。

固定资产原价 指企业在建造、购置、安装、改建、扩建、技术改造某项固定资产时所支出的全部货币总额。它一般包括买价、包装费、运杂费和安装费等。

固定资产净值 指企业销售产品和提供劳务等主要经营业务取得的业务总额。

流动资产 是指可以在一年或者超过一年的一个营业周期内变现或者耗用的资产,包括现金及各种存款、短期投资、应收及预付货款、存货等。

主营业务收入 指企业销售产品和提供劳务等主要经营业务取得的业务总额。

主营业务成本 指企业销售产品和提供劳务等主要经营业务的实际成本。

主营业务税金及附加 指企业销售产品和提供工业性劳务等主要经营业务应负担的城市维护建设税、消费税、资源税和教育费附加。

利润总额 指企业在生产过程中各种收入扣除各种耗费后的盈余,反映企业在报告期内实现的亏盈总额,包括营业利润、补贴收入、投资净收益和营业外收支净额。

应交增值税 指企业按税法规定，从事货物销售或提供加工、修理修配劳务等增加货物价值的活动报告期应交纳的增值税额。计算公式为：

应交增值税 = 销项税额 −（进项税额 − 进项和额转出）− 出口抵减内销产品应纳税额 − 减免税款 + 出口退税

总资产贡献率 反映企业全部资产的获利能力，是企业经营业绩和管理水平的集中体现，是评价和考核企业盈利能力的核心指标。计算公式为：

总资产贡献率（%）=（利润总额 + 税金总额 + 利息支出）/ 平均资产总额 × 100%

资产负债率 该指标既反映企业经营风险的大小，也反映企业利用债权人提供的资金从事经营活动的能力。计算公式为：

资产负债率（%）= 负债总额 / 资产总额 × 100%

工业成本费用利润率 指在一定时期内实现的利润与成本费用之比，是反映工业生产成本及费用投入的经济效益指标，同时也是反映企业降低成本所取得的经济效益的指标。计算公式为：

工业成本费用利润率（%）= 利润总额 / 成本费用总额 × 100%

工业增加值率 指在一定时期内工业增加值占同期工业总产值的比重，反映降低中间消耗的经济效益。计算公式为：

工业增加值率（%）= 工业增加值（现价）/ 工业总产值（现价）× 100%

流动资产周转率 指在一定时期内流动资产完成的周转次数，反映流动资产的周转速度。计算公式为：

$$流动资产周转率 = 主营业务收入 / 全部流动资产平均余额 \times \frac{12}{累计月数}$$

产品销售率 指报告期工业销售产值与同期工业总产值之比，是反映工产品已实现销售程度，分析工业产销衔接情况，研究工业产品满足社会需求程度的指标。计算公式为：

产品销售率（%）= 工业销售产值 / 工业总产值 × 100%

全员劳动生产率 指根据产品的价值量指标计算的平均每一个从业人员在单位时间内的产品生产量，是考核企业经济活动的重要指标，是企业生产技术水平，经营管理的水平、职工抚摩熟练程度和劳动积极性的综合表现。目前我国的全员劳动生产率是将工业企业的工业增加值除以同一时期全部从业人员的平均人数来计算的。计算公式为：

$$全员劳动生产率 = 工业增加值 / 全部从业人员平均数 \times \frac{12}{累计月数}$$

建筑业

忻州统计年鉴

XIN ZHOU STATISTICAL YEARBOOK

215~236

资料整理人员

王小龙　杨　婷

9-1 建筑施工企业主要经济指标

指　　标	2008	2009	2010	2011
施工企业个数（个）	112.0	112.0	110	105
计算劳动生产率平均人数（人）	45283.0	38817.0	36339	31810
期末从业人数（人）	36376.0	32616.0	30979	28902
固定资产原价（万元）	125804.6	110460.3	118474	149076
固定资产合计（万元）	91769.3	89504.5	92904	108067
自有机械设备总台数（台）	23315.0	15635.0	13437	14172
自有机械设备净值（万元）	44428.2	36333.7	32312	48159
自有机械设备总功率（千瓦）	231945.0	143979.0	161051	196074
建筑业总产值　（万元）	349364.0	389750.9	410104	440248
竣工产值（万元）	282371.6	320496.3	292856	322999
固定资产折旧（万元）	36867.2	33993.9	37897	47985
施工面积　（万平方米）	277.7	269.1	231	323
竣工面积（万平方米）	189.1	184.8	181	168
营业利润　（万元）	9116.6	13454.3	15971	13260
管理费用　（万元）	14733.3	13266.9	13823	16409
利润总额　（万元）	9273.4	12964.3	15270	13166
上缴税金　（万元）	15216.0	18500.1	18323	19643
按施工产值计算的全员劳动生产率（元/人）	77151.0	100407.3	112855	138399
实收资本金（万元）	107615.3	108447.1	115703	148128
资产总计（万元）	270076.6	256919.3	280234	416569
负债合计（万元）	114466.4	93674.4	98022	207670
所有者权益合计（万元）	155610.2	163244.9	182212	208899
竣工率（按产值计算）（%）	80.8	82.2	71	73
技术装备率（元/人）	12214.0	11139.8	10430	15140
动力装备率（千瓦/人）	6.4	4.4	5	6
资产负债率（%）	42.4	36.5	35	50
产值利润率（%）	2.7	3.3	5	3

9-2 建筑业企业总产值和竣工产值（2011年）

指　　标	建筑业总产值	#建筑工程	#安装工程	竣工产值
总　　计	440248	391797	32078	322999
国有及国有控股	128372	121000	5233	86601
按登记注册类型分组				
内资企业	440165	391713	32078	322916
国有企业	122950	115578	5233	81180
集体企业	65349	61913	2770	37770
股份合作企业	2890	2890		2890
联营企业				
有限责任公司	51688	37926	9737	33650
国有独资公司				
其他有限责任公司	51688	37926	9737	33650
股份有限公司	17048	14009	3039	9505
私营企业	179389	159398	10449	157071
私营独资企业	2983	2460	440	2400
私营合伙企业	2482	2482		2562
私营有限责任公司	167249	147910	10009	145434
私营股份有限公司	6675	6546		6675
其他企业	851		851	851

9-2 续表

单位:万元

指 标	建筑业总产值	#建筑工程	#安装工程	竣工产值
港、澳、台商投资企业				
外商投资企业	84	84		84
按国民经济行业分组				
房屋和土木工程建筑业	413898	368210	30015	309128
房屋工程建筑	261093	231203	24577	203949
土木工程建筑	152805	137007	5438	105178
建筑安装业	18248	15596	2044	6739
建筑装饰业	844	732	19	241
其他建筑业	7259	7259		6892
按隶属关系分组				
中 央	15232	15232		15232
省	6989	6989		6989
地 区	97646	87412	8972	38987
县	95018	82569	9535	72725
按企业资质等级分组				
施工总承包	406612	362911	29618	311718
专业承包	33637	28886	2460	11281

9-3 按主要用途分的房屋

指　　标	总　计	#厂房、仓库	#住　宅	#办公用房	#批发和零售用　房
总　　计	1684981	38351	1233975	208279	16691
#国有及国有控股	582955		487645	22238	7100
按登记注册类型分组					
内资企业	1684981	38351	1233975	208279	16691
国有企业	582955		487645	22238	7100
集体企业	329427	6000	299287	9035	
股份合作企业	16424		16424		
联营企业					
有限责任公司	218670	24645	45298	119887	
国有独资公司					
其他有限责任公司	218670	24645	45298	119887	
股份有限公司	52460		31980	20480	
私营企业	485045	7706	353341	36639	9591
私营独资企业	19000		12400	2000	4600
私营合伙企业	12810		12810		
私营有限责任公司	453235	7706	328131	34639	4991
私营股份有限公司					
其他企业					
港、澳、台商投资企业					
外商投资企业					
按国民经济行业分组					
房屋和土木工程建筑业	1643216	38351	1230675	200261	16691
房屋工程建筑	1546779	38351	1134238	200261	16691
土木工程建筑	96437		96437		
建筑安装业	41765		3300	8018	
建筑装饰业					
其他建筑业					
按隶属关系分组					
中　央					
省					
地　区	357205	24645	240702	50675	
县	566063		437744	52485	7100
按企业资质等级分组					
施工总承包	1681123	38351	1233975	208279	16691
专业承包	3858				

建筑竣工面积（2011年）

单位：平方米

#住宿和餐饮用　房	#教育用房	#文化、体育和娱乐用房	#卫生医疗用　房	#其他用房
975	125766		7481	31898
	37932			28040
975	125766		7481	31898
	37932			28040
	14819			
	22499		6341	
	22499		6341	
975	50516		1140	3858
975	50516		1140	3858
975	104088		7481	31898
975	104088		7481	31898
	21678			
	18183			23000
	57067		6341	5040
975	125766		7481	28040
				3858

9-4 按主要用途分的

指 标	总 计	#厂房、仓库	#住 宅	#办公用房	#批发和零售用 房	#住宿和餐饮用 房
总 计	175015	3407	126227	23040	1780	88
#国有及国有控股	53207		44063	2759	575	
按登记注册类型分组						
内资企业	175015	3407	126227	23040	1780	88
国有企业	53207		44063	2759	575	
集体企业	33969	595	30944	810		
股份合作企业	1890		1890			
联营企业						
有限责任公司	23858	1956	5020	13052		
国有独资公司						
其他有限责任公司	23858	1956	5020	13052		
股份有限公司	4090		2493	1597		
私营企业	58000	857	41817	4822	1205	88
私营独资企业	1428		448	400	580	
私营合伙企业	2562		2562			
私营有限责任公司	54010	857	38807	4422	625	88
私营股份有限公司						
其他企业						
港、澳、台商投资企业						
外商投资企业						
按国民经济行业分组						
房屋和土木工程建筑业	170454	3407	125867	22306	1780	88
房屋工程建筑	160236	3407	115648	22306	1780	88
木工程建筑	10219		10219			
建筑安装业	4560		360	734		
建筑装饰业						
其他建筑业						
按隶属关系分组						
中 央						
省						
地 区	30184	1956	19729	5742		
县	58288		43430	5779	575	
按企业资质等级分组						
施工总承包	173664	3407	126227	23040	1780	88
专业承包	1350					

房屋建筑竣工价值（2011年）

单位：万元

#教育用房	#文化、体育和娱乐用房	#卫生医疗用房	#其他用房
14626		826	2791
4370			1441
14626		826	2791
4370			1441
1588			
3142		689	
3142		689	
5527		137	1350
5527		137	1350
12026		826	2791
12026		826	2791
2599			
2599			158
6500		689	1283
14626		826	1441
			1350

9-5 建筑业企业房屋建筑面积（2011年）

单位：平方米

指　标	房屋建筑施工面积	#本年新开工面积	#投标承包的面积
总　计	3226223	2405873	2821580
#国有及国有控股	830850	762806	828850
按登记注册类型分组			
内资企业	3226223	2405873	2821580
国有企业	830850	762806	828850
集体企业	587888	444029	495211
股份合作企业	26424	26424	
联营企业			
有限责任公司	340972	192599	236222
国有独资公司			
其他有限责任公司	340972	192599	236222
股份有限公司	132920	100360	132920
私营企业	1307169	879655	1128377
私营独资企业	25300	19800	11800
私营合伙企业	12810	12810	12810
私营有限责任公司	1269059	847045	1103767
私营股份有限公司			
其他企业			

9-5 续表

单位: 平方米

指　标	房屋建筑施工面积	#本年新开工面积	#投标承包的面积
港、澳、台商投资企业			
外商投资企业			
按国民经济行业分组			
房屋和土木工程建筑业	3074798	2351940	2685028
房屋工程建筑	2870283	2198501	2490513
土木工程建筑	204515	153439	194515
建筑安装业	151425	53933	136552
建筑装饰业			
其他建筑业			
按隶属关系分组			
中　央			
省			
地　区	605370	565392	561665
县	775334	646647	624853
按企业资质等级分组			
施工总承包	3222365	2402015	2821580
专业承包	3858	3858	

9-6 建筑业企业机械设备情况（2011年）

指　　标	自有机械设备净值（万元）	自有机械设备年末总台数（台）	自有机械设备年末总功率（千瓦）
总　计	481590	14172	196074
国有及国有控股	119045	3621	55185
按登记注册类型分组			
内资企业	481590	14172	196074
国有企业	78569	3494	53596
集体企业	35007	3024	37005
股份合作企业	3518	5	281
联营企业			
有限责任公司	80451	1698	33897
国有独资公司			
其他有限责任公司	80451	1698	33897
股份有限公司	16097	270	8160
私营企业	267948	5681	63135
私营独资企业	15677	306	2415
私营合伙企业			
私营有限责任公司	252271	5375	60720
私营股份有限公司			
其他企业			
港、澳、台商投资企业			
外商投资企业			
按国民经济行业分组			
房屋和土木工程建筑业	454945	13279	188718
房屋工程建筑	245438	11509	147729
土木工程建筑	209507	1770	40989
建筑安装业	17481	872	6278
建筑装饰业	400	3	128
其他建筑业	8764	18	950
按隶属关系分组			
中央			
省	54016	248	2754
地区	31534	1418	19850
县	94965	5103	94129
按企业资质等级分组			
施工总承包	467861	13688	190878
专业承包	13729	484	5196

9-7 建筑业企业劳动生产率（2011年）

指　标	企业个数（个）	计算劳动生产率的平均人数（人）	按总产值计算的劳动生产率（元/人）	人均竣工产值（元/人）	年末从业人员（人）
总　计	113	31810	138399	101540	28902
#国有及国有控股	22	9755	131596	88776	8936
按登记注册类型分组					
内资企业	112	31795	138438	101562	28885
国有企业	20	8835	139163	91884	8010
集体企业	16	5111	127860	73899	4320
股份合作企业	1	210	137619	137619	316
联营企业					
有限责任公司	20	3668	140916	91739	3853
国有独资公司					
其他有限责任公司	20	3668	140916	91739	3853
股份有限公司	9	1220	139738	77906	675
私营企业	45	12634	141989	124324	11520
私营独资企业	4	505	59069	47525	540
私营合伙企业	1	330	75209	77633	330
私营有限责任公司	38	11597	144217	125407	10447
私营股份有限公司	2	202	330450	330450	203
其他企业	1	117	72692	72692	191
港、澳、台商投资企业					
外商投资企业	1	15	55667	55667	17
按国民经济行业分组					
房屋和土木工程建筑业	89	29761	139074	103870	27225
房屋工程建筑	56	22467	116212	90777	20365
土木工程建筑	33	7294	209493	144198	6860
建筑安装业	10	1624	112365	41496	1229
建筑装饰业	9	115	73357	20913	128
其他建筑业	5	310	234155	222332	320
按隶属关系分组					
中央	1	310	491348	491348	312
省	3	1553	45002	45002	1559
地区	20	5191	188106	75105	4972
县	25	8461	112301	85953	7648
按企业资质等级分组					
施工总承包	83	29745	136699	104797	26846
专业承包	30	2065	162890	54630	2056

9-8 建筑业企业资

指标	实收资本	资产总计	流动资产合计	固定资产合计
总计	148128	416569	295980	108067
国有及国有控股	31964	110777	80718	28989
按登记注册类型分组				
内资企业	148062	416420	295839	108059
国有企业	30164	104009	78284	24655
集体企业	19217	41783	26561	13291
股份合作企业	1286	2869	2031	838
联营企业				
有限责任公司	20888	73556	53969	14571
国有独资公司				
其他有限责任公司	20888	73556	53969	14571
股份有限公司	13356	30045	18440	9087
私营企业	62153	163015	115650	45378
私营独资企业	2619	3966	1823	2144
私营合伙企业	700	2273	1757	483
私营有限责任公司	55632	137064	97334	37866
私营股份有限公司	3202	19712	14736	4886
其他企业	1000	1144	905	239
港、澳、台商投资企业				
外商投资企业	65	149	141	8
按国民经济行业分组				
房屋和土木工程建筑业	137663	369968	257113	100952
房屋工程建筑	79652	208471	146551	55687
土木工程建筑	58011	161497	110562	45266
建筑安装业	6021	30744	27611	2906
建筑装饰业	740	1816	1418	306
其他建筑业	3703	14041	9838	3902
按隶属关系分组				
中央	4695	11162	8969	2193
省	2800	14687	7813	6874
地区	33171	130633	101425	21044
县	25515	60813	42774	17142
按企业资质等级分组				
施工总承包	132335	371588	265045	95243
专业承包	15793	44981	30935	12824

本金及资产（2011年）

单位: 万元

固定资产原价合计	固定资产折旧	#本年折旧
149076	47985	5795
40559	14221	1417
149053	47970	5793
35115	13090	1075
17388	5167	944
1021	183	21
17506	4741	802
17506	4741	802
10017	1468	198
67687	23241	2739
2871	771	96
483	72	25
55918	18751	2171
8416	3647	448
319	80	13
23	15	2
139161	44198	5205
76690	25671	2697
62471	18527	2509
3998	1143	221
277	116	27
5640	2528	341
3438	1245	247
8614	1761	344
25956	6388	1260
25057	10301	816
131460	41996	5062
17616	5989	732

9-9 建筑业企业负债及所有者权益(2011年)

单位:万元

指标	负债合计	流动负债	长期负债	所有者权益合计
总计	207670	206338	1333	208899
#国有及国有控股	65488	65488		45289
按登记注册类型分组				
内资企业	207588	206255	1333	208833
国有企业	60520	60520		43489
集体企业	18472	18433	39	23311
股份合作企业	1583	1583		1286
联营企业				
有限责任公司	47140	46997	142	26416
国有独资公司				
其他有限责任公司	47140	46997	142	26416
股份有限公司	6093	6093		23952
私营企业	73644	72493	1152	89371
私营独资企业	824	824		3142
私营合伙企业	1573	1141	432	700
私营有限责任公司	60406	59686	720	76658
私营股份有限公司	10842	10842		8871
其他企业	135	135		1009
港、澳、台商投资企业				
外商投资企业	83	83		66
按国民经济行业分组				
房屋和土木工程建筑业	174414	173094	1320	195554
房屋工程建筑	94092	93207	885	114379
土木工程建筑	80322	79887	435	81175
建筑安装业	23471	23459	12	7273
建筑装饰业	500	500		1316
其他建筑业	9285	9285		4756
按隶属关系分组				
中央	6223	6223		4939
省	10472	10472		4215
地区	78798	78795	3	51835
县	26015	25973	41	34798
按企业资质等级分组				
施工总承包	184660	183337	1323	186927
专业承包	23010	23000	9	21971

9-10 建筑业企业工程结算收入（2011年）

单位: 万元

指 标	工程结算收 入	#工程结算成本	#工程结算税金及附加	#工程结算利润
总 计	447938	393424	15279	13261
#国有及国有控股	138169	124218	5062	1731
按登记注册类型分组				
内资企业	447851	393351	15276	13261
国有企业	132747	119092	4912	1790
集体企业	62397	55688	2641	817
股份合作企业	2890	2630	91	38
联营企业				
有限责任公司	54644	48197	1670	1336
国有独资公司				
其他有限责任公司	54644	48197	1670	1336
股份有限公司	18288	15572	778	874
私营企业	176035	151369	5138	8406
私营独资企业	2823	2281	109	265
私营合伙企业	2482	2029	114	256
私营有限责任公司	164055	142246	4853	6972
私营股份有限公司	6675	4812	63	913
其他企业	851	804	46	
港、澳、台商投资企业				
外商投资企业	87	73	3	
按国民经济行业分组				
房屋和土木工程建筑业	420756	371255	14186	11800
房屋工程建筑	255364	225297	8634	7961
土木工程建筑	165392	145957	5552	3839
建筑安装业	18568	15003	868	963
建筑装饰业	838	682	32	51
其他建筑业	7776	6484	193	446
按隶属关系分组				
中 央	15003	12958	653	117
省	6989	6078	155	-55
地 区	111915	99288	4190	2332
县	92831	83235	3459	1682
按企业资质等级分组				
施工总承包	403936	354399	13869	12062
专业承包	44002	39024	1410	1199

9-11 建筑业企业费用情况（2011年）

单位:万元

指　　标	管理费用	#差旅费	#工会经费	财务费用
总　　计	16409	814	313	2262
国有及国有控股	4664	132	93	313
按登记注册类型分组				
内资企业	16397	804	313	2262
国有企业	4493	129	93	311
集体企业	2835	133	25	176
股份合作企业	119	3		12
联营企业				
有限责任公司	2692	177	50	275
国有独资公司				
其他有限责任公司	2692	177	50	275
股份有限公司	663	72	5	143
私营企业	5595	291	141	1346
私营独资企业	137	51	3	14
私营合伙企业	57	4		4
私营有限责任公司	5111	218	137	851
私营股份有限公司	289	18		477
其他企业				
港、澳、台商投资企业				
外商投资企业	12	10		
按国民经济行业分组				
房屋和土木工程建筑业	14758	660	282	2049
房屋工程建筑	7982	386	268	1211
土木工程建筑	6776	274	14	839
建筑安装业	1111	74	26	202
建筑装饰业	61	14	1	2
其他建筑业	478	66	5	9
按隶属关系分组				
中　央	423	12		3
省	768	13		10
地　区	5315	293	83	399
县	2972	123	74	260
按企业资质等级分组				
施工总承包	14685	686	304	2094
专业承包	1724	128	9	169

9-12 建筑业企业工资和福利费情况(2011年)

单位: 万元

指　标	本年应付工资总额
总　计	66641
#国有及国有控股	23115
按登记注册类型分组	
内资企业	66601
国有企业	21022
集体企业	9460
股份合作企业	400
联营企业	
有限责任公司	7733
国有独资公司	
其他有限责任公司	7733
股份有限公司	2934
私营企业	24692
私营独资企业	621
私营合伙企业	393
私营有限责任公司	23223
私营股份有限公司	456
其他企业	361
港、澳、台商投资企业	
外商投资企业	40
按国民经济行业分组	
房屋和土木工程建筑业	61610
房屋工程建筑	45490
土木工程建筑	16120
建筑安装业	4152
建筑装饰业	247
其他建筑业	632
按隶属关系分组	
中　央	1093
省	2853
地　区	14909
县	15280
按企业资质等级分组	
施工总承包	62052
专业承包	4589

9-13 建筑业企业利润

指标	利润总额	税金总额	工程结算税金及附加
总计	13166	19643	15279
#国有及国有控股	1733	5959	5062
按登记注册类型分组			
内资企业	13166	19639	15276
国有企业	1792	5775	4912
集体企业	888	3124	2641
股份合作企业	38	104	91
联营企业			
集体联营企业			
其他联营企业			
有限责任公司	1354	2254	1670
国有独资公司			
其他有限责任公司	1354	2254	1670
股份有限公司	874	1076	778
私营企业	8221	7261	5138
私营独资企业	265	219	109
私营合伙企业	256	121	114
私营有限责任公司	6794	6614	4853
私营股份有限公司	906	308	63
其他企业		46	46
港、澳、台商投资企业			
外商投资企业		4	3
按国民经济行业分组			
房屋和土木工程建筑业	11706	17877	14186
房屋工程建筑	7875	10939	8634
土木工程建筑	3830	6938	5552
建筑安装业	963	1303	868
建筑装饰业	51	52	32
其他建筑业	446	411	193
按隶属关系分组			
中央	119	780	653
省	-56	235	155
地区	2330	4967	4190
县	1759	4102	3459
按企业资质等级分组			
施工总承包	11970	17837	13869
专业承包	1197	1806	1410

及税金情况（2011年）

单位:万元

“管理费用中的税金”	营业利润	其他业务利润
1101	13261	12286
220	1731	31
1100	13261	12286
186	1790	31
88	817	25
1	38	
73	1336	10890
73	1336	10890
109	874	27
643	8406	1313
54	265	
5	256	
387	6972	1087
197	913	226
1		
788	11800	12259
392	7961	284
395	3839	11975
169	963	
7	51	
138	446	27
42	117	
79	-55	
196	2332	10911
102	1682	57
931	12062	12251
169	1199	35

主要统计指标解释

建筑业总产值 建筑业总产值是以货币表现的建筑业企业在一定时期内生产的建筑业产品和服务的总和。建筑业总产值包括建筑工程产值、安装工程产值和其他产值三部分内容。

竣工产值 一般是以单位工程为对象,当该工程按照设计所规定的工程内容全部完成,达到了设计规定的交工条件,经有关部门检查验收鉴定合格的单位工程价值,即为竣工产值。竣工产值包括范围应是报告期内竣工单位工程从开工到竣工的全部自行完成的价值,如果一个单位工程跨两个年度施工,其竣工价值应当包括上年度完成的价值。有些大型单位工程,如大型厂房、高级宾馆、各种管道、公路、铁路等,能够分跨、分层、分段施工并按合同规定,能够分开交付使用的,可以分开计算竣工产值。竣工产值不包括附属辅助企业或内部核算的其他单位为外单位生产和服务的价值。

房屋建筑施工面积 指报告期内施过工的全部房屋建筑面积,它包括本期新开工的面积、上期跨入本期继续施工的房屋面积、上期停缓建在本期恢复施工的房屋面积、本期竣工的房屋面积以及本期施工工后又停缓建的房屋面积。

房屋建筑施工面积 指在报告期内房屋建筑按照设计要求已全部完工,达到了使用条件,经检查验收鉴定合格的房屋建筑面积。

竣工房屋价值 指在报告期内按规定已经上报竣工的房屋本身的建造价值。一般按房屋设计和预算规定的内容计算。可按“竣工结算价”或“中标价”填报。

工程结算收入 指本企业承包工程实现的工程价款结算收入以及向发包单位收取的除工程价款以外按规定列作营业收入的各种款项,如临时设施费、劳动保险费、施工机构调迁费等以及向发包单位收取的各种索赔款。

工程结算利润 指已结算工程实现的利润。其计算公式为:

工程结算利润 = 工程结算收入 - 工程结算成本 - 经营费用 - 工程结算税金及附加

利润总额 指企业在工程施工生产过程中,取得工程价款收入、机械作业收入等,扣除投入的成本及其他一系列费用,再加减非经营性质的收支及投资收益,即煤炭工业部施工企业全年实现的利润总额(或亏损总额)。亏损以“-”表示。

营业利润 指企业生产经营活动所实现的利润。分为主营业务利润和其他利润。

营业利润 = 工程结算利润 + 其他业务利润 - 管理费用 - 财务费用

资产 是企业拥有或控制的能以货币计量的经济资源,包括各种财产、债权和其他权利。建筑业企业家的资产按其流动性分为:流动资产、长期投资、固定资产、无形资产、递延资产和其他资产。即:

资产总计 = 流动资产 + 长期投资 + 固定资产 + 无形资产 + 递延资产 + 其他资产

负债 是企业所承担的能以货币计量、将以资产或劳务偿会的债务。负债一般按其偿还期长短分为流动负债和长期负债。

所有者权益 是企业投资人对企业净资产的所有权,企业净资产等于企业全部资产减去全部负债后的余额。其中包括实收资本、资本公积、盈余公积和未分配利润四部分。

经营费用 指企业从事施工生产活动过程中发生和各项费用。包括应由企业负担的运输费、装卸费、包装费、保险费、维修费、展览费、差旅费、广告费和其他经费。

劳动、失业保险费 指企业向社会保障部门和保险公司为本单位职工支付的劳动保险、失业保险的费用。

交通运输、邮电通讯业

忻州统计年鉴

XIN ZHOU STATISTICAL YEARBOOK

资料整理人员

康晓东

10-1 主要年份运输线路长度

单位: 公里

年 份	公路线路里程	#晴雨通车里程
1952	249	
1957	712	
1962	892	247
1965	893	326
1970	1154	394
1975	1357	1069
1978	1362	1076
1980	3766	876
1985	4038	1624
1990	4323	1884
1995	4661	2259
2000	8091	4129
2001	8621	4287
2002	9093	4473
2003	9763	4730
2004	10332	4021
2005	10540	4473
2006	15580	6816
2007	15817	7993
2008	15875	13913
2009	16168	15764
2010	16650	15969
2011	16892	16574

注:2005年以后的公路线路里程和晴雨通车里程包括村道里程数。

10-2 主要年份公路货运量

单位：万吨

年 份	合 计	公 路	
			#汽 车
1952	28	28	
1957	91	91	
1962	86	86	
1965	141	141	
1970	261	261	
1975	379	379	
1978	508	508	
1980	462	462	
1985	904	904	
1990	2087	2087	1679
1995	2666	2666	2195
2000	4309	4309	3475
2001	4582	4582	3625
2002	4924	4924	3879
2003	5232	5232	4229
2004	5249	5249	4372
2005	5632	5632	5632
2006	5644	5644	5644
2007	5713	5713	5713
2008	5932	5932	5932
2009	4129	4129	4129
2010	5070	5070	5070
2011	5587	5587	5587

注:汽车货运量2000年以前为交通系统内的口径，2000年及以后为全社会的口径。

10-3 主要年份公路货物周转量

单位: 万吨公里

年份	合计	公路	#汽车
1952	549	549	
1957	1517	1517	
1962	1632	1632	
1965	2380	2380	
1970	3865	3865	
1975	7761	7761	
1978	10414	10414	
1980	9316	9316	
1985	35789	35789	
1990	91663	91663	81806
1995	120776	120776	109721
2000	179449	179449	159614
2001	197171	197171	173247
2002	273402	273402	208192
2003	289349	289349	258218
2004	324537	324537	280205
2005	376059	376059	376059
2006	378073	378073	378073
2007	400015	400015	400015
2008	420165	420165	420165
2009	1027406	1027406	1027406
2010	1180787	1180787	1180787
2011	1255483	1255483	1255483

注：汽车货物周转量2000年以前数据为交通系统内的口径，2000年及以后为全社会的口径。

10-4 主要年份公路旅客运输量和周转量

年份	客运量 (万人)	旅客周转量 (万人公里)
1952	2	98
1957	39	2274
1962	70	4563
1965	100	4665
1970	187	5436
1975	227	10688
1978	326	13768
1980	390	16949
1985	623	33530
1990	1199	65914
1995	1435	88751
2000	2176	123704
2001	2282	131390
2002	2620	163599
2003	2757	182269
2004	2820	225459
2005	3000	207121
2006	3130	224502
2007	3173	229980
2008	3174	239796
2009	1392	92761
2010	1430	107543
2011	1443	109816

10-5 2006-2011年全社会公路客货运输量

指标名称	单位	2006	2007	2008	2009	2010	2010
公路通车里程	公里	15580	15817	15875	16168	16650	16892
公路等级里程	公里	12370	13133	13609	15213	15969	16222
其中：高速	公里	108	111	111	112	389	466
一级	公里	6	6	6	11	11	12
二级	公里	1536	1534	1561	1654	1682	1734
三级	公里	1527	1619	1645	1617	1652	1739
四级	公里	9193	9863	10286	11819	12235	12271
公路等外里程	公里	3210	2684	2266	955	681	670
公路路面里程中高级、次高级路面里程	公里	6816	7993	9118	11921	12648	13998
公路桥梁	米/座	49524/1283	52869/1386	54085/1411	54664/1390	99175/1674	111951/1723
其中：大桥	米/座	19630/89	9111/52	20919/98	21784/102	57407/245	69945/288
中桥	米/座	15094/271	13273/235	15941/279	16020/274	21080/338	21241/341

10-6 全社会公路分货类运输量（2011年）

指　标	货运量（万吨）	货物周转量（万吨公里）
合　计	5586.7	1255484
煤炭及制品	3324.4	745101
石油天然气及制品	201.1	47760
金属矿石	80	20200
钢　铁	310	64800
矿建材料	430	84396
水　泥	198	47520
木　材	106	25400
非金属矿石	20	5800
化肥及农药	187	44880
盐	223	53520
粮　食	254	51360
机械、设备、电器	50	12000
化工原料及制品	9	2160
有色金属	2	480
轻工、医药产品	40	9600
农林牧渔业产品	21	5040
其　他	131.2	35467

10-7 主要年份民用汽车拥有量

单位: 辆

年份	民用汽车总数	#载货汽车	#载客汽车	#私人汽车	#载货	#载客
1952	10	10				
1957	133	128	5			
1962	334	290	44			
1965	430	337	93			
1970	821	648	173			
1975	2329	1606	723			
1978	3431	2415	1016			
1980	4528	3261	1267			
1985	11556	7579	3977			
1990	14086	10958	3128			
1995	18816	12269	6095			
2000	32682	19642	13040			
2001	36195	21595	14600			
2002	35836	20416	15420	18200	8273	9927
2003	35150	17803	17347	18986	7909	11077
2004	46161	22337	23824	25774	9849	15925
2005	55397	24042	31355	33562	11504	22058
2006	65606	24977	40629	42679	12659	30020
2007	78556	27188	51368	53085	13964	39391
2008	96839	31864	64975	67510	16559	50951
2009	121342	39157	82185	87291	20116	67175
2010	180612	49233	103946	138092	25015	87118
2011	208050	54277	128798	161807	28103	110278

注:民用汽车总数和私人汽车数都不包括三轮汽车和低速货车。

10-8 民用汽车拥有量（2011年）

编制单位：忻州

指标名称	代码	总计	营运	非营运	个人
一、民用汽车	02	208050	62675	145375	161807
1.载客汽车	03	128798	5372	123426	110278
其中：大型	04	1693	1358	335	158
中型	05	1947	1219	728	653
小型	06	114852	2785	112067	100053
微型	07	10306	10	10296	9414
其中：轿车		77998	2668	75330	68648
2.载货汽车	09	54277	41769	12508	28103
其中：重型	10	26719	26511	208	7158
中型	11	4545	4376	169	2526
轻型	12	22738	10781	11957	18187
微型	13	275	101	174	232
其中：普通载货		27044	15576	11468	18331
3.其他汽车		24975	15534	9441	23426
其中：三轮汽车		11928	8071	3857	11905
低速货车		11686	7207	4479	11060
二、摩托车	21	43219	837	42382	42986
1.普通	22	42071	834	41237	41840
2.轻便	23	1148	3	1145	1146
三、拖拉机（农机部门数据）	24	34948			
1.大中型（农机部门数据）	25	7635			
2.小型方向盘式（农机部门数据）	26	27313			
四、挂车	27	15408	15313	95	4799
五、其它类型车	28	5	4	1	
补充资料：机动车驾驶员（人）	29	386989			
其中：汽车驾驶员（人）	30	378692			

10-9 邮电业务总量

指　标	计量单位	2010	2011
邮电业务总量	万元	603985	1108297
函件	万件	232	167
包件	万件	10	6
汇票	万笔	46	48
机要邮件	万件	1	1
特快专递	万件	17	22
集邮邮票	万枚	59	632
邮政储蓄年末余额	亿元	69	89
订销报纸期发数	万份	16	18
订销报纸累计数	万份	3882	4372
订销杂志期发数	万份	8	9
订销杂志累计数	万份	160	325
报刊流转额	万元	12048	7591
宽带用户	万户	30.1	36.8
移动电话总户	万户	183.5	222.3

10-10 2003-2011年主要年份邮电通信网

年 份	邮电局、所（个）		邮路长度（公里）	
		#在农村		#汽车
2003	174	118	3365	945
2004	174	118	3365	945
2005	173	115	3365	910
2006	175	115	3365	910
2007	176	115	3365	910
2008	216	115	3925	1470
2009	207	89	5036	2581
2010	157	88	5036	2581
2011	118	84	3703	2514

10-11 邮政邮路（2011年）

单位：公里

指标	2011	指标	2011
邮路总条数（条）	78	自办汽车邮路	2274
#全国干线邮路		#全国干线邮路	
省内干线邮路		省内干线邮路	
邮路总长度（单程）	3703	委办汽车邮路	240
#全国干线邮路		#全国干线邮路	
省内干线邮路		省内干线邮路	
航空邮路		其他邮路	1189
#全国干线邮路		#全国干线邮路	
省内干线邮路		省内干线邮路	
铁路邮路		农村投递路线总长度（单程）	16009
#全国干线邮路		快速邮路总长度（条）	
省内干线邮路		快速邮路总长度（单程）	

10-12 邮政局所、房屋、服务点（2011年）

单位：处

指标	2011
邮政局所总数	118
#设在农村的居所	84
#提供邮政全力功能服务的居所	44
#电子化支局	90
#邮政局	14
邮政支局	69
自办邮政局	23
代办邮政局	12
邮政报刊图书销售点	45
集邮品储蓄点	14
邮政储蓄点	100
#邮政储蓄联网	100
网点数	104
邮政储蓄异地存取网点数	100
邮政信报箱群	390
邮政信筒信箱（个）	387
邮政用户信箱（个）	370
邮政妥投点（个）	25594
直接投递	18266
与用户签订妥投协议	7328
自有房屋建筑面积（万平方米）	11
邮政生产用房面积	7
其他生产用房	
非生产用房面积	4

主要统计指标解释

铁路营业里程 指办理客货运输业务的铁路正线总长度。凡是全线或部分建成双线及以上的线路，以第一线的实际长度计算；复线、站线、段管线、岔线和特别用途线以及不计算运费的联络线都不计算营业里程。铁路营业里程是反映铁路运输业基础设施发展水平的重要指标，也是计算客货周转量、运输密度和机车车辆运用效率等指标的基础资料。

铁路延展里程 可以分为总延展里程以及正线、站线、段管线、岔线和特别作用线的延展里程。总延展里程是各种线路的延展里程之和。正线延展里程是正线第一线、第二线、第三线和其他正线建筑里程之和，站线、段管线、岔线和特别用途线的延展里程，均是各自建筑里程之和。延展里程是作为计算线路上钢轨、枕木及路基砂石需要量的主要依据。

公路网 是由各级公路组成的网状运输系统。它是由连结各城镇、乡村和工矿基地之间主要供汽车行驶的道路形成的网络。我国的公路里程是按其作用及使用管理性质分为国家干线公路、省级干线公路、县级公路、乡公路和专用公路。按其公路工程技术要求分为高速公路和一、二、三、四级公路。

公路里程 也称"公路通车里程"是指实际达到交通部制定的公路线程技术标准规定的等级公路长度。它包括大中城市的郊区以及通过小城镇街道的公路里，也包括桥梁、渡口的长度，但不包括城市街道以及厂矿、林区和农业生产用道的里程。两条或多条公路共同径由同一路段，只计算一次，不得重复计算里程长度。公路里程是反映公路建设发展规模的重要指标，也是计算运输网密度等指标的资料。

民用汽车 由公安交通监理部门所掌管的领有本地区民用车辆牌照的机动车辆中的一部分。不包括拖拉机、摩托车、其他载客和载货汽车。

营运汽车 指领有公安交通监理部门核发的车辆牌照，并经当地工商行政管理机关核准领取营业执照，参加营业性运输的载客和载货汽车。

货(客)运量 指运输业实际运送的货物(旅客)数量。货运按吨计算。货物不论运输距离长短、货物类别，均按实际重量计算，旅客不论行程远近或票价多少，均按一人一次作为客运量统计。半票价、小孩票也按一人统计。货(客)运量反映运输业为国民经济和人民生活服务的数量指标，也是制定和检查运输生产计划，研究运输发展规模和速度的重要指标。

货物(旅客)周转量 指运输业运送的货物(旅客)数量与其相应运输距离的乘积之总和，通常以吨公里和人公里为计算单位。计算货物周转量通常按发出站与到达站之间的最短距离，也就是计费距离计算。它是反映运输业生产总成果的重要指标，也是编制和检运输生产计划、计算运输效率、劳动生产率以及核算运输单位成本的主要基础资料。

换算周转量 是综合反映各种运输工具在一定时期内实际完成的旅客、货物周转量的综合指标。具体计算方法是将旅客周转量和货物周转量区分不同运输工具按相应的换算比例，换算成同一计量单位进行加总求得。其计算单位为：吨公里。

公路运输的换算比例是：1 吨公里 =10 人公里

内河水运的换算比例是：1 吨公里 =3 人公里(座位)　　1 吨公里 =1 人公里(带臣铺)

铁路运输的换算比例是：1 吨公里 =1 人公里(地方铁路为 5 人公里)

民航运输的换算比例是：1 吨公里 =13.9 人公里(国际航线为 13.3 人公里)

邮电业务总量 指以价值量形式表现的邮电部门为用户传递信息和提供其他邮电服务的总量。它用各种邮电分类业务量，如函件件数、电报份数、长话张数、市内电话和农村电话的年均户数、订销报刊累计份数等，分别乘以相应的平均单价(不变价)，加总后再加上出租电路和设备的收入、代用户维护电话交换机和线路等设备的收入、其他业务收入求得。邮电业务总量综合反映了一定时期邮电工作的成果，是研究邮电业务量构成和发展趋势的重要热量标。

电话用户数 包括固定和移动电话。固定电话用户指接入国家公众固定电话网，并按固定电话业务进行经营管理的电话用户。移动电话用户指在移动营业部门登记，通过移动电话交换机接入移动电话网、占有移动电话号码的用户。

批发零售贸易和餐饮业

忻州统计年鉴

XIN ZHOU STATISTICAL YEARBOOK

253~320

资料整理人员

赵　静　孙露青　杨智业

11-1 社会消费品零售总额

单位：万元

指标名称	2010	2011
社会消费品零售总额	1698152.2	2013630.7
一、按销售单位所在地分		
1.城镇	1135982.7	1357641.7
2.乡村	562169.5	655989.0
二、按行业分组		
1.批发业	303100.1	1711586.1
2.零售业	1150978.5	1150978.5
3.住宿和餐饮业	244073.6	302044.6

11-2 限额以上批发和零售业法人基本情况表

指标名称	法人企业数（个）	从业人员期末人数（人）	其中：女性	法人所属产业活动单位数（个）	批发和零售业
总　　计	145	12144	5526	252	252
一、批发业	73	7087	2433	89	89
1.按批发行业小类分					
农畜产品批发	5	288	84	5	5
谷物、豆及薯类批发	5	288	84	5	5
食品、饮料及烟草制品批发	5	1103	365	17	17
米、面制品及食用油批发	2	265	147	2	2
果品、蔬菜批发	1	35	28	1	1
盐及调味品批发	1	76	30	1	1
烟草制品批发	1	727	160	13	13
医药及医疗器材批发	1	1465	793	1	1
西药批发	1	1465	793	1	1
矿产品、建材及化工产品批发	52	3962	1106	52	52
煤炭及制品批发	41	3667	1018	41	41
石油及制品批发	2	82	24	2	2
金属及金属矿批发	5	61	18	5	5
建材批发	1	8	3	1	1
化肥批发	2	120	33	2	2
其他化工产品批发	1	24	10	1	1
机械设备、五金交电及电子产品批发	4	125	28	4	4
汽车、摩托车及零配件批发	3	119	28	3	3
其他机械设备及电子产品批发	1	6	0	1	1
其他批发	6	144	57	10	10
再生物资回收与批发	4	30	11	4	4
其他未列明的批发	2	114	46	6	6
2.按登记注册类型分					

11-2 续表1

指标名称	法人企业数（个）	从业人员期末人数（人）	其中：女性	法人所属产业活动单位数（个）	批发和零售业
内资企业	73	7087	2433	89	89
国有企业	23	5332	2020	35	35
集体企业	4	282	93	4	4
股份合作企业	2	31	4	2	2
有限责任公司	9	441	122	13	13
其他有限责任公司	9	441	122	13	13
股份有限公司	3	150	13	3	3
私营企业	30	735	169	30	30
私营合伙企业	1	17	3	1	1
私营有限责任公司	28	708	164	28	28
私营股份有限公司	1	10	2	1	1
其他企业	2	116	12	2	2
3.按控股情况分					
国有控股	25	5430	2033	37	37
集体控股	5	205	73	5	5
私人控股	34	1157	231	34	34
其他	9	295	96	13	13
4.按经营形式分					
独立门店	45	5429	2042	49	49
连锁门店	3	966	251	15	15
其他	25	692	140	25	25
二、零售业	72	5057	3093	163	163
1.按零售行业小类分					
综合零售	24	2381	1691	26	26
百货零售	17	1551	1053	17	17
超级市场零售	7	830	638	9	9

11-2 续表2

指标名称	法人企业数（个）	从业人员期末人数（人）	其中：女性	法人所属产业活动单位数（个）	批发和零售业
食品、饮料及烟草制品专门零售	5	186	74	5	5
果品、蔬菜零售	1	20	0	1	1
肉、禽、蛋及水产品零售	1	82	23	1	1
其他食品零售	3	84	51	3	3
纺织、服装及日用品专门零售	2	98	85	3	3
服装零售	1	83	71	1	1
化妆品及卫生用品零售	1	15	14	2	2
文化、体育用品及器材专门零售	9	244	99	9	9
图书零售	9	244	99	9	9
医药及医疗器材专门零售	4	270	182	52	52
药品零售	4	270	182	52	52
汽车、摩托车、燃料及零配件专门零售	19	1419	621	59	59
汽车零售	16	506	159	16	16
机动车燃料零售	3	913	462	43	43
家用电器及电子产品专门零售	5	327	266	5	5
家用电器零售	4	298	240	4	4
计算机、软件及辅助设备零售	1	29	26	1	1
五金、家具及室内装修材料专门零售	2	59	39	2	2
家具零售	2	59	39	2	2
无店铺及其他零售	2	73	36	2	2
其他未列明的零售	2	73	36	2	2
2.按登记注册类型分					
内资企业	72	5057	3093	163	163
国有企业	26	2505	1327	114	114
集体企业	5	202	116	5	5
有限责任公司	13	922	597	16	16

11-2 续表3

指标名称	法人企业数（个）	从业人员期末人数（人）	其中：女性	法人所属产业活动单位数（个）	批发和零售业
其他有限责任公司	13	922	597	16	16
股份有限公司	2	50	41	2	2
私营企业	26	1378	1012	26	26
私营独资企业	2	188	175	2	2
私营合伙企业	2	79	64	2	2
私营有限责任公司	18	904	654	18	18
私营股份有限公司	4	207	119	4	4
3.按控股情况分					
国有控股	26	2505	1327	114	114
集体控股	5	202	116	5	5
私人控股	37	2129	1565	40	40
其他	4	221	85	4	4
4.按经营形式分					
独立门店	68	3741	2339	69	69
连锁总店(总部)	1	339	233	3	3
连锁门店	2	453	275	77	77
其他	1	524	246	14	14
5.按零售业态分					
有店铺零售	72	5057	3093	163	163
便利店	1	20	16	1	1
超市	13	1244	925	15	15
大型超市	1	18	15	1	1
百货店	15	1367	901	15	15
专业店	22	808	397	49	49
专卖店	18	1450	705	80	80
购物中心	2	150	134	2	2

11-3 限额以上批发零售法人

指标名称	法人企业数（个）	# 执行《2006年企业会计准则》企业数（个）	年初存货	流动资产合 计	应收帐款
总 计	145	136	129611	654761	122845
一、批发业	73	65	92453	542034	108278
1.按批发行业小类分					
农畜产品批发	5	4	2640	10324	1424
谷物、豆及薯类批发	5	4	2640	10324	1424
食品、饮料及烟草制品批发	5	5	11709	71107	91
米、面制品及食用油批发	2	2	6044	26998	91
果品、蔬菜批发	1	1	20	20	
盐及调味品批发	1	1			
烟草制品批发	1	1	5645	44089	
医药及医疗器材批发	1	1	3835	10077	2627
西药批发	1	1	3835	10077	2627
矿产品、建材及化工产品批发	52	45	71493	434054	100079
煤炭及制品批发	41	35	69887	416548	97312
石油及制品批发	2	1	709	9276	863
金属及金属矿批发	5	5	473	4680	1800
建材批发	1	1		285	
化肥批发	2	2	423	1622	104
其他化工产品批发	1	1		1643	
机械设备、五金交电及电子产品批发	4	4	1688	9065	2501
汽车、摩托车及零配件批发	3	3	1576	8153	2501
其他机械设备及电子产品批发	1	1	112	912	
其他批发	6	6	1089	7407	1556
再生物资回收与批发	4	4	248	2016	322
其他未列明的批发	2	2	841	5391	1234
2.按登记注册类型分					
内资企业	73	65	92453	542034	108278
国有企业	23	22	27862	311378	26119
集体企业	4	3	16451	27919	1912
股份合作企业	2	1	2815	6345	3482
有限责任公司	9	8	8842	44923	2628
其他有限责任公司	9	8	8842	44923	2628
股份有限公司	3	2	2028	5077	1553
私营企业	30	27	25885	110466	53804

企业财务状况综合表

单位: 万元

#存货	固定资产合计	固定资产原价	累计折旧	本年折旧	在建工程
186187	243800	264097	54573	7660	15379
117372	69847	92917	26364	5291	3182
5895	2174	2416	353	84	815
5895	2174	2416	353	84	815
10803	26714	35623	8908	2440	1419
3047	4405	5329	924	99	
20	368	589	221	2	
7736	21941	29705	7763	2338	1419
4318	3807	5271	1464		
4318	3807	5271	1464		
91190	34109	45514	14586	2467	948
88477	30751	41583	14014	2307	948
1596	2955	3454	499	160	
652	53	60	7		
	12	12			
465	275	342	67		
	63	63			
3777	2099	2771	673	249	
3706	2097	2769	672	249	
71	2	3	1	1	
1390	945	1324	379	51	
911	24	24			
479	921	1300	379	51	
117372	69847	92917	26364	5291	3182
31804	40622	58646	19654	3166	1419
22524	1047	1601	559	127	6
1858	443	446	200	78	
16326	8298	10107	1921	781	
16326	8298	10107	1921	781	
3295	621	678	57	29	
32918	9303	11352	3398	562	1666

11-3 续表1

指标名称	法人企业数（个）	# 执行《2006年企业会计准则》企业数（个）	年初存货	流动资产合计	应收帐款
私营合伙企业	1	1	4708	9572	3367
私营有限责任公司	28	25	20686	100384	50437
私营股份有限公司	1	1	490	511	
其他企业	2	2	8572	35927	18781
3.按控股情况分					
国有控股	25	24	37106	360015	62969
集体控股	5	5	8021	9124	3085
私人控股	34	27	40672	148647	36524
其他	9	9	6655	24248	5700
4.按经营形式分					
独立门店	45	39	49314	196148	36639
连锁门店	3	3	5645	149757	3167
其他	25	23	37495	196129	68472
二、零售业	72	71	37157	112727	14567
1.按零售行业小类分					
综合零售	24	23	4906	33882	7576
百货零售	17	17	2144	26065	6702
超级市场零售	7	6	2762	7817	874
食品、饮料及烟草制品专门零售	5	5	1040	1323	393
果品、蔬菜零售	1	1	70	200	
肉、禽、蛋及水产品零售	1	1	172		
其他食品零售	3	3	798	1123	393
纺织、服装及日用品专门零售	2	2	172	372	9
服装零售	1	1	156	276	
化妆品及卫生用品零售	1	1	16	96	9
文化、体育用品及器材专门零售	9	9	2546	5580	1192
图书零售	9	9	2546	5580	1192
医药及医疗器材专门零售	4	4	541	1104	68
药品零售	4	4	541	1104	68
汽车、摩托车、燃料及零配件专门零售	19	19	25979	65762	4625
汽车零售	16	16	6414	25127	4141
机动车燃料零售	3	3	19566	40635	484
家用电器及电子产品专门零售	5	5	1962	4068	662
家用电器零售	4	4	1439	3115	273

单位: 万元

#存货	固定资产合计	固定资产原价	累计折旧	本年折旧	在建工程
5124	3163	3163	487	210	
27463	5545	7593	2910	352	1666
331	595	596	1		
8648	9513	10088	575	547	91
36786	41488	60111	20254	3080	1419
2828	1777	1339	410	51	848
68893	21945	25765	4037	1684	915
8865	4637	5702	1664	476	
64061	30929	43816	14533	1403	821
7765	21941	30407	8466	2548	1419
45546	16976	18695	3365	1340	942
68815	173953	171180	28209	2369	12197
14458	89664	100171	12780	228	2229
11557	82811	94006	11206	67	16
2901	6853	6166	1574	162	2214
554	605	803	198	8	
2	3	3			
	464	616	152		
552	137	183	46	7	
19	81	1			
	80				
19	1	1			
2070	2201	3116	922	76	
2070	2201	3116	922	76	
755	689	971	315	16	22
755	689	971	315	16	22
48976	79090	64300	13488	1980	9236
9214	9289	6347	1355	249	4100
39762	69801	57953	12133	1731	5137
1909	1334	1441	383	51	709
1378	1264	1343	355	39	709

11-3 续表2

指标名称	法人企业数（个）	#执行《2006年企业会计准则》企业数（个）	年初存货	流动资产合计	应收帐款
计算机、软件及辅助设备零售	1	1	523	953	389
五金、家具及室内装修材料专门零售	2	2	12	176	
家具零售	2	2	12	176	
无店铺及其他零售	2	2		460	42
其他未列明的零售	2	2		460	42
2.按登记注册类型分					
内资企业	72	71	37157	112727	14567
国有企业	26	26	23486	65601	7303
集体企业	5	5	256	1014	42
有限责任公司	13	13	7186	25814	3662
其他有限责任公司	13	13	7186	25814	3662
股份有限公司	2	2	106	69	6
私营企业	26	25	6123	20230	3554
私营独资企业	2	2	149	597	64
私营合伙企业	2	2	468	361	
私营有限责任公司	18	17	4008	16387	3201
私营股份有限公司	4	4	1498	2884	288
3.按控股情况分	0	0			
国有控股	26	26	23486	65601	7303
集体控股	5	5	256	1014	42
私人控股	37	36	11043	36939	5269
其他	4	4	2372	9173	1953
4.按经营形式分					
独立门店	68	67	15724	67302	14546
连锁总店(总部)	1	1	1655	5325	
连锁门店	2	2	17058	40099	21
其他	1	1	2721		
5.按零售业态分					
有店铺零售	72	71	37157	112727	14567
便利店	1	1	89	47	3
超市	13	12	5464	12724	1431
大型超市	1	1		4973	511
百货店	15	15	1363	20341	6115
专业店	22	22	19892	54265	3751
专卖店	18	18	10036	19650	2469
购物中心	2	2	313	729	287

单位: 万元

#存货	固定资产合计	固定资产原价	累计折旧	本年折旧	在建工程
531	70	98	28	12	
34	169	270	102	11	
34	169	270	102	11	
41	120	107	22		
41	120	107	22		
68815	173953	171180	28209	2369	12197
51733	155198	155254	24355	1857	5863
44	810	1115	305		
9884	5113	7277	2309	338	41
9884	5113	7277	2309	338	41
40	44	46	2		
7114	12789	7489	1239	174	6293
108	12	71	59	5	
200	109	126	25	4	
5152	12010	6269	769	99	6293
1655	658	1023	385	66	
51733	155198	155254	24355	1857	5863
44	810	1115	305		
13097	16462	12623	2814	451	6303
3941	1484	2188	736	61	31
26868	101495	109479	14986	497	7061
2017	2885	4098	1213	141	
39931	69573	57603	12011	1732	5137
68815	173953	171180	28209	2369	12197
20	1	2			
5196	8495	8436	2290	238	2214
1350	699	700	1	1	11
9607	82099	93245	11157	41	4
43099	78251	63360	13426	1879	9206
9189	4265	5116	1156	185	762
355	142	322	179	25	

11-3 续表3

指标名称	资产总计	流动负债合计	应付帐款	非流动负债合计	负债合计	所有者权益合计
总　计	1018994	647087	174880	31753	678840	340154
一、批发业	722413	519832	101408	28410	548241	174171
1.按批发行业小类分						
农畜产品批发	16372	9441	1341	3060	12501	3872
谷物、豆及薯类批发	16372	9441	1341	3060	12501	3872
食品、饮料及烟草制品批发	105378	39713	4563	574	40287	65092
米、面制品及食用油批发	34703	26281	1376	192	26472	8231
果品、蔬菜批发	400	150		100	250	150
盐及调味品批发	857	254		282	536	321
烟草制品批发	69418	13028	3187		13028	56390
医药及医疗器材批发	13884	5393	5301	172	5564	8319
西药批发	13884	5393	5301	172	5564	8319
矿产品、建材及化工产品批发	565940	454081	88426	24596	478677	87263
煤炭及制品批发	544751	441632	86943	24044	465676	79075
石油及制品批发	12252	6301			6301	5951
金属及金属矿批发	4772	3550	871		3550	1221
建材批发	297	97			97	200
化肥批发	2163	1281	48	553	1834	329
其他化工产品批发	1706	1220	564		1220	486
机械设备、五金交电及电子产品批发	11479	7604	1083		7604	3874
汽车、摩托车及零配件批发	10514	7112	1083		7112	3402
其他机械设备及电子产品批发	965	492			492	472
其他批发	9360	3600	694	8	3608	5752
再生物资回收与批发	2147	1929	549	8	1937	210
其他未列明的批发	7212	1671	145		1671	5542
2.按登记注册类型分						
内资企业	722413	519832	101408	28410	548241	174171
国有企业	369668	267759	54153	13879	281639	88029
集体企业	29244	18977	17594	653	19630	9615
股份合作企业	6800	6037	419		6037	763
有限责任公司	135837	89439	10915		89439	46398
其他有限责任公司	135837	89439	10915		89439	46398
股份有限公司	8758	5215	1585	3060	8275	483
私营企业	125773	88288	12651	10817	99105	26668

单位: 万元

实收资本					营业收入
	国家资本	集体资本	法人资本	个人资本	
130245	49377	1670	23160	56038	2896376
81423	18019	601	16254	46550	2091090
1501	74	27	1000	400	20997
1501	74	27	1000	400	20997
7241	7094	47	100		258908
6108	6108				18185
47		47			18050
100			100		5865
986	986				216808
976	976				85189
976	976				85189
67058	9315	527	12499	44718	1650930
59427	9315	198	12499	37416	1579263
6000				6000	25088
1102				1102	33073
200				200	1339
329		329			4732
					7435
3672			2400	1272	36015
3200			2400	800	35914
472				472	102
975	560		255	160	39051
115			55	60	5294
860	560		200	100	33758
81423	18019	601	16254	46550	2091090
15799	15417		382		1118683
8909		409		8500	224927
680		100		580	23785
32261	1838		3211	27212	159947
32261	1838		3211	27212	159947
483	220	27		236	13704
21241	544	65	10611	10022	484951

11-3 续表4

指标名称	资产总计	流动负债合计	应付帐款	非流动负债合计	负债合计	所有者权益合计
私营合伙企业	13907	7560	1577		7560	6347
私营有限责任公司	110760	80406	10922	10817	91223	19537
私营股份有限公司	1106	322	152		322	784
其他企业	46333	44118	4089		44118	2216
3.按控股情况分						
国有控股	424220	315023	53604	18338	333361	90859
集体控股	11179	7947	545	653	8600	2579
私人控股	255947	179876	42868	9410	189285	66662
其他	31067	16986	4390	9	16995	14072
4.按经营形式分						
独立门店	323818	228933	56655	8897	237830	85988
连锁门店	179911	110715	3187	9220	119935	59976
其他	218684	180184	41566	10292	190476	28208
二、零售业	296581	127255	73473	3343	130598	165983
1.按零售行业小类分						
综合零售	127113	78756	59433	100	78856	48257
百货零售	109567	66703	56877		66703	42864
超级市场零售	17547	12054	2557	100	12154	5393
食品、饮料及烟草制品专门零售	2330	875	303	579	1453	877
果品、蔬菜零售	240					240
肉、禽、蛋及水产品零售	636			513	513	124
其他食品零售	1454	875	303	66	941	513
纺织、服装及日用品专门零售	464	358	312		358	105
服装零售	356	254	254		254	102
化妆品及卫生用品零售	108	104	58		104	3
文化、体育用品及器材专门零售	8124	4179	2201	244	4423	3701
图书零售	8124	4179	2201	244	4423	3701
医药及医疗器材专门零售	1835	1416	662	1	1418	417
药品零售	1835	1416	662	1	1418	417
汽车、摩托车、燃料及零配件专门零售	150162	35307	9946	2353	37660	112502
汽车零售	37226	22659	8960	2053	24712	12514
机动车燃料零售	112937	12648	986	300	12948	99988
家用电器及电子产品专门零售	5555	5683	598	66	5750	-195
家用电器零售	4532	4934	288		4934	-402

单位：万元

实收资本					营业收入
	国家资本	集体资本	法人资本	个人资本	
4500			4500		31200
16441	544	65	6111	9722	452484
300				300	1267
2050			2050		65093
18226	16600	27	1599		1212927
2476		476	2000		113680
53722	254	75	7455	45938	652236
7000	1165	23	5200	612	112246
59608	12798	578	5443	40789	895755
4236	4136		100		298890
17579	1085	23	10711	5761	896445
48821	31358	1069	6906	9488	805287
34981	25471	61	5558	3891	110826
32154	25471	61	5060	1562	77872
2827			498	2329	32954
583	13	460	60	50	13830
205		205			940
13	13				9045
365		255	60	50	3845
152				152	1850
102				102	1619
50				50	231
831	243		588		16021
831	243		588		16021
624	624				3295
624	624				3295
10681	4857	500	200	5123	638984
5608		500	200	4907	75521
5073	4857			216	563463
720	30		500	190	10614
660	30		500	130	8323

11-3 续表5

指标名称	资产总计	流动负债合计	应付帐款	非流动负债合计	负债合计	所有者权益合计
计算机、软件及辅助设备零售	1023	749	310	66	815	208
五金、家具及室内装修材料专门零售	345	126	18		126	219
家具零售	345	126	18		126	219
无店铺及其他零售	654	555			555	99
其他未列明的零售	654	555			555	99
2.按登记注册类型分						
内资企业	296581	127255	73473	3343	130598	165983
国有企业	224309	84068	58756	1058	85126	139183
集体企业	2096	1488			1488	608
有限责任公司	34824	27430	11265	553	27982	6841
其他有限责任公司	34824	27430	11265	553	27982	6841
股份有限公司	118	30	17		30	88
私营企业	35234	14239	3436	1732	15972	19263
私营独资企业	609	206			206	403
私营合伙企业	1659	1204		100	1304	355
私营有限责任公司	29237	10054	3143	1632	11686	17551
私营股份有限公司	3729	2776	292		2776	954
3.按控股情况分						
国有控股	224309	84068	58756	1058	85126	139183
集体控股	2096	1488			1488	608
私人控股	57556	31602	13574	2285	33887	23669
其他	12620	10097	1143		10097	2523
4.按经营形式分						
独立门店	174535	108727	71033	3043	111770	62766
连锁总店(总部)	9874	6295	2048		6295	3579
连锁门店	109672	12034	392		12034	97639
其他	2500	200		300	500	2000
5.按零售业态分						
有店铺零售	296581	127255	73473	3343	130598	165983
便利店	52	2	2		2	50
超市	24236	15221	4235	100	15321	8915
大型超市	5683	683	683		683	5000
百货店	103119	65779	55981		65779	37340
专业店	134877	23377	2930	2297	25674	109203
专卖店	27555	21377	9345	946	22323	5233
购物中心	1059	816	296		816	243

单位: 万元

实收资本					营业收入
	国家资本	集体资本	法人资本	个人资本	
60				60	2291
151	121			30	6959
151	121			30	6959
99		47		52	2907
99		47		52	2907
48821	31358	1069	6906	9488	805287
31946	31358		588		659769
573		569		4	9699
4580		500	600	3480	61829
4580		500	600	3480	61829
88			30	58	1039
11634			5688	5946	72952
254				254	1775
355				355	1572
10303			5488	4815	54267
722			200	522	15337
31946	31358		588		659769
573		569		4	9699
13824			6268	7556	103099
2479		500	50	1928	32721
42164	26301	1069	6906	7888	228777
1600				1600	14166
3257	3257				372344
1800	1800				190000
48821	31358	1069	6906	9488	805287
50				50	785
3793	327		585	2881	55472
5000			5000		500
26704	25471	61	60	1112	71069
7669	3229	705	570	3164	419582
5472	2317	303	691	2161	256393
133	13			120	1485

11-3 续表6

指标名称	主营业务收入	营业成本	主营业务成本	营业税金及附加	主营业务税金及附加	其他业务利润
总计	2888413	2355617	2274137	25135	24904	8409
一、批发业	2087779	1637928	1571192	23492	23306	6183
1.按批发行业小类分						
农畜产品批发	20997	20275	19342	110	110	3
谷物、豆及薯类批发	20997	20275	19342	110	110	3
食品、饮料及烟草制品批发	258846	199736	199734	13101	13067	139
米、面制品及食用油批发	18185	17340	17340			
果品、蔬菜批发	18050	18035	18035	1	1	
盐及调味品批发	5865	5569	5569	66	32	79
烟草制品批发	216747	158792	158790	13034	13034	60
医药及医疗器材批发	85189	13524	13524	22		
西药批发	85189	13524	13524	22		
矿产品、建材及化工产品批发	1647709	1336832	1271031	10056	9954	5951
煤炭及制品批发	1576042	1269027	1203226	10017	9915	5686
石油及制品批发	25088	24223	24223	14	14	254
金属及金属矿批发	33073	31394	31394	6	6	
建材批发	1339	1335	1335			
化肥批发	4732	4420	4420			11
其他化工产品批发	7435	6433	6433	18	18	
机械设备、五金交电及电子产品批发	35987	35254	35254	20	11	83
汽车、摩托车及零配件批发	35885	35172	35172	11	11	83
其他机械设备及电子产品批发	102	83	83	10		
其他批发	39051	32307	32307	183	164	8
再生物资回收与批发	5294	4471	4471	80	61	
其他未列明的批发	33758	27836	27836	103	103	8
2.按登记注册类型分						
内资企业	2087779	1637928	1571192	23492	23306	6183
国有企业	1116890	784504	718742	18415	18258	4245
集体企业	223651	216359	216359	250	250	1287
股份合作企业	23785	20911	20911	134	134	99
有限责任公司	159947	131734	131734	1657	1657	264
其他有限责任公司	159947	131734	131734	1657	1657	264
股份有限公司	13704	12963	12963	126	126	0
私营企业	484923	409893	408960	2779	2750	86

单位: 万元

销售费用	管理费用				财务费用		
		税金	差旅费	工会经费		利息收入	利息支出
286145	92536	4326	1935	447	7660	1777	3159
255309	36570	3508	1260	409	6463	1743	2391
1006	214	2	21	20	454	30	424
1006	214	2	21	20	454	30	424
3939	13459	298	182	126	427	77	374
806	653				369	6	374
	14		2	10			
	80	55	6		10		
3133	12711	244	174	116	48	71	
893	892				30		11
893	892				30		11
248207	19690	3169	956	245	5206	1622	1486
247824	18145	3163	877	241	4680	1612	1005
48	654	3	70		368	3	343
282	149	3	2		98		70
	1	1					
2	119				68		68
52	623		7	4	−8	8	
227	275	9	5	1	265	2	60
227	272	8	5	1	265	2	60
	2	1					
1037	2042	30	95	17	81	12	36
	120				86		36
1037	1922	30	95	17	−5	11	
255309	36570	3508	1260	409	6463	1743	2391
174285	24054	2947	811	319	2066	1565	711
5800	1045	172	31	19	62	9	69
2156	191		1	1	153	3	156
9924	5769	71	287	24	828	41	662
9924	5769	71	287	24	828	41	662
249	84		5		248	1	247
60819	4583	67	121	42	3096	123	537

11-3 续表7

指标名称	主营业务收入	营业成本	主营业务成本	营业税金及附加	主营业务税金及附加	其他业务利润
私营合伙企业	31200	26218	26218	32	32	
私营有限责任公司	452455	382472	381539	2747	2718	86
私营股份有限公司	1267	1203	1203			
其他企业	64879	61564	61523	131	131	201
3.按控股情况分						
国有控股	1211135	845587	779825	20211	20054	4245
集体控股	113680	93297	93297	1814	1814	11
私人控股	650718	600523	599550	1073	1044	1913
其他	112246	98521	98521	394	394	14
4.按经营形式分						
独立门店	892879	761785	760812	2954	2821	1949
连锁门店	298828	230285	164580	16782	16748	3821
其他	896071	645858	645800	3756	3737	413
二、零售业	800635	717690	702945	1643	1598	2225
1.按零售行业小类分						
综合零售	110475	97505	87759	779	777	610
百货零售	77872	69216	59488	382	380	273
超级市场零售	32604	28289	28271	397	397	337
食品、饮料及烟草制品专门零售	13830	13072	13072	18	18	480
果品、蔬菜零售	940	740	740			
肉、禽、蛋及水产品零售	9045	8828	8828	11	11	469
其他食品零售	3845	3505	3505	6	6	12
纺织、服装及日用品专门零售	1850	1513	1513	10	10	
服装零售	1619	1311	1311	9	9	
化妆品及卫生用品零售	231	202	202	1	1	
文化、体育用品及器材专门零售	15698	12406	12348	41	41	154
图书零售	15698	12406	12348	41	41	154
医药及医疗器材专门零售	3259	2602	2602	24	24	37
药品零售	3259	2602	2602	24	24	37
汽车、摩托车、燃料及零配件专门零售	635043	571931	566990	717	674	658
汽车零售	75513	71077	71077	221	193	822
机动车燃料零售	559530	500854	495912	496	481	-163
家用电器及电子产品专门零售	10614	10120	10120	40	40	272
家用电器零售	8323	7987	7987	35	35	272

单位: 万元

销售费用	管理费用	税金	差旅费	工会经费	财务费用	利息收入	利息支出
4410	270				191	1	190
56409	4310	67	121	42	2879	97	347
	3				26	26	
2076	844	250	4	4	10	1	9
200580	24967	2947	804	317	4667	1564	898
16239	1119	3	24	14	228	10	224
32114	7369	525	318	54	1379	146	1076
6376	3115	32	115	23	190	23	193
23427	15756	315	491	87	2183	182	1937
3133	15936	2774	658	306	1526	1539	200
228748	4878	419	112	16	2755	22	253
30836	55965	818	675	38	1197	35	768
4741	47950	234	572	6	243	22	67
3090	46948	176	543	2	204	20	42
1652	1002	58	29	4	40	2	24
30	450	128	4	1	18		18
15	5						
0	236	103			4		4
15	209	25	4	1	14		14
66	132	1			23		23
45	120				23		23
21	12	1					
1835	535	29		16	34	5	13
1835	535	29		16	34	5	13
265	352	6	6	4			
265	352	6	6	4			
23459	5256	409	90	10	791	7	580
1537	1154	119	65	2	394	2	380
21923	4102	290	25	8	396	5	201
163	377	4	4	1	52	1	30
163	295	1	0	1	38	1	16

11-3 续表8

指标名称	主营业务收入	营业成本	主营业务成本	营业税金及附加	主营业务税金及附加	其他业务利润
计算机、软件及辅助设备零售	2291	2133	2133	5	5	
五金、家具及室内装修材料专门零售	6959	6646	6646	3	3	
家具零售	6959	6646	6646	3	3	
无店铺及其他零售	2907	1895	1895	12	12	15
其他未列明的零售	2907	1895	1895	12	12	15
2.按登记注册类型分						
内资企业	800635	717690	702945	1643	1598	2225
国有企业	655475	588593	573865	730	713	754
集体企业	9699	5275	5275	18	18	49
有限责任公司	61470	56528	56510	185	185	1270
其他有限责任公司	61470	56528	56510	185	185	1270
股份有限公司	1039	993	993	5	5	16
私营企业	72952	66302	66302	705	677	137
私营独资企业	1775	1540	1540	134	134	0
私营合伙企业	1572	1302	1302	21	21	0
私营有限责任公司	54267	49127	49127	517	489	136
私营股份有限公司	15337	14334	14334	33	33	1
3.按控股情况分						
国有控股	655475	588593	573865	730	713	754
集体控股	9699	5275	5275	18	18	49
私人控股	102740	92563	92545	847	819	850
其他	32721	31260	31260	48	48	573
4.按经营形式分						
独立门店	228409	206559	196773	1103	1073	2055
连锁总店(总部)	13815	11352	11334	47	47	333
连锁门店	370450	349780	347026	354	343	-163
其他	187961	150000	147812	140	136	
5.按零售业态分						
有店铺零售	800635	717690	702945	1643	1598	2225
便利店	785	754	754	1	1	
超市	54988	47941	47877	441	441	442
大型超市	500	397	397	18	18	
百货店	71069	63191	53463	360	358	273
专业店	417655	392541	389779	593	554	622
专卖店	254257	211674	209486	202	198	658
购物中心	1380	1191	1189	29	29	230

单位: 万元

销售费用	管理费用	税金	差旅费	工会经费	财务费用	利息收入	利息支出
	82	2	4	1	14		14
180	128	7				1	
180	128	7				1	
98	787				37		37
98	787				37		37
30836	55965	818	675	38	1197	35	768
26053	49221	587	550	29	572	11	240
334	3263			1	75	19	56
2545	1567	135	50	2	376	3	336
2545	1567	135	50	2	376	3	336
13	56	27	1				
1891	1859	69	74	6	174	2	136
219	160				10		
120	127	21	3				
1184	1296	41	53	6	108	1	90
369	276	8	18		56	1	46
26053	49221	587	550	29	572	11	240
334	3263			1	75	19	56
3197	2981	141	116	8	423	5	350
1252	501	90	9	1	127		122
7849	51233	490	626	26	791	28	568
1146	560	36	23		14	2	
16149	2567	104	26	12	381	3	187
5692	1605	188			11	2	13
30836	55965	818	675	38	1197	35	768
3	24	23					
3327	1633	88	37	15	60	6	49
	114	18	13		3		
2644	46684	156	522	2	200	20	41
17227	3324	125	58	11	424	4	198
7541	3960	410	45	10	477	4	464
93	226				33		16

11-3 续表9

指标名称	资产减值损失	投资收益	营业利润	补贴收入	营业外收入	利润总额	应交所得税
总计	737	58	210847	1758	2526	25977	26518
一、批发业	737	25	200495	1716	2349	50367	10408
1.按批发行业小类分							
农畜产品批发			-126	242	241	62	9
谷物、豆及薯类批发			-126	242	241	62	9
食品、饮料及烟草制品批发			28359	1189	1508	29256	7435
米、面制品及食用油批发			-983	1174	1434	362	1
果品、蔬菜批发							
盐及调味品批发			252				
烟草制品批发			29090	15	75	28894	7434
医药及医疗器材批发			69850		28	-61	
西药批发			69850		28	-61	
矿产品、建材及化工产品批发	716	4	98946	24	558	18223	2218
煤炭及制品批发	716	2	97312	24	558	17777	2089
石油及制品批发		2	34			36	2
金属及金属矿批发			1144			30	34
建材批发			3			3	
化肥批发			135			58	15
其他化工产品批发			317			317	80
机械设备、五金交电及电子产品批发	21	21	38		7	28	7
汽车、摩托车及零配件批发	21	21	22		7	28	7
其他机械设备及电子产品批发			17				
其他批发			3428	261	8	2860	739
再生物资回收与批发			555	261		6	5
其他未列明的批发			2873		8	2854	734
2.按登记注册类型分							
内资企业	737	25	200495	1716	2349	50367	10408
国有企业	88	2	183733	1189	2077	36647	7485
集体企业			1422	24		1357	339
股份合作企业			339			119	30
有限责任公司	21	21	10298		8	9566	2121
其他有限责任公司	21	21	10298		8	9566	2121
股份有限公司			35			13	
私营企业	628	2	4172	503	264	2237	353

单位：万元

应付职工薪酬(本年贷方累计发生额)	应交增值税	土地和固定资产支出	土地购置	房屋和建筑物	机器设备	运输工具	其他费用
23288	66010	17655	782	5949	8086	1372	1465
15164	60357	17475	782	5949	8040	1246	1458
250	47	815	302	218	246		48
250	47	815	302	218	246		48
6408	10342	8012	479	5534	4	681	1313
259		4			4		
19							
340							
5790	10341	8007	479	5534		681	1313
236	50						
236	50						
7266	40503	8420		163	7790	370	97
6576	40146	8101		78	7753	175	95
251	121	255		22	37	195	2
103	37						
14	1						
51	52						
271	147	63		63			
256	45	4				4	
248	33	4				4	
8	13						
748	9370	226		34		191	
64	420						
684	8950	226		34		191	
15164	60357	17475	782	5949	8040	1246	1458
10600	33581	8012	479	5534	4	681	1313
780	3197	23					23
102	150						
1712	12682	8215		197	7666	352	
1712	12682	8215		197	7666	352	
119	33						
1557	7465	1190	302	218	369	178	122

11-3 续表10

指标名称	资产减值损失	投资收益	营业利润	补贴收入	营业外收入	利润总额	应交所得税
私营合伙企业			79				
私营有限责任公司	628	2	4058	495	257	2196	353
私营股份有限公司			34	8	7	41	
其他企业			497			429	80
3.按控股情况分							
国有控股	330	2	185047	1189	2077	37886	7485
集体控股			994			553	15
私人控股	21	23	11175	527	249	8777	2075
其他	386		3279		24	3151	833
4.按经营形式分							
独立门店	109	23	89830	1440	2211	12068	2477
连锁门店		2	100727	15	123	30363	7434
其他	628		9938	261	15	7935	498
二、零售业		33	10352	42	177	-24390	16110
1.按零售行业小类分							
综合零售		33	-30353	19	58	-30493	644
百货零售			-31965	19	25	-32046	305
超级市场零售		33	1612		33	1553	339
食品、饮料及烟草制品专门零售			722			107	18
果品、蔬菜零售			180				
肉、禽、蛋及水产品零售			435				
其他食品零售			107			107	18
纺织、服装及日用品专门零售			106			106	1
服装零售			111			111	
化妆品及卫生用品零售			-5			-5	1
文化、体育用品及器材专门零售			1060	10	33	623	168
图书零售			1060	10	33	623	168
医药及医疗器材专门零售			52			-31	
药品零售			52			-31	
汽车、摩托车、燃料及零配件专门零售			38533		86	5053	15253
汽车零售			1980		3	1980	447
机动车燃料零售			36552		83	3073	14806
家用电器及电子产品专门零售			135	13		148	8
家用电器零售			77	13		91	2

单位: 万元

应付职工薪酬(本年贷方累计发生额)	应交增值税	土地和固定资产支出	土地购置	房屋和建筑物	机器设备	运输工具	其他费用
22	558						
1532	6907	1190	302	218	369	178	122
3							
294	3248	35				35	
10716	34643	8012	479	5534	4	681	1313
262	3768	223			48	102	72
2963	11041	8949	302	318	7985	272	72
1223	10905	292		97	3	191	
6869	23140	9143	302	352	7991	425	72
6385	10457	8007	479	5534		681	1313
1909	26760	325		63	49	140	72
8124	5653	180			46	126	8
2484	664	32			32		
1028	279						
1456	386	32			32		
126	344						
6	20						
65	263						
55	60						
111	102						
100	95						
11	7						
704	273	20			14		6
704	273	20			14		6
238	16	9				9	
238	16	9				9	
4113	3924	117				117	
1008	567	117				117	
3105	3357						
287	257	1					1
247	245	1					1

11-3 续表11

指标名称	资产减值损失	投资收益	营业利润	补贴收入	营业外收入	利润总额	应交所得税
计算机、软件及辅助设备零售			58			58	6
五金、家具及室内装修材料专门零售			4			4	1
家具零售			4			4	1
无店铺及其他零售			93			93	17
其他未列明的零售			93			93	17
2.按登记注册类型分							
内资企业		33	10352	42	177	-24390	16110
国有企业			5806	42	141	-28658	15120
集体企业			783			603	137
有限责任公司		33	1590		32	1654	315
其他有限责任公司		33	1590		32	1654	315
股份有限公司			-13			-13	4
私营企业			2185		4	2024	535
私营独资企业			-287			-287	
私营合伙企业			1			1	12
私营有限责任公司			2201		3	2153	492
私营股份有限公司			270		1	157	31
3.按控股情况分							
国有控股			5806	42	141	-28658	15120
集体控股			783			603	137
私人控股		33	3657		33	3560	828
其他			106		3	106	25
4.按经营形式分							
独立门店			-27254	42	62	-28584	1026
连锁总店(总部)		33	1080		33	1148	282
连锁门店			3820		83	3046	
其他			32706				14802
5.按零售业态分							
有店铺零售		33	10352	42	177	-24390	16110
便利店			3			3	1
超市		33	2126	10	54	2080	451
大型超市			-32			-32	
百货店			-32007	19	25	-32088	285
专业店			6968		86	5478	451
专卖店			33254	13	13	130	14921
购物中心			39			39	2

单位: 万元

应付职工薪酬(本年贷方累计发生额)	应交增值税	土地和固定资产支出	土地购置	房屋和建筑物	机器设备	运输工具	其他费用
40	12						
35	10						
35	10						
28	64						
28	64						
8124	5653	180			46	126	8
4506	4119	30			14	9	6
76	196						
1589	619	34			32		1
1589	619	34			32		1
31	24						
1922	695	117				117	
170	11						
113	45						
1320	515	11				11	
319	124	106				106	
4506	4119	30			14	9	6
76	196						
3042	1314	150			32	117	1
500	24						
4326	2259	147			14	126	8
691	56	32			32		
1396	3257						
1712	82						
8124	5653	180			46	126	8
3	24						
2217	753	38			38		
16	16						
802	228						
2096	3806	9			8		1
2837	771	132				126	6
153	56						

11-4 限额以上批发和零售业法人

指标名称	法人企业数（个）	从业人员期末人数（人）	商品购进额		商品销售额
				进口	
总 计	145	12144	2107734	848	2941519
一、批发业	73	7087	1536246		2136453
1.按批发行业小类分					
农畜产品批发	5	288	23335		22015
谷物、豆及薯类批发	5	288	23335		22015
食品、饮料及烟草制品批发	5	1103	212643		293049
米、面制品及食用油批发	2	265	12475		15541
果品、蔬菜批发	1	35	12400		18050
盐及调味品批发	1	76			5865
烟草制品批发	1	727	187769		253594
医药及医疗器材批发	1	1465	14260		85189
西药批发	1	1465	14260		85189
矿产品、建材及化工产品批发	52	3962	1223188		1659507
煤炭及制品批发	41	3667	1151416		1584898
石油及制品批发	2	82	25110		27327
金属及金属矿批发	5	61	34588		33073
建材批发	1	8	1380		1339
化肥批发	2	120	4124		4732
其他化工产品批发	1	24	6571		8137
机械设备、五金交电及电子产品批发	4	125	25624		37652
汽车、摩托车及零配件批发	3	119	25463		37550
其他机械设备及电子产品批发	1	6	162		102
其他批发	6	144	37196		39041
再生物资回收与批发	4	30	5560		5294
其他未列明的批发	2	114	31636		33748
2.按登记注册类型分					
内资企业	73	7087	1536246		2136453
国有企业	23	5332	750038		1161181
集体企业	4	282	175499		176882
股份合作企业	2	31	22589		23785
有限责任公司	9	441	140976		175548
其他有限责任公司	9	441	140976		175548
股份有限公司	3	150	15839		14723
私营企业	30	735	371977		519118

商品购进、销售和库存综合表

单位：万元

批发额	出口	零售额	期末商品库存额	年末零售营业面积(平方米)
2118690	6020	822829	232394	1688556
2097642	6020	38811	163318	1408031
19630	6020	2385	5332	28796
19630	6020	2385	5332	28796
286799		6250	9195	82086
15541			458	
11800		6250	190	
5865				
253594			8547	82086
85189			4188	
85189			4188	
1630969		28538	137821	1274896
1563398		21500	134221	1244485
20482		6845	1596	19500
33073			1839	10600
1147		193	41	
4732			55	200
8137			70	111
36013		1639	3531	8093
35925		1625	3471	8093
88		13	60	
39041			3251	14160
5294			1130	13160
33748			2121	1000
2097642	6020	38811	163318	1408031
1146839		14342	37836	98290
170632		6250	22283	200
23568		217	1502	
169853	3524	5695	16011	31304
169853	3524	5695	16011	31304
12338		2385	2692	17915
509196	2496	9922	62139	58989

11-4 续表1

指标名称	法人企业数（个）	从业人员期末人数（人）	商品购进额		商品销售额
				进口	
私营合伙企业	1	17	27950		31200
私营有限责任公司	28	708	342983		486651
私营股份有限公司	1	10	1044		1267
其他企业	2	116	59328		65216
3.按控股情况分					
国有控股	25	5430	826055		1273222
集体控股	5	205	68936		126180
私人控股	34	1157	548713		620691
其他	9	295	92542		116361
4.按经营形式分					
独立门店	45	5429	737196		870974
连锁门店	3	966	187769		335675
其他	25	692	611281		929804
二、零售业	72	5057	571488	848	805066
1.按零售行业小类分					
综合零售	24	2381	84044	848	113652
百货零售	17	1551	58617	848	77251
超级市场零售	7	830	25427		36401
食品、饮料及烟草制品专门零售	5	186	13470		13830
果品、蔬菜零售	1	20	1015		940
肉、禽、蛋及水产品零售	1	82	9045		9045
其他食品零售	3	84	3410		3845
纺织、服装及日用品专门零售	2	98	1377		1850
服装零售	1	83	1257		1619
化妆品及卫生用品零售	1	15	120		231
文化、体育用品及器材专门零售	9	244	23106		17544
图书零售	9	244	23106		17544
医药及医疗器材专门零售	4	270	2972		3259
药品零售	4	270	2972		3259
汽车、摩托车、燃料及零配件专门零售	19	1419	433580		634280
汽车零售	16	506	70902		74750
机动车燃料零售	3	913	362678		559530
家用电器及电子产品专门零售	5	327	9361		10786
家用电器零售	4	298	7069		8495

单位：万元

批发额	出口	零售额	期末商品库存额	年末零售营业面积(平方米)
31200			5124	
476729	2496	9922	56685	53468
1267			331	5521
65216			20855	1201333
1258195		15027	44452	117965
115098		11082	8688	18868
609688	2496	11003	94152	1262767
114661	3524	1700	16027	8431
836777	2496	34197	67260	70726
335675			8547	82086
925190	3524	4614	87511	1255219
21049		784018	69076	280525
9531		104121	6905	22505
8405		68846	3572	1000
1126		35275	3333	21505
959		12871	744	2000
		940	75	2000
		9045	90	
959		2885	579	
		1850	175	1200
		1619	156	1000
		231	19	200
3182		14362	7485	2633
3182		14362	7485	2633
1377		1882	786	1000
1377		1882	786	1000
5999		628280	51319	242687
5999		68751	9101	35705
		559530	42219	206982
		10786	1303	8300
		8495	1302	8300

11-4 续表2

指标名称	法人企业数（个）	从业人员期末人数（人）	商品购进额		商品销售额
				进口	
计算机、软件及辅助设备零售	1	29	2292		2291
五金、家具及室内装修材料专门零售	2	59	1216		6959
家具零售	2	59	1216		6959
无店铺及其他零售	2	73	2363		2907
其他未列明的零售	2	73	2363		2907
2.按登记注册类型分					
内资企业	72	5057	571488	848	805066
国有企业	26	2505	442067		657322
集体企业	5	202	7708		9699
有限责任公司	13	922	61504		65961
其他有限责任公司	13	922	61504		65961
股份有限公司	2	50	1024		1039
私营企业	26	1378	59187	848	71047
私营独资企业	2	188	1005		1155
私营合伙企业	2	79	803		1572
私营有限责任公司	18	904	43754	848	54448
私营股份有限公司	4	207	13625		13872
3.按控股情况分					
国有控股	26	2505	442067		657322
集体控股	5	202	7708		9699
私人控股	37	2129	88395	848	105450
其他	4	221	33319		32596
4.按经营形式分					
独立门店	68	3741	195281	848	229231
连锁总店(总部)	1	339	14046		17425
连锁门店	2	453	337278		370450
其他	1	524	24884		187961
5.按零售业态分					
有店铺零售	72	5057	571488	848	805066
便利店	1	20	750		785
超市	13	1244	47027		60511
大型超市	1	18	1850		500
百货店	15	1367	50214	848	70448
专业店	22	808	382900		417545
专卖店	18	1450	86937		253533
购物中心	2	150	1810		1744

单位：万元

批发额	出口	零售额	期末商品库存额	年末零售营业面积(平方米)
		2291	1	
		6959	262	
		6959	262	
		2907	99	200
		2907	99	200
21049		784018	69076	280525
12964		644357	52049	181217
		9699	406	2000
5999		59961	9596	43715
5999		59961	9596	43715
		1039	40	
2085		68961	6986	53593
		1155	82	
		1572	108	
2085		52363	5113	47048
		13872	1684	6545
12964		644357	52049	181217
		9699	406	2000
8084		97366	12433	81308
		32596	4189	16000
21049		208183	24661	93141
		17425	1951	11800
		370450	39477	1260
		187961	2988	174324
21049		784018	69076	280525
		785	20	
4308		56203	8188	24345
		500	1350	
8405		62043	1972	1000
368		417177	45643	50513
7967		245566	11503	200559
		1744	401	4108

11-5 限额以上住宿和餐饮业法人基本情况表

指标名称	法人企业数（个）	从业人员期末人数（人）	其中：女性	法人所属产业活动单位数（个）	住宿和餐饮业
总　计	47	5617	3602	49	49
一、住宿业	28	3610	2327	28	28
1.按住宿行业小类分					
旅游饭店	25	3449	2228	25	25
一般旅馆	3	161	99	3	3
2.按登记注册类型分					
内资企业	28	3610	2327	28	28
国有企业	12	962	563	12	12
集体企业	2	660	401	2	2
有限责任公司	5	1205	903	5	5
其他有限责任公司	5	1205	903	5	5
股份有限公司	1	150	94	1	1
私营企业	8	633	366	8	8
私营独资企业	4	465	269	4	4
私营合伙企业	1	32	13	1	1
私营有限责任公司	2	97	64	2	2
私营股份有限公司	1	39	20	1	1
3.按控股情况分					
国有控股	13	1206	743	13	13
集体控股	3	811	499	3	3
私人控股	10	1294	902	10	10
其他	2	299	183	2	2
4.按经营形式分					
独立门店	27	3460	2233	27	27
其他	1	150	94	1	1

11-5 续表

指标名称	法人企业数（个）	从业人员期末人数（人）		法人所属产业活动单位数（个）	
			其中：女性		住宿和餐饮业
5.按星级分					
五星	2	660	401	2	2
四星	4	722	499	4	4
三星	5	486	305	5	5
二星	3	241	143	3	3
其他	14	1501	979	14	14
二、餐饮业	19	2007	1275	21	21
1.按餐饮行业小类分					
正餐服务	19	2007	1275	21	21
2.按登记注册类型分					
内资企业	19	2007	1275	21	21
国有企业	2	227	147	2	2
有限责任公司	3	320	204	3	3
其他有限责任公司	3	320	204	3	3
股份有限公司	2	438	241	4	4
私营企业	11	936	639	11	11
私营独资企业	7	431	245	7	7
私营合伙企业	2	163	119	2	2
私营有限责任公司	2	342	275	2	2
其他企业	1	86	44	1	1
3.按控股情况分					
国有控股	2	227	147	2	2
私人控股	15	1599	1024	17	17
其他	2	181	104	2	2
4.按经营形式分					
独立门店	18	1909	1203	20	20
连锁门店	1	98	72	1	1

11-6 限额以上住宿和餐饮业

指标名称	法人企业数（个）	# 执行《2006年企业会计准则》企业数（个）	年初存货	流动资产合计	应收帐款
总 计	46	38	3791	32702	10631
一、住宿业	27	24	1636	23893	8426
1.按住宿行业小类分					
旅游饭店	24	21	1636	23679	8391
一般旅馆	3	3		214	35
2.按登记注册类型分					
内资企业	27	24	1636	23893	8426
国有企业	12	10	1007	7972	1545
集体企业	2	2	158	3549	1314
有限责任公司	4	3	35	1962	342
其他有限责任公司	4	3	35	1962	342
股份有限公司	1	1	143	931	347
私营企业	8	8	292	9480	4879
私营独资企业	4	4	201	9003	4713
私营合伙企业	1	1		38	35
私营有限责任公司	2	2	62	324	81
私营股份有限公司	1	1	29	115	49
3.按控股情况分					
国有控股	13	11	1007	9071	1545
集体控股	3	2	193	3690	1360
私人控股	10	10	292	10202	5174
其他	1	1	143	931	347
4.按经营形式分					
独立门店	26	23	1493	22962	8079
其他	1	1	143	931	347

法人财务状况综合表

单位: 万元

#存货	固定资产合计	固定资产原价	累计折旧	本年折旧	在建工程
3226	49429	64289	21525	2963	5567
2022	40973	56294	19408	2432	4412
2019	39452	54701	19280	2394	4412
3	1522	1593	128	38	
2022	40973	56294	19408	2432	4412
822	17739	27403	11724	1573	4164
529	10503	10427	1819	162	
239	2861	4317	1455	60	
239	2861	4317	1455	60	
136	8198	11992	3912	624	118
296	1672	2155	499	13	130
246	1117	1613	496	10	130
3	242	230	3	3	
17	252	252			
30	61	61			
955	18598	29397	12859	1618	4164
565	12432	12488	1951	177	
367	1746	2417	686	13	130
136	8198	11992	3912	624	118
1886	32776	44302	15496	1808	4294
136	8198	11992	3912	624	118

11-6 续表1

指标名称	法人企业数（个）	#执行《2006年企业会计准则》企业数（个）	年初存货	流动资产合计	应收帐款
5.按星级分					
五星	2	2	158	3549	1314
四星	4	4	232	7444	2773
三星	4	3	329	1872	748
二星	3	3	58	2545	2364
其他	14	12	859	8483	1228
二、餐饮业	19	14	2155	8809	2205
1.按餐饮行业小类分					
正餐服务	19	14	2155	8809	2205
2.按登记注册类型分					
内资企业	19	14	2155	8809	2205
国有企业	2	2	12	366	96
有限责任公司	3	3	1062	741	197
其他有限责任公司	3	3	1062	741	197
股份有限公司	2	2	226	2375	550
私营企业	11	7	833	5194	1252
私营独资企业	7	3	125	847	422
私营合伙企业	2	2	32	1744	89
私营有限责任公司	2	2	676	2604	741
其他企业	1		23	133	110
3.按控股情况分					
国有控股	2	2	12	366	96
私人控股	15	11	1369	8100	1977
其他	2	1	774	344	132
4.按经营形式分					
独立门店	18	13	1844	8431	2173
连锁门店	1	1	311	379	32

单位: 万元

#存货	固定资产合计	固定资产原价	累计折旧	本年折旧	在建工程
529	10503	10427	1819	162	
343	2053	6359	4306	163	136
325	14274	17909	5641	942	173
56	720	1216	496	10	
770	13424	20383	7147	1155	4102
1204	8456	7995	2117	530	1155
1204	8456	7995	2117	530	1155
1204	8456	7995	2117	530	1155
52	1329	2207	878	12	
232	142	238	96	8	39
232	142	238	96	8	39
248	1803	1450	480	126	832
649	5182	4100	663	384	284
179	2614	1580	457	239	
29	1877	1630	7	2	
442	691	890	199	144	284
23					
52	1329	2207	878	12	
940	7052	5690	1216	514	1155
212	75	98	23	4	
1168	8421	7887	2043	526	1155
36	34	108	73	4	

11-6 续表2

指标名称	资产总计	流动负债合计	应付帐款	非流动负债合计	负债合计	所有者权益合计
总　计	94012	40615	7561	6119	46734	47278
一、住宿业	72985	35807	6472	3551	39358	33626
1.按住宿行业小类分						
旅游饭店	71185	34366	6472	3551	37917	33268
一般旅馆	1799	1441			1441	358
2.按登记注册类型分						
内资企业	72985	35807	6472	3551	39358	33626
国有企业	30024	14263	1085	2706	16969	13055
集体企业	15884	11252	2675		11252	4632
有限责任公司	4924	2589	1100		2589	2336
其他有限责任公司	4924	2589	1100		2589	2336
股份有限公司	9954	527	209		527	9427
私营企业	12198	7176	1404	845	8022	4177
私营独资企业	11166	6667	1117	845	7512	3655
私营合伙企业	280	110			110	170
私营有限责任公司	576	328	254		328	248
私营股份有限公司	176	72	32		72	104
3.按控股情况分						
国有控股	31982	15719	1561	2706	18425	13557
集体控股	18049	11801	2721		11801	6248
私人控股	13000	7760	1981	845	8605	4395
其他	9954	527	209		527	9427
4.按经营形式分						
独立门店	63030	35280	6263	3551	38831	24199
其他	9954	527	209		527	9427

单位：万元

实收资本					营业收入
	国家资本	集体资本	法人资本	个人资本	
43922	17786	2065	19503	4568	55775
33761	14084	1110	18077	491	36083
33403	13896	1110	18077	321	35310
358	188			170	773
33761	14084	1110	18077	491	36083
19702	13582		6120		9906
1110		1110			5927
1828	502		1055	271	11920
1828	502		1055	271	11920
9427			9427	0	1566
1694			1475	220	6765
1285			1283	2	5483
170				170	274
148			100	48	561
92			92		447
20204	14084		6120		12213
2236		1110	1006	120	6989
1894			1524	371	15315
9427			9427		1566
24334	14084	1110	8650	491	34517
9427			9427		1566

11-6 续表3

指标名称	资产总计	流动负债合计	应付帐款	非流动负债合计	负债合计	所有者权益合计
5.按星级分						
五星	15884	11252	2675		11252	4632
四星	9669	8208	1040	100	8308	1361
三星	17026	1149	665	977	2125	14901
二星	4178	844	760	845	1690	2488
其他	26228	14355	1333	1629	15984	10245
二、餐饮业	21027	4808	1089	2568	7375	13652
1.按餐饮行业小类分						
正餐服务	21027	4808	1089	2568	7375	13652
2.按登记注册类型分						
内资企业	21027	4808	1089	2568	7375	13652
国有企业	1704	480	71	94	574	1130
有限责任公司	922	356	141	195	552	371
其他有限责任公司	922	356	141	195	552	371
股份有限公司	5517	516	319		516	5001
私营企业	12601	3345	448	2279	5624	6977
私营独资企业	4061	643	238	1279	1922	2139
私营合伙企业	3635	63	51	1000	1063	2572
私营有限责任公司	4905	2640	159		2640	2266
其他企业	284	110	110		110	174
3.按控股情况分						
国有控股	1704	480	71	94	574	1130
私人控股	18753	4146	908	2403	6548	12205
其他	570	182	110	72	253	317
4.按经营形式分						
独立门店	20614	4678	1089	2444	7122	13493
连锁门店	413	130		124	254	159

单位: 万元

实收资本					营业收入
	国家资本	集体资本	法人资本	个人资本	
1110		1110			5927
6655	35		6520	100	10098
14890	5463		9427	0	3833
885			883	2	2281
10221	8586		1247	389	13945
10161	3702	955	1426	4077	19692
10161	3702	955	1426	4077	19692
10161	3702	955	1426	4077	19692
621	621				1072
183				183	3479
183				183	3479
4517	3082	955	466	15	3823
4750			931	3820	10643
1750			901	850	4608
2450				2450	1070
550			30	520	4965
90			30	60	676
621	621				1072
9402	3082	955	1396	3969	16054
138			30	108	2566
10126	3702	955	1426	4042	19017
35				35	674

11-6 续表4

指标名称	主营业务收入	营业成本	主营业务成本	营业税金及附加	主营业务税金及附加	其他业务利润
总　计	55114	28736	28636	3222	3011	16
一、住宿业	36056	18670	18670	2097	2097	3
1.按住宿行业小类分						
旅游饭店	35283	18091	18091	2077	2077	3
一般旅馆	773	579	579	20	20	
2.按登记注册类型分						
内资企业	36056	18670	18670	2097	2097	3
国有企业	9904	4121	4121	546	546	3
集体企业	5902	2894	2894	362	362	
有限责任公司	11920	8298	8298	687	687	
其他有限责任公司	11920	8298	8298	687	687	
股份有限公司	1566	575	575	82	82	
私营企业	6765	2781	2781	419	419	
私营独资企业	5483	2120	2120	365	365	
私营合伙企业	274	182	182			
私营有限责任公司	561	122	122	29	29	
私营股份有限公司	447	357	357	25	25	
3.按控股情况分						
国有控股	12211	5667	5667	684	684	3
集体控股	6964	3601	3601	421	421	
私人控股	15315	8827	8827	910	910	
其他	1566	575	575	82	82	
4.按经营形式分						
独立门店	34490	18094	18094	2015	2015	3
其他	1566	575	575	82	82	

单位: 万元

销售费用	管理费用				财务费用		
		税金	差旅费	工会经费		利息收入	利息支出
13448	9211	306	118	47	101	378	231
10451	6255	77	66	40	66	296	141
10445	6228	67	65	40	66	296	141
6	27	10	2				
10451	6255	77	66	40	66	296	141
4130	2120	35	36	28	-115	295	15
2343	910	23	21	1	138	1	117
2031	1260	18	1	9	22		1
2031	1260	18	1	9	22		1
552	872		8	2	2		
1395	1093	1			19		8
1382	945	1			10		
6	8						
6	76				9		8
	63						
4628	2642	35	36	28	-112	295	15
2350	1012	41	22	10	139	1	118
2920	1728	1			36		8
552	872		8	2	2		
9899	5383	77	58	38	64	296	141
552	872		8	2	2		

11-6 续表5

指标名称	主营业务收入	营业成本	主营业务成本	营业税金及附加	主营业务税金及附加	其他业务利润
5.按星级分						
五星	5902	2894	2894	362	362	
四星	10098	4740	4740	660	660	
三星	3833	1920	1920	231	231	
二星	2281	1048	1048	107	107	
其他	13943	8069	8069	738	738	3
二、餐饮业	19058	10066	9966	1125	914	14
1.按餐饮行业小类分						
正餐服务	19058	10066	9966	1125	914	14
2.按登记注册类型分						
内资企业	19058	10066	9966	1125	914	14
国有企业	894	740	640	107	107	
有限责任公司	3479	1588	1588	165	49	
其他有限责任公司	3479	1588	1588	165	49	
股份有限公司	3823	1774	1774	326	326	2
私营企业	10342	5730	5730	496	401	11
私营独资企业	4307	2875	2875	172	77	10
私营合伙企业	1070	728	728	84	84	
私营有限责任公司	4965	2127	2127	240	240	1
其他企业	521	235	235	32	32	
3.按控股情况分						
国有控股	894	740	640	107	107	
私人控股	15753	8171	8171	907	775	14
其他	2411	1156	1156	111	32	
4.按经营形式分						
独立门店	18384	9823	9723	1088	914	13
连锁门店	674	243	243	37		

单位: 万元

销售费用	管理费用				财务费用		
		税金	差旅费	工会经费		利息收入	利息支出
2343	910	23	21	1	138	1	117
3224	1728	12	2	2	36		
748	1245	0	19	23	-134	280	15
263	541	1					
3874	1831	41	25	15	26	15	9
2997	2957	230	51	7	35	82	90
2997	2957	230	51	7	35	82	90
2997	2957	230	51	7	35	82	90
	114				1		
623	344		1		1		
623	344		1		1		
981	645	16	3		1		
1280	1768	181	47	7	31	82	90
374	622	177	21		12	79	73
9	71	4	25	2	0		
897	1075		2	5	19	2	17
113	86	32			1		
	114				1		
2797	2638	198	51	7	33	82	90
200	205	32			1		
2699	2932	230	51	7	34	82	90
298	25				1		

11-6 续表6

指标名称	资产减值损失	公允价值变动收益	投资收益	营业利润	补贴收入	营业外收　入	利润总额
总　计	223	2	170	692	508	–86	639
一、住宿业	200			–1679	508	–89	–182
1.按住宿行业小类分							
旅游饭店	200			–1820	508	–93	–320
一般旅馆				141		5	138
2.按登记注册类型分							
内资企业	200			–1679	508	–89	–182
国有企业	200			–1096	508	–199	–221
集体企业				–745		64	–610
有限责任公司				–378			44
其他有限责任公司				–378			44
股份有限公司				–518		2	
私营企业				1058		45	605
私营独资企业				661		45	449
私营合伙企业				78			78
私营有限责任公司				317			75
私营股份有限公司				2			2
3.按控股情况分							
国有控股	200			–1495	508	–199	–221
集体控股				–559		64	–584
私人控股				894		45	623
其他				–518		2	
4.按经营形式分							
独立门店	200			–1160	508	–91	–182
其他				–518		2	

单位: 万元

应交所得税	应付职工薪酬(本年贷方累计发生额)	应交增值税	土地和固定资产支出	房屋和建筑物	机器设备	运输工具	其他费用
123	9093	113	527	21	159	249	98
22	6188	2	385	21	131	156	77
22	5924	2	385	21	131	156	77
	263						
22	6188	2	385	21	131	156	77
1	1950	2	312		102	140	71
	1198						
	1784		46	21	24		
	1784		46	21	24		
	321		27		5	16	6
21	934						
20	729						
	42						
	86						
	78						
1	2348	2	312		102	140	71
	1473		46	21	24		
21	2045						
	321		27		5	16	6
22	5867	2	358	21	126	140	71
	321		27		5	16	6

11-6 续表7

指标名称	资产减值损失	公允价值变动收益	投资收益	营业利润	补贴收入	营业外收入	利润总额
5.按星级分							
五星				-745		64	-610
四星	4			-293		48	393
三星				-177	20	15	112
二星				323			66
其他	196			-788	488	-216	-143
二、餐饮业	24	2	170	2371		3	822
1.按餐饮行业小类分							
正餐服务	24	2	170	2371		3	822
2.按登记注册类型分							
内资企业	24	2	170	2371		3	822
国有企业				33			-23
有限责任公司				875			54
其他有限责任公司				875			54
股份有限公司	5	2	170	265			180
私营企业	19			1144		3	557
私营独资企业	19			358			275
私营合伙企业				178			178
私营有限责任公司				608		3	103
其他企业				54			54
3.按控股情况分				0			0
国有控股				33			-23
私人控股	24	2	170	1520		3	779
其他				818			65
4.按经营形式分							
独立门店	24	2	170	2263		3	808
连锁门店				108		0	14

单位: 万元

应交所得税	应付职工薪酬(本年贷方累计发生额)	应交增值税	土地和固定资产支出	房屋和建筑物	机器设备	运输工具	其他费用
	1198						
	1658						
1	696		27		5	16	6
20	340						
	2296	2	358	21	126	140	71
101	2906	111	142		28	93	21
101	2906	111	142		28	93	21
101	2906	111	142		28	93	21
	262						
	400						
	400						
	562						
101	1557	111	142		28	93	21
98	783	111	127		25	81	21
4	191		16		4	12	
	583						
	125						
	262						
101	2388	111	142		28	93	21
	256						
101	2771	111	142		28	93	21
	135						

11-7 限额以上住宿餐饮法人

指标名称	法人企业数（个）	从业人员期末人数（人）	营业额		
				客房收入	餐费收入
总　计	46	5593	55792	19130	31920
一、住宿业	27	3586	36283	15592	17359
1.按住宿行业小类分					
旅游饭店	24	3425	35510	15366	16965
一般旅馆	3	161	773	226	394
2.按登记注册类型分					
内资企业	27	3586	36283	15592	17359
国有企业	11	938	10001	5165	4358
集体企业	2	660	5902	2726	2638
有限责任公司	5	1205	12191	4573	5673
其他有限责任公司	5	1205	12191	4573	5673
股份有限公司	1	150	1566	648	700
私营企业	8	633	6623	2479	3991
私营独资企业	4	465	5483	1748	3735
私营合伙企业	1	32	274	121	
私营有限责任公司	2	97	561	450	111
私营股份有限公司	1	39	305	160	145
3.按控股情况分					
国有控股	12	1182	12308	5810	6012
集体控股	3	811	6964	3207	2830
私人控股	10	1294	15173	5847	7627
其他	2	299	1838	728	890
4.按经营形式分					
独立门店	26	3436	34717	14943	16659
其他	1	150	1566	648	700

企业经营情况综合表

单位: 万元

商品销售收入	其他收入	客房数（间）	床位数（个）	餐位数（位）	年末餐饮营业面积(平方米)
1011	3732	3825	7175	20932	100380
259	3073	2862	5334	12504	72570
259	2920	2687	5094	11894	70540
	153	175	240	610	2030
259	3073	2862	5334	12504	72570
159	319	1156	2116	3960	33315
	538	703	1366	1950	5600
11	1935	488	883	3460	21375
11	1935	488	883	3460	21375
90	128	130	259	300	4020
	153	385	710	2834	8260
		231	447	2484	6800
	153	35	66		
		90	140	240	360
		29	57	110	1100
159	328	1259	2309	4660	42815
5	922	773	1486	2150	6975
4	1695	650	1180	4394	16260
91	128	180	359	1300	6520
169	2945	2732	5075	12204	68550
90	128	130	259	300	4020

11-7 续表

指标名称	法人企业数（个）	从业人员期末人数（人）	营业额	客房收入	餐费收入
5.按星级分					
五星	2	660	5902	2726	2638
四星	3	698	10287	4207	4815
三星	5	486	4105	1910	1976
二星	3	241	2281	268	2013
其他	14	1501	13709	6481	5917
二、餐饮业	19	2007	19510	3539	14561
1.按餐饮行业小类分					
正餐服务	19	2007	19510	3539	14561
2.按登记注册类型分					
内资企业	19	2007	19510	3539	14561
国有企业	2	227	1072	277	795
有限责任公司	3	320	3479	411	3067
其他有限责任公司	3	320	3479	411	3067
股份有限公司	2	438	3684	549	2750
私营企业	11	936	10599	2175	7399
私营独资企业	7	431	4608	1111	3150
私营合伙企业	2	163	1070	380	690
私营有限责任公司	2	342	4921	684	3559
其他企业	1	86	676	127	549
3.按控股情况分					
国有控股	2	227	1072	277	795
私人控股	15	1599	15872	3135	11326
其他	2	181	2566	127	2439
4.按经营形式分					
独立门店	18	1909	18836	3539	13886
连锁门店	1	98	674		674

单位: 万元

商品销售收入	其他收入	客房数（间）	床位数（个）	餐位数（位）	年末餐饮营业面积(平方米)
	538	703	1366	1950	5600
4	1260	374	681	1964	6740
91	128	583	1137	2180	16340
		94	189	1660	4300
164	1147	1108	1961	4750	39590
752	659	963	1841	8428	27810
752	659	963	1841	8428	27810
752	659	963	1841	8428	27810
		139	296	900	2200
		61	112	1414	3400
		61	112	1414	3400
384	1	135	258	1672	2500
368	658	578	1083	4142	19310
199	148	318	609	2272	8630
		176	292	1020	4100
168	510	84	182	850	6580
		50	92	300	400
		139	296	900	2200
752	659	774	1453	6814	24210
		50	92	714	1400
752	659	963	1841	7668	26810
				760	1000

11-8 限额以上批发零售产业活动单位

指标名称	法人企业数（个）	从业人员期末人数（人）	商品购进额	商品销售额
总　计	82	2439	90852	141235
一、批发业	8	327	40295	42001
1.按批发行业小类分				
农畜产品批发	1	14	751	4255
种子、饲料批发	1	14	751	4255
食品、饮料及烟草制品批发	2	72	8800	9432
果品、蔬菜批发	2	72	8800	9432
个体经营	7	279	31495	33201
个体户	7	279	31495	33201
3.按经营形式分				
独立门店	8	327	40295	42001
二、零售业	74	2112	50556	99234
1.按零售行业小类分				
综合零售	15	571	12730	27154
百货零售	3	131	2187	10250
超级市场零售	5	158	3917	9562
其他综合零售	7	282	6626	7342
食品、饮料及烟草制品专门零售	5	64	3997	15787
肉、禽、蛋及水产品零售	1	10	900	850
饮料及茶叶零售	3	49	2537	14427
其他食品零售	1	5	560	510
纺织、服装及日用品专门零售	4	376	2813	2803
纺织品及针织品零售	2	214	1613	1504
服装零售	2	162	1201	1300
文化、体育用品及器材专门零售	5	52	1713	3143
图书零售	1	17	1269	1133
珠宝首饰零售	4	35	444	2011
医药及医疗器材专门零售	3	94		3567
药品零售	3	94		3567
汽车、摩托车、燃料及零配件专门零售	17	198	7256	18870
汽车零售	5	73	268	7882
汽车零配件零售	3	46	1422	1416
摩托车及零配件零售	1	25	753	4805
机动车燃料零售	8	54	4813	4768
家用电器及电子产品专门零售	14	288	17571	21053

（个体户）商品购进、销售和库存综合表

单位: 万元

批发额	零售额	期末商品库存额	年末零售营业面积(平方米)
40561	100673	14437	458973
40092	1908	4946	369200
4255		21	
4255		21	
8800	632		4400
8800	632		4400
31292	1908	4946	364800
31292	1908	4946	364800
40092	1908	4946	369200
469	98765	9491	89773
	27154	1288	16738
	10250	188	8400
	9562	983	8288
	7342	116	50
	15787	299	3250
	850	200	300
	14427	49	2800
	510	50	150
	2803	357	7320
	1504	171	3520
	1300	186	3800
469	2675	891	950
	1133	460	400
469	1542	431	550
	3567	53	1000
	3567	53	1000
	18870	1320	19985
	7882	442	620
	1416	130	3844
	4805	82	2500
	4768	666	13021
	21053	4155	7660

11-8 续表

指标名称	法人企业数（个）	从业人员期末人数（人）	商品购进额	商品销售额
家用电器零售	11	201	16950	15095
通信设备零售	3	87	621	5958
五金、家具及室内装修材料专门零售	8	425	3885	5495
家具零售	6	195	3681	4117
涂料零售	1	80		553
其他室内装修材料零售	1	150	204	825
无店铺及其他零售	3	44	592	1362
其他未列明的零售	3	44	592	1362
2.按登记注册类型分				
内资企业	32	888	10913	30134
集体企业	1	150	204	825
有限责任公司	10	212	2920	10943
其他有限责任公司	10	212	2920	10943
股份有限公司	2	73	874	6231
私营企业	19	453	6915	12134
私营独资企业	12	263	5986	6377
私营合伙企业	1	60	851	790
私营有限责任公司	5	127	79	4848
私营股份有限公司	1	3		120
个体经营	42	1224	39643	69100
个体户	42	1224	39643	69100
3.按经营形式分				
独立门店	73	2092	50454	98006
连锁门店	1	20	102	1228
4.按零售业态分				
有店铺零售	74	2112	50556	99234
食杂店	1	5	560	510
便利店	3	124	3412	4175
超市	12	445	9650	15222
百货店	3	131	2187	10250
专业店	30	759	21559	33055
专卖店	17	218	9329	30872
家居建材商店	4	310	1429	2797
购物中心	3	112	2296	2259
厂家直销中心	1	8	136	95

单位: 万元

批发额	零售额	期末商品库存额	年末零售营业面积(平方米)
	15095	3914	4520
	5958	241	3140
	5495	901	32000
	4117	890	26000
	553		
	825	12	6000
	1362	227	870
	1362	227	870
469	29665	3252	47874
	825	12	6000
469	10474	1371	12640
469	10474	1371	12640
	6231	389	5000
	12134	1481	24234
	6377	1070	8720
	790	61	1800
	4848	350	13690
	120		24
	69100	6239	41899
	69100	6239	41899
469	97537	9292	88397
	1228	199	1376
469	98765	9491	89773
	510	50	150
	4175	25	50
	15222	1859	10988
	10250	188	8400
	33055	4508	28304
469	30403	1575	10491
	2797	580	27900
	2259	663	3170
	95	43	320

11-9 限额以上住宿餐饮产业活动

指标名称	法人企业数（个）	从业人员期末人数（人）	营业额	客房收入
总　计	64	2478	28231	5181
一、住宿业	12	726	6679	2975
1.按住宿行业小类分				
旅游饭店	6	600	5260	1787
一般旅馆	5	91	1259	1052
其他住宿服务	1	35	160	137
2.按登记注册类型分				
内资企业	7	275	3660	1724
股份有限公司	2	75	1590	873
私营企业	5	200	2070	851
私营独资企业	3	144	1706	510
私营合伙企业	2	56	364	341
个体经营户	5	451	3019	1252
个体户	5	451	3019	1252
3.按经营形式分				
独立门店	12	726	6679	2975
4.星级评定情况				
二星	1	25	170	170
三星	1	335	2029	558
其他	10	366	4480	2247
二、餐饮业				
1.按餐饮行业小类分	52	1752	21552	2206
正餐服务	49	1663	20610	2206
快餐服务	1	57	420	
其他餐饮服务	2	32	521	
2.按登记注册类型分				
内资企业	10	344	3358	319
私营企业	10	344	3358	319
私营独资企业	8	282	2828	319
私营合伙企业	2	62	530	
个体经营户	42	1408	18194	1887
个体户	41	1393	17902	1887
个人合伙	1	15	292	
3.按经营形式分				
独立门店	51	1629	21055	2022
其他	1	123	497	184

单位（个体户）经营情况综合表

单位：万元

餐费收入	商品销售收入	其他收入	客房间数（间）	床位数（个）	餐位数（位）	年末餐饮营业面积（平方米）
22304	309	437	1318	2521	15624	65953
3241	30	433	624	1253	3590	17480
3034	23	417	251	500	2590	12200
207			348	703	1000	5280
	7	17	25	50		
1566	30	341	308	584	2370	9300
718			170	320	1500	5500
849	30	341	138	264	870	3800
849	23	324	91	170	570	1300
	7	17	47	94	300	2500
1675		93	316	669	1220	8180
1675		93	316	669	1220	8180
3241	30	433	624	1253	3590	17480
			120	220	500	3000
1378		93	78	160	320	4100
1863	30	341	426	873	2770	10380
19063	280	4	694	1268	12034	48473
18121	280	4	694	1268	11784	45973
420					125	600
521					125	1900
2973	67		49	94	1522	10760
2973	67		49	94	1522	10760
2443	67		49	94	942	7560
530	0				580	3200
16090	213	4	645	1174	10512	37713
15798	213	4	645	1174	10372	37413
292					140	300
18749	280	4	598	1098	11534	46973
313			96	170	500	1500

主要统计指标解释

批发零售贸易业 指专门从事批发和零售贸易活动的经济部门。我国长期以来把专门从事商品流通的机构分为国内商业、对外贸易业和物资供销业。新的国家统计报表制度根据《国民经济行业分类与代码》(国标修订方案),将专门从事商品流通的行业统称为批发零售贸易业。

批发零售贸易业法人企业 指具备如下条件的批发零售贸易企业:(1)依法成立,有自己的名称、组织机构和场所,能够承担民事责任;(2)独立拥有和使用资产,承担负债,有权与其他单位签订合同;(3)独立核算盈亏,并能够编制包括资产负债表在内的全部会计帐户。

限额以上批发贸易企业 年销售额2000万元以上或从业人员20人以上为限额以上企业;

限额以上零售企业 年销售额500万元以上或从业人员60人以上为限额以上零售企业;

限额以上餐饮企业 年营业额200万元以上或从业人员40人以上为限额以上餐饮企业。

社会消费品零售总额 指各种经济类型的批发零售贸易、餐饮业和其他行业对城乡居民和社会集团的消费品零售额总额。其中,对居民的消费品零售额,是指售给城乡居民用于生活消费的商品金额;对社会集团的消费品零售额,是指售给机关、社会团体、部队、学校、企事业单位、居委会或村委会等,公款购买的用作非生产、非经营使用与公共消费的商品金额。社会消费品零售总额包括:售给城乡居民作为生活消费用的商品金额和修建房屋用的建筑材料,以及售给来华的外国人、华侨、港澳台同胞的消费品总额。不包括城市居民间或居民委托信托商店卖出的商品和售给农业、工业、建筑业等行业用于生产的商品。

市的零售额 指设立在中央直辖市、省、地辖市的市区和郊区以及县级市的市区的各行业消费品零售额,不包括市属县的消费品零售额。

县的零售额 指设立在县城关区的各行业消费品零售额。

县以下的零售额 指设立在县城关区以及县级市的市区以外的集镇和农村的各行业消费品零售额。但不包括分布在农村的独立工矿、林区的商品零售额。

住宿和餐饮零售额 指专门从事提供食宿服务、进行食品烹饪调制的住宿和餐饮业企业、产业活动单位和个体户,直接向居民和社会集团出售主食、菜肴、烟酒饮料和其他商品取得的餐费收入和商品销售额,包括各行业企业或单位附设的对我营业的旅馆、火车餐车、轮船餐厅、机场餐厅的零售额,不包括机关、团体、学校、企事业单位不对外营业的职工食堂所出售的餐费收入。

其他行业零售额 指批发和零售业、住宿和餐饮业法人企业、产业活动单位、个体户以外的其他行业的法人企业、产业活动单位或个体户,从事生活消费品零售活动或者提供食宿服务所取得的商品销售额和餐费收入。

门店总数 指该连锁企业所拥有的全部连锁门店数量,包括总店(如果总公司有门店的话)和全部直营分店、加盟分店数。其中,总店作为一个直营店处理。此外,有的地区分出控股店,控股店按直营店统计。直营店和加盟店之和应小于等于门店总数。

连锁企业(或称连锁店、连锁公司) 指在核心企业或总店的领导下,由分散的、经营同类商品或服务的企业或活动单位,采取共同方针,实行集中采购和分散销售的有机结合,通过规范化经营,实现规模效益的经济联合组织形式。一般连锁店应由若干个分店组成。其经营特征:(1)经营同类商品;(2)使用统一商号;(3)统一采购配送,采购与销售相分离(部分商品可根据物流合理和保质保鲜原则由供应商直接送货到门店,其余均由总部统一配送)。连锁店总店(总部)指连锁店的核心企业或管理中心。连锁店分店指连锁店所属各分散经营的企业或活动单位,也可称分店或成员店。

连锁店包括下列两种形式:

直营连锁也叫正规连锁。连锁门店均由总部全资或控股开设，在总部的直接领导下统一经营。连锁总店或核心店作为一个直营店统计。

加盟连锁包括特许连锁和自由连锁。

特许连锁：各连锁门店（被特许人）通过合同形式，取得使用总部（特许人）商标、商号、经营技术和销售总部开发的商品的特许权，各加盟连锁门店为独立法人，但无自主经营权，在总部指导下统一经营。

自由连锁：也称自愿连锁，连锁公司的门店均为独立法人，各自的资产所有权关系不变，在公司总部的指导下共同经营。各成员店使用共同的店名，与总部订阅有关购、销、宣传等方面的合同，并按合同开展经营活动。在合同规定的范围之外，各成员店可以自由活动。根据自愿原则，各成员店可自由加入连锁体系，也可自由退出。

系统内企业，如新华书店、烟草公司、石油公司等，应注意是否具备连锁经营特征，如果不具备连锁经营特征，则不能纳入连锁统计范畴。

亿元以上商品交易市场 指经乡镇及以上政府主管部门批准，有固定交易场所，进行经常性常年交易、并设有专职管理人员的年成交额在亿元以上的现货商品交易市场。

对外经济贸易和旅游业

资料整理人员

赵　静　孙露青　杨智业

12-1 1995-2011年海关进出口贸易总额

单位: 万美元

年 份	进出口总额	出口总额	进口总额
1995	230	230	
1996	209	209	
1997	315	315	
1998	508	386	122
1999	771	716	55
2000	1747	1184	563
2001	2095	2027	68
2002	1715	1655	60
2003	2649	2354	295
2004	4524	4373	151
2005	4002	3977	25
2006	6220	6188	32
2007	10169	10026	143
2008	15817	15604	213
2009	10242	9967	275
2010	12654	12532	122
2011	19158	19140	18

12-2 海关进出口贸易总额（2011年）

单位: 万美元

项　　目	进出口总额	出口总额	进口总额
总　　额			
一、按企业性质分			
国有企业	754450	90781	173832
中外合作企业	3011	2753	258
中外合资企业	178570	43759	134811
外商独资企业	83032	44269	38763
集体企业	57377	11744	45634
私人企业	398947	200390	198556
个体工商户	493	493	
其　他	101		101
二、按贸易方式分			
一般贸易	1094493	389044	705449
加工贸易	290691	149729	140963
来料加工装配贸易	615	410	205
其他	575	48	527

12-3 海关进出口商品分类总额（2011年）

单位: 万美元

项目	出口总额	进口总额
合计	19140	18
1. 活动物及动物产品		
2. 植物产品	1430	
3. 动、植物油脂及分解产品；精制的食用油脂、动植物脂		
4. 食品、饮料、酒及醋；烟草及烟草代品的制品	3	
5. 矿产品	838	
6. 化学工业及其相关工业的产品	1143	
7. 塑料及其制品；橡胶及其制品		
8. 生皮、皮革、毛皮及其制品；鞍具及挽具;旅行用品、手提包及类似品；动物肠线(蚕胶丝除外)制品		
9. 木及木制品；木炭；软木及软木制品稻草 、秸秆、针茅或其他编结材料制品、蓝筐及柳条编结品		
10. 木浆及其他纤维状纤维素浆；纸及纸板的废碎品；纸、纸板及其制品废碎品；纸、纸板及其制品		
11. 纺织原料及纺织制品		
12. 鞋、帽、伞、仗、鞭及其零件；已加工的羽毛及其制品；人造花；人发制品		
13. 石料、石膏、水泥、石棉、云母及类似材料的制品；陶瓷产品；玻璃及其制品		
14. 天然或养殖珍珠、宝石或半宝石、贵金属包贵金属及其制品；仿首饰；硬币		
15. 贱金属及其制品	15313	13
16. 机器、机械器具、电气设备及其零件;录音机及放声机、电视图像、声音的录制和重放设备及其零件附件	313	5
17. 车辆、航空器、船舶及有关运输设备	99	
18. 光学、照相、电影、计量、检验、医疗或外科用仪器及设备、精密仪器及设备；钟表；乐器；上述物品的零件附件		
19. 杂项制品		
20.艺术品、收藏品及古物		

12-4 海关分国别（地区）进出口贸易总额（2011年）

单位: 万美元

国　别（地区）	进出口总额	出口总额	进口总额
进出口贸易总值	19158	19140	18
亚洲	8058	8043	15
香港	1	1	
印度	260	260	
日本	673	662	11
韩国	4198	4197	
印度尼西亚	231	231	
马来西亚	126	126	
新加坡	351	351	
泰国	150	150	
中华人民共和国台湾	296	292	4
土耳其	475	475	
哈萨克斯坦	20	20	
非洲	80	80	
南非	32	32	
欧洲	7543	7541	2
英国	505	503	2
德国	2059	2059	
法国	323	323	
意大利	1668	1667	
荷兰	1053	1053	
俄罗斯	440	440	
拉丁美洲	2086	2086	
阿根廷	21	21	
巴西	1175	1175	
古巴			
墨西哥	472	472	
秘鲁	27	27	
北美洲	531	530	
加拿大	293	293	
美国	237	237	
大洋洲	861	861	
澳大利亚	506	506	
新西兰	355	355	
东盟组织	991	991	
欧盟组织	7042	7040	2

12-5 1990-2011年实际利用外资额

单位: 万美元

年 份	利用外资总额	对外借款	外商直接投资	外商其他投资
1990	24		24	
1991	54		54	
1992	29		29	
1993	521		521	
1994	70		70	
1995	93		93	
1996	91		91	
1997	10		10	
1998	176		176	
1999	15		15	
2000	0		0	
2001	207		207	
2002	83		83	
2003	21		21	
2004	14		14	
2005	459		459	
2006	1692		1692	
2007	35		35	
2008	379		379	
2009	653		653	
2010	1445		1445	
2011	1677.5		1677.5	

12-6 1990–2011年合同利用外资金额（外商直接投资）

年 份	项目投资总额	合同利用外资情况	独资企业	合资企业	合作企业
一、合同项目(个)					
1990		1		1	
1991		2		2	
1992		11	1	10	
1993		33	1	30	2
1994		13	2	10	1
1995		2		2	
1996		7	4	3	
1997		2	1	1	
1998		5	1	4	
1999		1		1	
2000		2		2	
2001		7	3	3	1
2002		3	1	2	
2003		1		1	
2004		2	1		1
2005		5	1	4	
2006		2	1	1	
2007		2		2	
2008		4	2	2	
2009		3	1		2
2010		2	1	1	
2011		3	3		
二、合同金额(万美元)					
1990	120	24		24	
1991	121	54		54	
1992	935	374	45	329	
1993	5192	1990	200	1687	103
1994	368	148	26	92	30
1995	1181	699		699	
1996	629	407	310	97	
1997	64	22	10	12	
1998	206	159	100	59	
1999	33	15		15	
2000	570	408		408	
2001	8874	632	65	179	388
2002	1255	501	50	451	
2003	10	3		3	
2004	242	194	42		152
2005	12821	5107	453	4654	
2006	4875	1427	117	1310	
2007	5700	2408		2408	
2008	5639	4175	4035	139	
2009	8356	6831	190		6641
2010	10003.6	7003.6	3.6		7000
2011	680	410	410		

12-7 主要年份实际利用外资额

单位: 万美元

项　　目	1995	2000	2005	2006	2007	2008	2009	2010	2011
总　　计	93		459	1692	35	380	653	1444.6	1677.5
#外商直接投资	93		459	1692	35	380	653	1444.6	
#合作企业	93		459	1692	35		180.5	1441	1562.5
#独资企业							472.5	3.6	115

12-8 按行业分的合同利用外商直接投资额（2011年）

单位: 万美元

行　　业	项 目（个）	合 同 金 额	实际利用金额
总　　计			
材料工业	1	400	210
农产品深加工	2	280	200

12-9 按国别（地区）分的利用外商直接投资额（2011年）

单位: 万美元

国　　别（地区）	项　目（个）	合同利用外资金额	实际使用外资金额
总　　计	3	680	1677.5
香　港	3	680	1677.5
韩　国			
德　国			

12-10 主要年份旅游接待人数

单位:万人次

年 份	国内旅游接待人次(万人次)	海外旅游者(人次)	外国人及华侨	港澳和台湾同胞	# 台湾同胞
1980	7.1	217	147	70	
1985	45.6	1503	1083	420	
1986	23.8	2009	1359	650	
1987	31.7	3427	2413	1014	
1988	33.7	3495	2733	762	
1989	44.8	2297	1065	1232	
1990	57.4	5855	2365	3490	
1995	142.0	14363	9150	5213	
1996	274.0	14562	10351	4211	
1997	443.0	18379	10108	8271	
1998	461.4	14603	8032	6571	
1999	586.8	11258	6755	4503	
2000	588.1	16686	9920	6766	
2001	712.4	22506	15015	7491	6000
2002	825.1	28194	15697	12497	7066
2003	430.2	12800	5661	7139	3100
2004	560.0	30100	17647	12453	5944
2005	620.0	46200	24161	22039	7358
2006	708.0	68700	34538	34162	11647
2007	754.0	85890	52958	32932	9478
2008	830.8	107000	66052	41310	11405
2009	881.0	119171	71853	47318	13221
2010	1037.47	145840	87331	58509	16656
2011	1203.15	172091	103509	68582	19483

12-11 主要年份旅游收入

年份	旅游总收入(亿元)	国内旅游接待收入(亿元)	旅游外汇收入(万美元)	国内旅游人均花费(元/人次)
1980			1.0	
1985			7.0	
1986			9.0	
1987			11.0	
1988			16.0	
1989			12.0	
1990			31.0	
1995		2.2	428.0	154.9
1996		5.4	387.0	197.1
1997		11.7	573.0	264.1
1998		11.7	529.0	253.6
1999		13.4	369.0	228.4
2000		13.9	470.0	236.4
2001		18.7	682.6	262.5
2002		21.3	801.9	258.2
2003		9.9	348.7	230.1
2004		10.7	839.7	191.1
2005	26.0	25.0	1389.1	403.2
2006	39.7	34.0	2139.5	480.2
2007	55.6	53.3	2803.5	707.0
2008	71.7	69.3	3504.4	863.0
2009	83.8	80.9	3960.0	918.3
2010	106.3	103.0	5080.0	800.0
2011	127.94	123.87	6152.3	1029

主要统计指标解释

进出口总额　海关进出口总额指实际进出我国国境的货物总金额。包括对外贸易实际进出口货物，来料加工装配进出口货物，国家间、联合国及国际组织无偿援助物资和赠送品，华侨、港澳台同胞和外籍华人捐赠品，租赁期满归承租人所有的租凭货物，进料加工进出口货物，边境地方贸易及边境地区小额贸易进出口货物（边民互市贸易除外），中外合资经营企业，中外合作经营企业，外商独资经营企业进出口货物和公用物品，到、离岸价格在规定限额以上的进出口货样和广告品（无商业价值、无使用价值和免费提供出口的除外），从保税仓库提取在中国境内销售的进出口货物，以及其他进出口货物。进出口总额用以观察一个国家在对外贸易方面的总规模。我国规定出口货物按离岸价格统计，进口货物按到岸价格统计。

实际利用外资　指我国各级政府、部门、企业和其他经济组织通过对外借款、吸收外商直接投资以及用其他方式筹措的境外现汇、设备、技术等。

对外借款　是我国利用外资的主要部分。包括我国通过外国政府贷款、国际金融组织贷款、外国银行商业贷款、出口信贷以及对外发行债券、股票等方式，从境外筹措的资金。

外商直接投资　是指外国企业和经济组织或个人（包括华侨、港澳台同胞以及我国在境外注册的企业）按我国有关政策、法规，用现汇、实物、技术等在我国境内开办外商独资企业，与我国境内的企业或经济组织共同举办中外合资经营企业、合作经营业或合作开发资源的投资（包括外商投资收益的再投资）以及经政府有关部门批准的项目投资总额内，企业从境外借入的资金。

对外承包工程　包括各对外承包公司以招标议标承包方式承揽下列业务：(1)承包国外工程建设项目；(2)承包我国对外经援项目；(3)承包我国驻外机构的工程建设项目；(4)承包我国境内利用外资进行建设的工程项目；(5)与外国承包公司合营或联承工程项目时我国公司分包部分；(6)以服务成果向业主收费的技术服务项目（包括承揽地形地貌测绘；地质资源勘探与普查；建区域规划；提供设计文件、图纸、生产工艺技术资料和工程技术经济咨询；工程项目的可行性考察、研究和评估；进行技术指导和培训人员等）；(7)对外承包兼劳营的房屋开发业务。对外承包工程的营业额是以货币表现的本期内完成的对外承包工程的工作量，包括以前年度签订的合同和本度新签订的合同在报告期完成的工作量。

对外劳务合作　指以收取工资的形式向业主或承包商提供技术或劳务的活动。我国对外承包公司在境外开办的合营企业，中国公司同时又提供劳务的，其劳务部分也纳入劳务合作统计。劳务合作营业额按报告期内向雇主提交的结算数（包括工资、加班费和资金等）统计。

国际旅游（外汇）收入　海外旅游者在中国（大陆）境 内旅行游览过程中用于交通、参观游览、住宿餐饮、购物、娱乐等全部花费。

海外旅游者　指来华入境的海外游客中，在我国旅游住宿设施内至少停留一夜的外国人、港澳台同胞。海外旅游者不包括下列人员：(1)应邀来华访问的政府部长以上官员及其随行人员；(2)外国驻华使馆官员，外交人员以及随行的家庭服务人员和赡养者；(3)常驻我国一年以上的外国专家、留学生、记者、商务机构人员等；(4)乘座国际航班过境不需要通过护照检查进入我国口岸的中转旅客；(5)边境地区往来的居民；(6)回大陆定居的港澳台同胞；(7)正在我国定居的外国人和原已出境要返回在我国定居的外国侨民；(8)归国的我国出国人员。

国内旅游者人数　指我国大陆居民和在我国常驻一年以上的外国人、华侨、港澳台同胞离开常驻地在境内其它地方的旅游设施内至少停留一夜，最长不超过6个月的人数。

财政、金融和保险

忻州统计年鉴

XIN ZHOU STATISTICAL YEARBOOK

333~354

资料整理人员

乔志勇　高金凤

13-1 主要年份地方财政收支总额

单位：万元

年 份	财 政总收入	一般预算收入总额	一般预算支出总额	收 支差 额	指数（以上年为100）	
					收 入	支 出
1952	1368	1368	940	428		
1957	1799	1799	1840	-41	101	91
1962	1844	1844	2914	-1070	88	54
1965	2622	2622	3797	-1175	106	122
1970	3810	3810	6613	-2803	108	112
1975	4884	4884	9048	-4164	117	103
1978	5908	5908	13662	-7754	104	140
1980	6219	6219	11025	-4806	109	84
1985	12958	12958	23375	-10417	125	115
1990	24026	24026	35352	-11326	119	106
1995	52191	32957	72851	-39894	136	123
2000	75593	54078	129827	-75749	104	114
2001	80292	55423	173524	-118101	102	134
2002	120454	53005	230013	-177008	96	133
2003	152789	64067	247050	-182983	121	107
2004	202258	79470	307816	-228346	124	125
2005	307868	117734	374507	-256773	148	122
2006	397865	166748	482025	-315277	142	129
2007	551593	231768	659877	-428109	139	137
2008	718701	294534	849595	-555061	127	129
2009	743286	335438	1020222	-684784	114	120
2010	901663	423425	1285794	-862369	126	126
2011	1222070	535728	1522113	-986385	127	118

13-2 预算外财政专户资金收支额（2011年）

单位: 万元

项 目	金额2010	金额2011
收入合计	72468	31443
一、行政事业性收费	66025	31216
二、政府性基金(资金、附加)收入		
三、主管部门集中收入		
四、乡镇自筹、统筹		
五、其他收入	6239	227
六、国有资产有偿使用收入	204	
支出合计	68542	34265
一、一般公共服务	13325	
二、公共安全	859	
三、教育	39957	34073
四、文化体育和传媒	1976	
五、社会保障和就业	1476	
六、医疗卫生	2808	
七、农林水事务	4064	
八、工业商业金融等事务	345	
九、其他支出	1022	192

13-3 主要年份地方财政收支分项目数

单位: 万元

年 份	企业收入	各项税收	#工商税	#农业税	其他收入	基本建设支 出	支援农业生产及农业事业费支出	文教科卫支 出
1952		1276	403	873	92		13	304
1957	67	1621	941	680	39		75	720
1962	163	1571	1238	332	110		134	936
1965	682	1844	1485	359	95		140	837
1970	1293	2479	1720	758	39	3008	706	1175
1975	1337	3820	2730	621	36	1921	3075	1766
1978	1233	4639	4174	460	36	4033	2198	2400
1980	950	5132	4621	502	21	371	3044	3237
1985	108	12775	9684	931	254	696	3235	6690
1990	1327	17875	16600	1240	1658	500	4138	12000
1995	72	23937	21138	2799	2813	700	8741	25527
2000	1971	39848	36041	3042	1898		11092	41299
2001	4720	38931	37091	1175	3261		18417	57848
2002	529	38391	33890	2719	4356		24840	66237
2003	1718	43631	39558	3376	3270		22846	77921
2004	3414	52537	49213	1983	2431		53476	87238
2005	5683	76838	74310		2266		49879	102954
2006	7999	93916	90762		1366		56460	127786
2007	28532	148263	115225		110		67564	186274
2008	30595	195704	187939				90074	240770
2009	31965	212551	205949				103276	307804
2010	33258	259526	251217				168102	366834
2011	53233	363215	352651				182716	498894

13-4 财政一般预算收入

单位: 万元

项　目	金 额2010	金 额2011
收入总计	423425	535728
一、增值税	65991	93095
#国有企业增值税	19881	21063
集体企业增值税	1661	1783
股份制企业增值税	33963	56399
联营企业增值税	6	14
港澳台外商投资企业增值税	41	28
私营企业增值税	4944	6758
二、营业税	81829	101333
#金融保险业营业税(地方)	3910	5429
一般营业税	77877	95887
三、企业所得税	33258	53233
四、个人所得税	11427	17213
五、资源税	18713	
六、固定资产投资方向调节税		
七、城市维护建设税	19074	28398
八、房产税	3829	5093
九、印花税	3356	5395
十、城镇土地使用税	8261	10549
十一、土地增值税	979	5291
十二、车船使用和牌照税	4500	6388
十三、耕地占用税	3540	4259
十四、契　税	4769	6305
十五、烟叶税		
十六、国有资产经营收益	1980	2887
十七、国有企业计划亏损补贴		
十八、行政性收费收入	26649	40689
十九、罚款收入	26789	37613
二十、海域场地矿区使用费收入		
二十一、专项收入	90363	84962
二十二、其他收入	15866	895

13-5 财政一般预算支出（2011年）

单位：万元

项目	金额2010	金额2011
支出总计	1285794	1522113
一、一般公共服务	174256	203493
人大事务	4952	5414
政协事务	3640	4169
财政事务	11419	13035
税收事务	4855	4838
人口与计划生育事务	11008	15676
商贸事务	3144	2993
国土资源事务	76512	64092
共产党事务	29168	37131
二、国防	635	84072
三、公共安全	73912	959
四、教育	249340	328370
普通教育	202477	265602
职业教育	14741	25247
五、科学技术	8927	11537
六、文化体育与传媒	17015	25214
文化	6550	8733
文物	1371	893
体育	1367	1281
广播影视	5663	8857
新闻出版	1000	2272
七、社会保障和就业	180513	238556
财政对社会保障基金的补助	12423	24383
城市居民最低生活保障	20478	27120
自然灾害生活救助	4096	3124
八、医疗卫生	91552	133773
九、环境保护	68313	68781
污染防治	14462	20734
退耕还林	26320	21979
十、城乡社区事务	43292	46490
十一、农林水事务	168102	182716
农业支出	50944	58589
自然灾害救助	1848	49
农业生产资料补贴	4806	4658
农业资源和环境保护	1394	1722
其他农业支出	4874	5310
林业支出	15810	17284
天然林保护		
其它林业支出	2997	3103
水利支出	27339	35864
扶贫	30675	23032
农业综合开发	9068	8332
其他农林水事务支出	1540	2601
十二、交通运输	54628	32998
公路水路运输	46275	22718
铁路运输	31	5
十三、工业商业金融等事务	35812	40850
采掘业	3868	7295
制造业	92	111
粮油事务	6705	6325
商业流通事务	11023	10593
金融业	2741	1898
安全生产	3605	4303
国有资产监管	440	
中小企业事务	3968	5445
石油价格财政补贴	2877	
十四、其他支出	22164	22948
十五、政府基金支出合计	163619	217630
教育	4	2563
文化体育与传媒	25	65
社会保障和就业	2202	2581
城乡社区服务	109648	144259
农林水事务	2243	6250
工业商业金融等事务	37930	49704

13-6 税收分经济

项目	合计	国有企业	集体企业	股份合作企业	联营企业
税收（地税）	389673	78965	16558	1126	217
营业税	144765	14638	9073	647	84
企业所得税	84853	39689	2983	2	3
个人所得税	60855	10762	2177	351	114
资源税	38089	6185	569		
城市维护建设税	28400	4849	791	35	8
房产税	5092	1100	223	13	
印花税	5395	627	282	13	1
城镇土地使用税	10548	948	291	4	7
土地增值税	5290	66			
车船使用税	6386	101	169	61	
税收（国税）	650269	144639	14147	1878	85
增值税	532926	120827	9959	291	84
消费税	11460	10790	1		
企业所得税	105270	13022	4187	1587	1
个人所得税	613				

类型情况（2011年）

单位: 万元

私营企业	股份有限公司	国有控股	港澳台投资企业	外商投资企业	个体经营	其他企业
24123	202930	13962	1195	4438	44278	15843
6536	73490	7842	1035	3613	24132	11517
1617	40077	149				482
10367	19536	1698	49	410	15697	1392
4124	26392	1184			441	378
614	18286	804	36	180	2499	1102
67	2601	90	48	174	623	243
291	3831	161		26	218	106
121	8998	124	27	35	108	9
205	4969	1510			49	1
181	4750	400			511	613
47510	425745		149	561	15494	61
42068	344287		14	467	14869	60
5442	657				12	
	80801		135	94		1
					613	

13-7 金融机构人民币信贷收支（2011年）

单位: 万元

项目	金额
资金来源总计	11491006
一、各项存款	11340207
单位存款	3439653
活期存款	2953236
定期存款	447734
通知存款	7228
保证金存款	20541
个人存款	7646129
储蓄存款	7645999
保证金存款	130
结构性存款	
财政性存款	228388
临时性存款	23954
委托存款	36
其他存款	2048
二、金融债券	
三、中长期借款	
四、应付及暂收款	262384
其中：应付利息	142607
五、同业往来(来源方)	9035
六、系统内资金往来(来源方)	
七、外汇买卖(来源方)	80714
八、各项准备	206687
九、所有者权益	201521
实收资本	92895
十、其他	-609542

项目	金额
资金运用总计	11491006
一、各项贷款	4106200
短期贷款	1925777
个人贷款及透支	1252444
个人消费贷款	40012
单位贷款及透支	590648
经营贷款	580648
固定资产贷款	10000
普通并购贷款	5000
银团贷款	
贸易融资	77685
中长期贷款	2160429
个人贷款	299949
个人消费贷款	69936
单位贷款	1345655
经营贷款	185454
固定资产贷款	1160202
普通并购贷款	257679
银团贷款	257146
贸易融资	
融资租赁	
票据融资	19712
各项垫款	
二、有价证券	761
三、股权及其他投资	606
四、应收及预付款	23002
五、同业往来(运用方)	287
六、系统内资金往来(运用方)	7104567
七、金银占款	
八、外汇买卖(运用方)	80712
九、固定资产	77548
十、库存现金	97323
十一、投资性房地产	

13-8 金融机构本外币信贷收支（2011年）

单位: 万元

项目	金额
资金来源总计	11584521
一、各项存款	11356059
单位存款	3443081
活期存款	2956652
定期存款	447734
个人存款	7658541
储蓄存款	7658399
财政性存款	228388
临时性存款	23964
其他存款	2048
二、所有者权益	201461
# 实收资本	92895
三、其他	-608095
资金运用总计	11584521
一、各项贷款	4106872
短期贷款	1926449
中长期贷款	2160429
信托贷款	
委托贷款	
其它贷款	
票据融资	19712
各项垫款	
二、有价证券及投资	761

13-9 国有商业银行本外币信贷收支（2011年）

单位: 万元

项　　目	金　　额
资金来源总计	2024183
一、各项存款	6210868
单位存款	2415951
活期存款	2068160
定期存款	325063
个人存款	3777663
储蓄存款	3777521
临时性存款	15205
其他存款	2048
二、代理财政性存款	10373
三、应付及暂收款	120440
#应付利息	71001
四、同业往来	34911
五、各项准备	65845
#贷款损失准备金	65789
六、所有者权益	39887
七、其　他	-4614676
资金运用总计	2024183
一、各项贷款	1809360
短期贷款	237516
中长期贷款	1562699
票据融资	9144
其它贷款	
二、有价证券及投资	761
三、应收及预付款	6899
四、缴存中央银行财政性存款	11452
五、同业往来	
六、库存现金	35371

13-10 国有商业银行人民币信贷收支（2011年）

单位：万元

项　　目	金　额
资金来源总计	1946709
一、各项存款	6195016
单位存款	2412522
活期存款	2064745
定期存款	325063
个人存款	3765251
储蓄存款	3765120
临时性存款	15195
其他存款	2048
二、代理财政性存款	10373
三、应付及暂收款	119991
#应付利息	70967
四、同业往来(来源方）	34879
五、外汇买卖（来源方）	80714
六、各项准备	65835
#贷款损失准备金	65779
七、所有者权益	39947
八、其　他	-4600082
资金运用总计	1946709
一、各项贷款	1808687
短期贷款	236844
中长期贷款	1562699
票据融资	9144
其它贷款	
二、有价证券及投资	761
三、应收及预付款	6888
其中：应收利息	6087
四、存放中央准备金存款	3841
五、缴存中央银行财政性存款	11452
六、同业往来（运用方）	
七、外汇买卖（运用方）	80712
其中：结售汇	80712
六、库存现金	34368

13-11 主要年份国家银行各项存款余额

单位: 万元

年 份	存款余额	#企业存款	#财政存款	#农业存款	#机关团体存款
1952	557	189	299	1	
1957	2053	393	600	586	
1962	5139	1516	1495	1295	
1965	4002	1412	340	2228	
1970	11415	3333	3328	3521	
1975	12393	4283	1893	3641	
1978	17048	3636	2615	4901	
1980	29021	6395	7885	9384	
1985	76040	20574	6941	23769	
1990	203286	39892	3072	30128	
1995	608107	100787	25871	3502	
2000	1151262	184973	12666	1946	25761
2001	1305032	208524	16446	4651	35468
2002	1462985	251540	20388	6162	54125
2003	1690171	314358	17509	8810	62756
2004	2050692	398495	31831	9633	88868
2005	2573521	481314	51056	12195	153520
2006	3169438	625980	59658	2601	264613
2007	3956889	823490	171912	2557	358770
2008	5051669	873322	244216	3475	527241
2009	5820978	1134613	185281	5143	564554
2010	6842780	1306745	197958	4391	836431

13-12 主要年份国家银行各项贷款余额

单位: 万元

年 份	贷款余额	#工业贷款	#商业贷款	#建筑企业贷 款	#三资企业贷 款	#私营企业及个体贷款	#农业贷款
1952	337	7	113				200
1957	6606	150	3484				1510
1962	13205	1320	9078				1719
1965	8082	625	7327				
1970	17104	2220	12751				2036
1975	26541	5067	16921				4343
1978	34018	7582	19956				6248
1980	43251	7932	27132				7361
1985	95273	21259	52668				12542
1990	221941	66567	101088				14209
1995	539475	121433	183365				30162
2000	708633	139186	224073	8037	6610	3762	22569
2001	731982	170182	224164	6452	6601	3838	20816
2002	790078	147277	228337	7174	5784	2738	19540
2003	944017	144267	209707	5691	6234	1464	18159
2004	1154982	111773	205643	2360	2557	1994	17365
2005	1207914	118514	237575	3631	550	1633	16623
2006	1253968	97588	221308	2932	613	1698	15617
2007	1478855	145289	276284	4265	273	982	19619
2008	1419329	119652	288111	1170	71	5587	1828
2009	1697274	125979	243706	2224		14814	4218

13-13 主要年份金融机构现金投放与回笼

单位: 万元

年 份	现金收入	#商品销售收入	现金支出	#工资支出	净投放
1952					
1957	11999	6690		2494	(-)791
1962	11619	7527		3159	(+)1278
1965	13203	9299		3611	(+)243
1970	19433	13105		5938	(+)782
1975	18949	13394		6458	(+)1222
1978	23222	16430		7920	(+)1314
1980	33753	23148		10217	(+)3998
1985	93931	51222		19752	(+)9083
1990	249432	85394	108681	78752	(+)88892
1995	1044217	136058	635298	196611	(+)248359
2000	3004405	172874	3311761	323375	(+)307356
2001	3712824	231586	3972089	316268	(+)259265
2002	4211501	260031	4499565	353289	(+)288064
2003	5903622	316321	6138026	377435	(+)234404
2004	8660397	425799	8827058	466919	(+)166661
2005	10377028	443193	10504589	573093	(+)127561
2006	11317680	543575	11533514	607349	(+)215824
2007	12914925	607165	13311630	739763	(+)396704
2008	14300371	662718	14750101	863622	(+)449730
2009	13900611	635691	14324046	751808	(+)423436
2010	16538094	654803	16950080	707532	(+)411985

13-14 金融机构现金收支情况（2010年）

单位: 万元

项　　目	金　　额
收入总计	16538094
商品销售收入	654803
服务业收入	491526
税款收入	153165
城乡个体经营收入	75364
储蓄收入	12962174
其他金融机构收入	155876
居民归还贷款收入	840054
汇兑收入	158035
有价证券收入	1714
其他收入	1045383
# 兑换外币收入	791
支出总计	16950080
工资性支出	707532
农副产品采购支出	125109
工矿及其他产品采购支出	140771
行政企事业管理费支出	269765
城乡个体经营支出	228882
储蓄存款支出	14164089
其他金融机构支出	31457
居民提取贷款支出	36176
汇兑支出	63306
有价证券支出	16738
其他支出	1166256
# 兑换外币支出	1690
投放(+)回笼(-)	411985

13-15 金融机构法定存款利率（2011年）

单位: 年利率%

项　目	2011年2月9日调整	2011年4月6日调整	2011年7月7日调整		
城乡居民和单位存款					
活 期	0.40	0.50	0.50		
定 期					
整存整取					
三个月	2.60	2.85	3.10		
半 年	2.80	3.05	3.30		
一 年	3.00	3.25	3.50		
二 年	3.90	4.15	4.40		
三 年	4.50	4.75	5.00		
五 年	5.00	5.25	5.50		
零存整取、整存零取、存本取息					
一 年	2.60	2.85	3.10		
三 年	2.80	3.05	3.30		
五 年	3.00	3.25	3.50		
定活两便	按一年以内定期整存整取同档次利率打6折				

13-16 保险业务基本情况

单位: 万元

项　　目	2010	2010
人身保险		
保费收入	137091	128045
各项赔款和给付	16250	28366
资产总额	357491	415320
机构数 (个)	34	36
员工情况 (人)	452	474
财产保险		
保费收入	72238	87243
各项赔款和给付	32507	38390
资产总额	22569	25613
机构数 (个)	50	55
员工情况 (人)	159	1027

主要统计指标解释

财政总收入　即一般预算收入与上划中央收入之和，反映本地区当年组织的财政收入总规模，是计算当年地方可用财力的主要依据。与国内生产总值比较，可反映财政的集中程度。

一般预算收入　指按照财政体制规定列入地方预算，直接缴入地方金库的经常性财政收入。1996年政府性基金纳入预算管理后，为区别于基金预算，将地方预算收入改称一般预算收入。具体包括增值税、企业所得税、个人所得税的地方分享部分，其他工商税收，农业四税，专项收入及行政性收费，罚没收入，其他收入。

上划中央收入　指实行分税制财政体制后，增值税的75%部分和消费税划为中央收入，以及从2002年起实行所得税分享改革后，所得税(包括企业所得税、个人所得税)由中央分享部分，这部分收入直接缴入中央金库。根据《预算法》和财政体制规定，上划中央收入属于列入中央预算范围的收入，地方总预算中不予包括。

一般预算支出　是指列入地方预算的经常性财政支出，其项目包括经济建设支出、教科文卫等事业支出、国家管理费用支出、国防支出、各项补贴支出及其他支出等。其资金来源包括用地方可用财力安排的支出、上年结余、调入资金和中央专款补助形成的财政支出等。主要包括：

1、基本建设支出：按照国家有关规定，属于基本建设范围内的基本建设有偿使用、拨款、资本金支出以及经国家批准对专业和政策性基建投资贷款，在部门的基建投资额中统筹支付的贴息支出。

2、企业挖潜改造资金：指国家预算内拨给的用于企业挖潜、革新和改造方面的资金。包括各部门企业挖潜改造资金和企业挖潜改造贷款资金，为农业服务的县办“五小”企业技术改造补助，挖潜改造贷款贴息资金。

3、地质勘探费用：指国家预算用于地质勘探单位的勘探工作费用，包括地质勘探管理机构及事业单位经费、地质勘探经费。

4、科技三项费用：指国家预算用于科技支出的费用，包括新产品试制费、中间试验费、重要科学研究补助费。

5、农业支出：指财政用于种植、畜牧、水产、农机、农垦、农场、农业产业化经营组织、乡镇企业等方面的支出。

6、林业支出：包括森林救灾、天然林保护、退耕还林、森林生态效益、森工、造林、防沙治沙及林场、苗圃、工作站、推广与培训等行业管理方面的支出。

7、水利和气象支出：包括防汛岁修搞旱、水文水质水土水资源管理、水利建设、气象支出及水利行业管理等费用。

8、工业交通等部门和事业费：指国家预算支付给工交商各部门用于事业发展的人员和公用经费支出，包括勘察设计费、干部训练费等。

9、文体广播事业费：指文化部和地方文化部门、新闻出版署和地方出版事业系统、国家文物局和地方文物系统、国家体育总局和地方体育系统、档案局直属档案馆等机构、地震事业费、海洋事业费、通讯事业费、广播电影电视事业费、计划生育事业费、党政群干部训练事业费和其他文体广播事业费。

10、抚恤和社会福利救济：反映按规定由民政部门管理开支的各项抚恤金、伤残补助费等。

11、行政事业单位离退休支出:反映实行归口管理的行政事业单位离退休经费。行政事业单位未实行归口管理的离退休经费仍列入原有关科目。

当年可用财力　是指按照现现行财政体制规定，在预算年度内可统筹安排使用的预算内资金，其来源包括当年一般预算收入、税收返还收入、下级上解收入、转移支付补助，并从中扣减上解上级补助下级的资金。当年可用财力不包括上年结余资金及中央专款补助。根据《预算法》的规定，当年支出预算应当小于或等于当年可用财力。

存款 企业、机关、团体或居民根据可以收回的原则，把货币资金存入银行或其他信用机构保管并取得一定利息的一种信用活动形式。根据存款对象的不同可划分：企业存款、财政存款、机关团体存款、城镇居民储蓄存款、农村存款等项目。

货款 银行或其他信用机构根据必须归还的原则，按一定利率，为企业、个人等提供资金的一种信用活动形式。我国银行货款，分流动资金贷款、农业贷款、固定资产贷款等科目。

城乡居民储蓄年末余额 包括城镇居民储蓄和农民个人储蓄两部分的年末余额。不包括工矿企业、部队、机关团体等集体存款。

教育科技

JIAOYU KE JI

忻州统计年鉴

XIN ZHOU STATISTICAL YEARBOOK

355~370

资料整理人员

项艳萍　闫志伟

14-1 普通中学学校数、班数（2011年）

项目	学校数（所）	初级中学	高级中学	完全中学	九年制学校	其他学校附设中学班	班数（班）	初中	高中
总计	323	183	28	9	103		3891	2735	1156
教育部门和集体办	295	174	22	5	94		3201	2325	876
民办	28	9	6	4	9		690	410	280
其他部门办									
城市	38	19	6	4	9		893	509	384
教育部门和集体办	32	17	5	2	8		632	360	272
民办	6	2	1	2	1		261	149	112
其他部门办									
县镇	121	67	18	3	33		2008	1404	604
教育部门和集体办	110	65	15	2	28		1797	1269	528
民办	11	2	3	1	5		211	135	76
其他部门办									
农村	164	97	4	2	61		990	822	168
教育部门和集体办	153	92	2	1	58		772	696	76
民办	11	5	2	1	3		218	126	92
其他部门办									

14-2 普通中学分办别、分城乡学生数（2011年）

单位：人

项目	毕业生数		招生数		在校学生数	
	初中	高中	初中	高中	初中	高中
合计	43424	20984	46138	20054	146303	67137
#女	21473	10458	22533	10057	71435	33407
教育部门和集体办	36651	16371	37907	15297	120752	50983
民办	6773	4613	8231	4757	25551	16154
其他部门办						
城市	9499	7004	9066	7595	29429	21642
教育部门和集体办	6554	5330	6114	5375	20043	15598
民办	2945	1674	2952	2220	9386	6044
其他部门办						
县镇	22772	10688	26675	9692	82683	40570
教育部门和集体办	20585	9399	23528	8722	74109	24416
民办	2187	1289	3147	970	8574	16154
其他部门办						
农村	11153	3292	10397	2767	34191	4925
教育部门和集体办	9512	1642	8265	1200	26600	2334
民办	1641	1650	2132	1567	7591	2591
其他部门办						

14-3 普通中学教职工数（2011年）

单位：人

项 目	教职工数	#专任教师	#行政人员	#教辅人员	#工勤人员	校办工厂农（林）场职工	代课教师	兼任教师
合 计	19898	17155	583	1001	1133		2064	110
#女	10558	9545	74	486	450		1351	36
#少数民族	1	1						
教育部门和集体办	17061	14895	498	806	836		1640	82
民 办	2837	2260	85	195	297		424	28
其他部门办								
城 市	4298	3573	130	316	274		280	11
教育部门和集体办	3168	2665	104	199	195		264	3
民 办	1130	908	26	117	79		16	8
其他部门办								
县 镇	10052	8818	234	475	504		1153	87
教育部门和集体办	9303	8181	226	436	439		870	67
民 办	749	637	8	39	65		283	20
其他部门办								
农 村	5548	4764	219	210	355		631	12
教育部门和集体办	4590	4049	168	171	202		506	12
民 办	958	715	51	39	153		125	
其他部门办								

14-4 普通中学分课程专任教师数（2011年）

单位：人

学科分类	专任教师	初 中	高 中
总 计	15096	10824	4272
#女	8055	5929	2126
政 治	1030	772	258
语 文	3009	2304	705
科 学	25	25	
数 学	2608	1962	646
物 理	1165	767	398
化 学	900	513	387
生 物	656	401	255
地 理	606	382	224
历史与社会	67	67	
历 史	819	587	232
外 语	2200	1576	624
信息技术	111		111
通用技术	54		54
艺 术	25	15	10
体育与健康	551	383	168
音 乐	272	216	56
美 术	233	177	56
综合实践活动	371	360	11
其 他	146	116	30
当年不任课	248	201	47

14-5 小学分办别、分城乡学生情况（2011年）

单位：人

项 目	学校数（所）	毕业生数	招生数	在校学生数	毕业班学生数
合 计	1788	55174	41301	272898	50490
#女		26357	20072	132164	24291
教育部门和集体办	1765	51412	40278	259647	47175
民 办	22	3762	1018	13236	3315
其他部门办	1		5	15	
城 市	42	8252	6828	44821	8241
教育部门和集体办	35	7259	6610	41704	7414
民 办	7	993	218	3117	827
其他部门办					
县 镇	190	22364	17138	112307	20205
教育部门和集体办	179	20497	16436	104854	18647
民 办	11	1867	702	7453	1558
其他部门办					
农 村	1556	24558	17335	115770	22044
教育部门和集体办	1551	23656	17232	113089	21114
民 办	4	902	98	2666	930
其他部门办	1		5	15	

14-6 小学教职工数（2011年）

单位：人

项 目	教职工数	#专任教师	#行政人员	#教辅人员	#工勤人员	校办工厂农（林）场职工	代课教师	兼任教师
总 计	17742	16442	452	406	442		2294	62
#女	11422	11013	75	126	208		1720	34
#少数民族	2	2						
教育部门和集体办	17083	15974	409	384	316		2186	62
民 办	658	467	43	22	126		108	
其他部门办	1	1						
城 市	2005	1851	58	18	78		348	
教育部门和集体办	1750	1678	37	13	22		303	
民 办	255	173	21	5	56		45	
其他部门办								
县 镇	6174	5730	126	168	150		592	1
教育部门和集体办	5880	5512	112	153	103		538	1
民 办	294	218	14	15	47		54	
其他部门办								
农 村	9563	8861	268	220	214		1354	61
教育部门和集体办	9453	8784	260	218	191		1345	61
民 办	109	76	8	2	23		9	
其他部门办	1	1						

14-7 幼儿园基本情况（2011年）

单位：人

项目	园数(所)	班数(个)	在园幼儿数	教职工数	#教师/专任教师
总计	206	3538	64498	2725	1746
#女			31060	2441	1650
教育部门	56	2651	37416	873	618
集体办	18	36	668	42	38
民办	131	832	25581	1735	1041
其他部门办	1	19	833	75	49
城市	33	301	11188	905	549
教育部门	11	104	4772	203	135
集体办	2	7	115	8	7
民办	19	171	5468	619	358
其他部门办	1	19	833	75	49
县镇	116	1400	31451	1611	1076
教育部门	33	886	15534	650	468
集体办	3	9	248	17	15
民办	80	505	15669	944	593
其他部门办					
农村	57	1837	21859	209	121
教育部门	12	1661	17110	20	15
集体办	13	20		17	16
民办	32	156	305	172	90
其他部门办			4444		

14-8　各小学学龄儿童入学率（2011年）

单位：个、人

名　称	校内外学龄儿童总数（人）	在校学生数（人）	毛入学率（%）
总计	272557	272898	100.13%
#女儿童	132012	132164	100.12%
总计中：城市	44821	44821	100.00%
县镇	111984	112307	100.29%
农村	115752	115770	100.02%

14-9 各级各类学校基本情况（2011年）

名称	学校数		毕业生数	招生数	在校生数		教职工数		
	计	其中：教育部门			计	其中：教育部门	计	其中：教育部门	其中：专任教师
合计	2389	2104	154223	158915	596658	457529	45347	35491	39008
中等职业学校	68	30	15738	13873	45566	1586	4918	474	3614
中等技术学校	3	1	2017	1403	4058		416		281
师范	2	2	998	588	1586	1586	474	474	355
成人中专学校	15	14	70	120	480		636		454
职业高中	39	16	11088	12470	41508		3027		2224
普通中学	323	295	64408	66192	213440	171735	19898	17061	17155
高中	37	27	20984	20054	67137	50983	6131	17061	17155
初中	286	268	43424	46138	146303	120752	13767		
小学	1788	1765	55174	41301	272898	259647	17742	17083	16442
聋哑学校	4	3	8	24	256		64		51
技工学校	9		1565	1751	3896		365		300

14-10 主要年份县级以上自然科学研究与技术开发机构数

单位: 个

年份	合计	省科委及各厅局直属	地、市直属	县属
1980	23	2	8	13
1985	23	2	8	13
1990	23	2	8	13
1995	23	2	8	13
1996	23	2	8	13
1997	23	2	8	13
1998	23	2	8	13
2000	22	2	7	13
2001	22	2	7	13
2002	22	2	7	13
2003	22	2	7	13
2004	22	2	7	13
2005	22	2	7	13
2006	22	2	7	13
2007	22	2	7	13
2008	20		6	14
2009	20		7	13
2010	19		7	12
2011	18		7	11

14-11 主要年份自然科学技术人员数

单位：人

年 份	总 计	工程技术人 员	农业技术人 员	卫生技术人 员	科学研究人 员	教 学人 员
1952	255					
1957	1052					
1962	1786					
1965	2016					
1975	3842					
1978	4565					
1979	5065					
1980	6118					
1985	7686					
1990	11481					
1995	13204					
2000	16557					
2001	21628	5105	2051	5535	117	8820
2002	22388	5556	1837	5830	102	9063
2003	23152	5691	1855	6020	101	9485
2004	27828	7518	2244	7615	99	10352
2005	29125	7874	2296	7811	125	11019
2006	28915	7665	2564	7905	109	10672
2007	29233	7724	2560	8057	113	10779
2008	30367	7890	2604	8795	112	10966
2009	30873	7723	2940	9029	98	11083
2010	31894	7319	3884	9362	98	11231
2011	32556	7465	3941	9755	76	11319

注：2000年及以后不包括中央驻晋单位自然科学技术人员数。

主要统计指标解释

普通高等学校 指按照国家规定的审批程序批准举办，通过全国统一招生考试招收高级中等学校毕业生和具有同等学历者，实施高等教育，培养高等专门人材的学校。包括大学、专门学院、专科学院和短期职业大学。

成人高等学校 指按照国家规定的审批程序批准举办，招收在职高中毕业或同等学历者，利用多种形式对成人实施高等教育，培训相当普通高等学校专科或本科毕业水平的专门人才的学校。包括广播电视大学、职工高等学校、农民高等学校、干部管理学院、教育学院、独立函授学院以及普通高等学校举办的函授、夜大等。

小学学龄儿童入学率 指调查范围内已入小学学习的学龄儿童数占全部小学学龄儿童总数（包括弱智儿童在内，但不包括盲聋哑儿童）的比重。计算公式是：

$$小学学龄儿童入学率=\frac{已入学的小学学龄儿童数}{校内外小学学龄儿童总数}\times 100\%$$

科学家和工程师 指大学毕业及以上文化程度和其他具有高中级职称的人事科技活动人员。

自然科学技术人员 指已取得科学技术职称，或大学、中专的理、工、农、医类系毕业，以及国民经济各部门从工作实践中提拔，从事理、工、农、医等自然科学技术的研究、教学、生产（事业）技术方面工作的专业人员和在机关、企业、事业中从事科学技术业务管理工作的专业人才。

工程技术人员 指在国民经济各行业从事工程技术工作的自然科学技术的专业人员。包括：高级工程师、工程师、助理工程师、技术员和未评定职称的技术人员。

农业技术人员 指在国民经济各行业从事农业技术工作的自然科学技术的专业人员。包括：高级农艺师、农艺师、助理农艺师、技术员和未评定职称的技术人员。

卫生技术人员 指在国民经济各行业从事卫生医务工作的自然科学技术的专业人员。包括：正副主任医师、主治医师、医师、医（护）士和未评定职称的技术人员。

科学研究人员 指在国民经济各行业从事科学技术活动的自然科学技术的专业人员。包括：正副研究员、助理研究员、实习研究员、技术员和未评定职称的技术人员。

教学人员 指在国民经济各行业从事自然科学技术方面的教学活动的专业人员。包括：正副教授、讲师、助教、教师和在小学从事自然科学技术方面的教学活动的人员。

科技活动 是指在所有科学技术领域内，即自然科学、工程科学和技术、医学科学、农业科学、社会科学及人文科学中，与科技知识的产生、发展、传播、应用密切相关的全部的、有组织的、系统的活动。包括三类活动：1、研究与实验发展活动；2、研究与实验发展成果应用；3、科技服务活动。

研究与实验发展（简称 R&D） 指为了增进知识以及利用这些知识去开创新的用途而进行的系统的创造性的工作。它具备四种基本因素：①创造性的因素；②新颖性或创新性的因素；③科学方法的运用；④新知识的产生。它包括三种类型：①基础研究；②应用研究；③实验发展。

基础研究 指不直接考虑用途，以提示客观事物的本质、运动规律，获得新发现、新学说为目的或对已有的规律、发现学说作系统性的补充而进行的理论研究或实验。其成果以科学论文、科学著作为主要形式。

应用研究 利用基础研究所发现的知识，确定特定的目标，为了明确基础研究成果的实用化的可能性，探索新方法（原理性）而进行的独创性研究及对已经实用化的技术探索新的应用方法（原理性）而进行的研究。应用研究实际上并不直接产生新的（或改进）产品或工艺，其成果以科学论文、科学著作、原理性模型和专利等为主要形式。

试验发展 指利用基础研究、应用研究及实际经验所获得的知识，为生产新的材料、产品和装置，建立新的工艺、系统和服务。对已生产和建立的上述各项进行实质性的改进而从事的系统性工作。其成果为一种具有新产品或新技术基本特点的原型、可达到设计定型的新产品或新工艺、试验报告等。

研究与发展成果应用 为解决R&D活动阶段产生的新产品、新装置、新工艺、新技术、新方法、新系统和服务等能投入生产或在实际中运用所存在的技术问题而进行的系统性活动，它不具有创新成份。此类活动包括为达到生产顺利进行以及为形成生产规模和应用领域而进行的适应性试验、小批量试生产等。活动成果最终形式多是可供生产和实际使用的带有技术、工艺参数的图纸、技术标准和操作规范等。

科技服务 是指同研究与实验发展活动、研究与实验发展成果应用活动有关的和有助于科技知识的产生、传播和应用的活动。目前我们所统计的科技服务是指调查范围内，除为研究与实验发展活动直接（完全或主要是为某项研究与实验发展而开展的辅助性活动）以外的科技服务，如情报、文献、咨询等。

科学论文 指以书面发表的，最原始的研究与开发成果报道。科学论文应该是：(1)首次或最初发表的研究与开发成果；(2)作者的实验应该能被同行重复并验证；(3)发表后科技界能引用。

科技著作 指经过正式出版部门编印出版的论述科学技术问题的理论性文集或专著。如果著作系与本机构外的同行数人合著，则只统计以本机构科技人员为主的著作。

国外发表 包括在各种国际性学术会议、讨论会、讲座上发表的论文以及编入国际会议文集的论文和国外学术刊物上发表的论文。

技术开发活动 泛指以工业企业为主体开展的科学技术活动，包括工业企业内部开展的科学研究（基础研究，应用研究）以及动用科学研究（基础研究、应用研究）的结果和以实验为根据的知识，去创造新产品、新设计、新材料、新方法、新工艺流程和新装置，或对现有产品、材料、设计、工艺方法、工艺流程以及装置进行技术上的重大改进，使其在一项指标或几项指标上有明显革新或创新。

企业办技术开发机构 是指企业自办，或与外单位合办，管理上同生产系统相对独立的，或单独核算的专门技术开发机构，如企业办研究所（包括现改名为开发中心、开发部等专门技术开发机构）。

技术开发人员 是指企业在报告年内，从事技术开发活动的时间（不包括加班时间）占年工作时间10%（含10%）以上的工作技术人员、管理人员、工人及其他人员。从事技术开发活动的时间（不包括加班时间）占年工作时间在10%以下（不含10%）的人员不统计。

文化体育卫生

忻州统计年鉴

XIN ZHOU STATISTICAL YEARBOOK

资料整理人员

岳红艳　孔艳丽

15-1 主要年份广播、电视台(站)数

年份	无线		电视广播		人口覆盖率(%)	
	广播电台	中短波发射台和转播台	电视台	一千瓦以上发射台及转播台	广播	电视
2000	11	1	2	3	88.02	91.53
2001	11	1	2	3	87.03	91.30
2002	11		2	3	88.04	91.70
2003	11		2	3	88.04	91.70
2004	11		2	3	88.04	91.70
2005	11		2	3	86.66	91.03
2006	11		2	3	88.04	91.70
2007	11		2	3	88.05	91.71
2008	11		2	8	88.07	91.73
2009	11		2	8	88.09	91.75
2010	11		2	8	88.23	91.85
2011	11		2	8	88.39	91.93

15-2 文化艺术事业机构和人员数（2011年）

类 别	总 计		文化部门			
	机构数（个）	人 数（人）	国有单位		集体单位	
			机构数（个）	人 数（人）	机构数（个）	人 数（人）
总 计	32	885	32	885		
艺术业	16	628	16	628		
群众文化服务业	15	223	15	223		
文艺科研	1	34	1	34		

15-3 主要年份广播剧、电视剧、电影故事片制作情况

年 份	广播剧		电视剧		电影故事片（部）
	部	集数	部	集数	
1989			1	6	
2004	4	350			
2007	3	46			
2008					
2009					
2010					
2011					

15-4 2000-2011年文化艺术、文物事业单位数

年 份	艺术表演团体（个）	文化馆（个）	公共图书馆（个）	博物馆（个）
2000	17	14	14	12
2001	17	14	14	12
2002	17	14	14	12
2003	17	14	14	12
2004	17	14	14	12
2005	17	14	14	12
2006	17	14	14	12
2007	17	14	14	12
2008	17	14	14	12
2009	17	14	14	12
2010	16	14	14	12
2011	16	14	14	12

15-5 艺术表演团体演出情况（2011年）

单位: 场

类　别	国内演出场次	#到农村演出场次	国内演出观众人次(千人次)
国有经营剧团	1014	508	1021
戏曲剧团			

15-6 艺术表演团体收入和支出（2011年）

单位: 千元

类　别	剧团（个）	国家经费补　贴	总收入	#演出收入	总支出
#国有经营剧团	16	12895	16031	3131	14703
戏曲剧团					

15-7 群众艺术馆、文化馆业务活动及经费（2011年）

项　　目	计量单位	总　计	#群众艺术馆	#文化馆
单位数	个	15	1	14
举办展览	个	39	11	28
举办培训班	次	72	6	66
组织文艺活动次数	次	172	4	168
下基层服务次数	次			
总支出	千元	10709	2116	8593
#公用支出	千元	1280	83	1197
修缮费	千元			

15-8 出版发行、文物、图书馆、群众文化事业机构和人员数（2011年）

项　　目	机构数 (个)	人数 (人)
#博物馆	12	156
文物机构	11	66
群众艺术馆	1	223

15-9 博物馆、文物机构业务活动及经费（2011年）

项　　目	计量单位	文物保护管理机构	其他文物机构	博物馆	文物商店	文物科研机构
经费收入	千元	3344		7247		
经费支出	千元	3102		8266		
#公用支出	千元					

15-10 文化及相关产业基本情况（2011年）

项目	单位数（个、户）	从业人员（人）
总计	387	1969
网络文化服务	293	879
个体经营户	94	1090

15-11 广播、电视台（站）数（2011年）

项目	计量单位	2011
广播电台	座	11
电视台	个	2
一千瓦以上发射台及转播台	个	8
人口覆盖率	%	
#广播	%	88.39
#电视	%	91.93

15-12 主要年份报纸、杂志出版数

年 份	报纸		杂志	
	种数（种）	总印数（万份）	种 数（种）	总印数（万份）
1990	1	265.2	1	0.66
1995	1	428.4	1	0.78
2000	1	547.2	1	2.4
2001	1	504	1	2.6
2002	1	630	1	2.6
2003	1	756	1	2.6
2004	1	1071	1	2.6
2005	1	1083.6	1	2.6
2006	1	1066.8	1	3.6
2007	1	1325.1	1	3.8
2008	1	1302	1	3.8
2009	1	1302	1	3.8
2010	1	1302	1	3.6
2011	1	1302	1	3.6

备注:报纸为忻州日报;杂志为五台山杂志

15-13 体育局系统从业人员数(2011年)

单位: 人

类别	合计	行政机关职工合计	体育运动学校	业余体校	体育场馆	其他事业单位
总计	709	12	663		16	18
公务员	12	12				
教练员	24		24			
运动员	603		603			
科研人员	5					5
医务人员	2		2			
文化教师	23		23			
管理人员	13		6		6	1
其他人员	27		5		10	12

15-14 体育场地情况（2011年）

单位: 个

项目	总计	体育系统	教育系统					其他系统
				高等院校	中专中技	中小学	其他	
总计	4712	80	151	27	27	86	9	4481
体育场	32	15	15	2	6	7		2
体育馆	7	2	2	1	1			
游泳馆	10							10
室内游泳池	25							25
有固定看台								
综合房馆								
篮球房馆	6	5	1					
羽毛球房馆	7	6						1
乒乓球房馆	7	5	1					1
摔跤柔道房馆	2	2						
健身房馆	2							2
棋牌房馆	126							126
保龄球房馆								
台球房馆	3							3
田径场	12	1	11	3		7	1	
小运动场								
室内网球场馆								
室外网球场馆	11	5						6
篮球场	4433	23	116	18	20	70	8	4294
排球场								
门球场	38	16	5	3		2		17

15-15　2004-2011年体育场地数

单位: 个

年 份	体育场	体育馆	有看台的灯光球场	运动场	游泳池
2004年	5	1	11	60	19
2005年	5	1	11	60	19
2006年	5	1	11	60	19
2007年	5	1	11	60	19
2008年	5	1	11	60	19
2009年	5	1	11	60	19
2010年	5	1	11	60	19
2011年	15	5		71	25

15-16　分项目等级运动员发展人数（2011年）

单位: 人

运动项目	人数合计	二级	#女
总　计	33	33	6
田　径	8	8	0
举　重	1	1	1
国际式摔跤	3	3	
柔　道	7	7	1
乒乓球			
跆拳道	2	2	1
象　棋			
击　剑	2	2	2
散　打	7	7	1
武术套路	2	2	
网　球	1	1	
围　　棋			

15-17 分项目等级裁判员发展人数（2011年）

单位: 人

运动项目	人数合计	二级	
			# 女
总　计	137	137	30
中国式摔跤			
射箭			
跆拳道	7	7	1
田径	22	22	10
门球			
摔跤	49	49	5
健美操	4	4	4
散打	13	13	
武术	7	7	2
篮球	12	12	
举重	4	4	1
击剑	3	3	2
柔道	8	8	
乒乓球	4	4	2
竞技麻将	1	1	1
健身秧歌	3	3	2
围棋			

15-18　2004-2011年群众体育活动情况

年份	《国家体育锻炼标准》达标率（%）	举办综合运动会次数（次）	举办单项比赛次数（次）	举办全民健身活动次数（次）	参加活动人数（万人）
2004	95	25	123	33	3
2005	97	28	115	37	3.2
2006	97	23	128	35	3.5
2007	98	31	121	38	3.8
2008	98	13	60	42	7
2009	98	14	79	45	8
2010	98	16	98	53	8.5
2011	98	16	116	55	8.9

15-19　2004-2011年体育彩票、福利彩票发行情况

年份	体育电脑彩票销售点（个）	体育彩票销售收入（万元）
2004	41	27.4
2005	40	107.1
2006	40	112.8
2007	46	119.2
2008	46	168.68
2009	72	170.78
2010	69	172.1
2011	90	193.2

15-20　2004-2011年卫生机构数

年份	总　计	#医　院	#疗养院（所）	#门诊部（所）	#专科防治所（站）	#卫生防疫站	#妇幼保健所（站）	#医学科学研究机构	#其他卫生机　构
2004	353	54		1	2	15	15		3
2005	355	51		1	2	15	15		3
2006	314	48			1	14	15		1
2007	620	48			1	14	15		1
2008	668	77	2			12	16		3
2009	686	85	2	284		15	15		
2010	745	93	2	309		15	15		
2011	5242	93	2	339		15	15		5

备注：2011年新增村卫生室4462所

15-21　2004-2011年卫生机构床位数

单位：张

年　份	总　计			平均每千人口拥有医院床位数
		医院	其它卫生机构	
2004	7285	4551	2734	1.81
2005	7236	4541	2695	2.38
2006	7051	4568	2483	2.31
2007	6565	4440	2125	2.14
2008	7858	4995	2863	2.54
2009	10336	5614	4722	3.33
2010	10891	6093	4798	3.55
2011	11448	6641	4807	3.71

15-22　2004-2011年卫生技术人员数

单位：人

年份	卫生技术人员			平均每千人口拥有卫生技术人员数
		医生	护师（士）	
2004	10132	5111	2362	2.55
2005	10444	4941	2503	3.44
2006	10159	4680	2686	3.32
2007	10905	5243	2831	3.55
2008	11820	5462	3108	3.82
2009	13071	4750	3388	4.22
2010	13659	4847	3681	4.45
2011	13839	4992	3925	4.49

15-23 卫生机构、床位、人员数（2011年）

类　别	机构数（个）	床位数（张）	人员合计（人）	#卫生技术人员
总　计	5242	11448	22174	13839
一、医院合计	93	6641	8760	7530
二、疗养院	2	860	123	40
三、社区卫生服务中心（站）	26	68	327	265
四、卫生院合计	263	3546	3684	3295
五、村卫生室	4462		6498	407
五、门诊部合计	8	41	116	84
六、诊所、卫生所、医务室	331		635	601
八、急救中心（站）	1	2	39	30
九、采供血机构	2		109	83
十、妇幼保健院（所、站）	15	290	668	553
十一、专科疾病防治院（所、站）				
十二、疾病预防控制中心（防疫站）	15		606	452
十三、卫生监督所	15		417	354
十四、医学科学研究机构				
十五、医学在职培训机构				
十六、健康教育所（站、中心）	3		105	83
十七、计划生育技术服务机构	1		1	1
十八、其他卫生机构	5		86	61

15-24 卫生机构分类人员数（2011年）

单位: 人

人员分类	2011
一、各类人员总计	22174
卫生技术人员	13839
其他技术人员	837
管理人员	507
工勤人员	900
乡村医生和卫生员	6091
二、卫生技术人员	13839
执业助理医师	6196
#执业医师	4992
注册护士	3925
药师（士）人员	686
技师（士）	636
#检验人员	443
其　他	2396
三、平均每千人拥有	
卫生技术人员	4.49
#医生	1.62

15-25 医疗机构医疗服务量及病床使用情况（2011年）

类　别	总诊疗人次（人次）	入院人数（人）	病床使用率（%）
总　计	6575923	235685	58.01
#医　院	1682984	156966	69.27
#综合医院	1258360	137130	72.59
#中医医院	244223	11409	48.87
#专科医院	29134	8427	69.72
社区卫生服务中心	82546	29	34.40
卫生院	1923398	67164	38.73
#乡镇卫生院	1760869	61005	37.64
门诊部	8906	140	19.89
妇幼保健院（所、站）	62910	5626	35.40
专科防治院（所、站）			

15-26　农村村级卫生组织情况（2011年）

指　　标	实有数
村设置的医疗点数（个）	4462
村或群众集体办	2682
乡卫生院设点	252
乡村医生或卫生员联合办	60
个体办	1333
其 他	135
乡村医生和卫生员数（人）	6091
乡村医生	5719
卫生员数	372
诊疗人次数（人次）	2479554

主要统计指标解释

文体事业机构 指从事专业文化工作和为专业文化工作服务的单独核算、独立建制的单位。不包括文化主管部门直属单位举办的其他行业和各部门的业余文化组织。

艺术表演团体 指从事戏曲、音乐、舞蹈、杂技等专业艺术表演，有独立帐户，实行单独核算的团体。不包括半工半艺、半农半艺的业余团体。

电影放映单位 指具有放映机器设备、固定或不固定的放映场所与专职或兼职的放映技术人员，经文化行政部门登记批准，经常为一定的观众对象映出电影的机构。包括经批准对外开放进行营业，并与电影发行放映管理机构分帐的专用放映单位或军委系统租片单位在内。

电影观众人数 指各类放映单位及军委系统租片单位映出的观众人数。一个观众连续看了一部长片和短片专场规定的短片，为二人次。

艺术表演观众人数 指售票、包场演出或民族地区免费演出艺术表演观众人次数。不包括彩排审查和内部观摩演出的观看人次数。

等级运动员人数 指经考核正式批准授予等级运动员称号的人数。运动员等级分为国际级运动健将、运动健将、一级运动员、二级运动员、三级运动员、少年级运动员。

等级裁判员人数 指经考核正式批准授予等级裁判员称号的人数。裁判员等级分为国际裁判、国家级裁判、一级裁判、二级裁判、三级裁判。

体育场 指有400米跑道(中心含足球场)，有固定道牙，路道6条以上，并有固定看台的田径场。以看台容纳观众人数分：甲级25000人以上，乙级15000-25000人，丙级5000-15000人，丁级5000人以下。

县市区篇

XIANSHIQUPIAN

忻州统计年鉴

XIN ZHOU STATISTICAL YEARBOOK

395~49

16-1 总人口数（2011年）

单位：人

县 市	总人口
全 市	3085039
忻府区	548609
定襄县	218877
五台县	300608
代 县	215469
繁峙县	268549
宁武县	162089
静乐县	157473
神池县	106962
五寨县	108345
岢岚县	84741
河曲县	146055
保德县	161079
偏关县	112728
原平市	493455

16-2 人口自然变动（2011年）

单位：人

县 市	出 生		死 亡		自然增长	
	人 数	出生率（‰）	人 数	死亡率（‰）	人 数	增长率（‰）
全 市	35084	11.40	20454	6.65	14630	4.75
忻府区	6358	11.63	3236	5.92	3122	5.71
定襄县	2623	12.02	1440	6.60	1183	5.42
五台县	3006	10.02	2022	6.74	984	3.28
代 县	2571	11.97	1354	6.30	1217	5.66
繁峙县	3054	11.41	1546	5.77	1508	5.63
宁武县	1811	11.20	1008	6.23	803	4.97
静乐县	1844	11.73	1327	8.44	517	3.29
神池县	1122	10.51	780	7.30	342	3.20
五寨县	1287	11.91	664	6.15	623	5.77
岢岚县	902	10.66	628	7.42	274	3.24
河曲县	1799	12.35	1021	7.01	778	5.34
保德县	2013	12.53	1114	6.94	899	5.60
偏关县	1327	11.80	803	7.14	524	4.66
原平市	5367	10.90	3511	7.13	1856	3.77

16–3 国民经济核

县（市、区）	总产出	第一产业	第二产业	#工 业	第三产业	#交通运输仓储邮政	#批发和零售业	地区生产总 值	第一产业
全 市	15082472	927160	7294103	6668315	6861209	1371191	1547303	5545452	548948
忻府区	2803202	130205	1485682	1106630	1187315	154748	486875	949211	68246
定襄县	1225846	65260	735147	711604	425439	184834	85239	378191	42392
五台县	736164	78826	274076	202786	383262	26356	75835	299502	46890
代 县	948556	41869	728677	639203	178010	43469	45925	502508	25713
繁峙县	1188327	57771	980019	877634	150537	48110	17627	530000	32431
宁武县	690719	22181	464993	422993	203545	48640	38265	338975	12148
静乐县	562623	33110	404188	135898	125325	11967	56900	169318	21334
神池县	318613	71821	70447	40864	176344	27574	39943	124520	45393
五寨县	337826	57431	94220	47478	186175	22978	100601	170354	36586
岢岚县	309850	41940	114069	91011	153841	14027	42583	123996	24665
河曲县	1531612	51408	1187593	648785	292611	62490	76768	536259	34141
保德县	1095224	35386	817327	754098	242511	42372	95635	614055	22011
偏关县	385927	62333	138600	109600	184994	22150	47314	205645	34924
原平市	2353839	178024	1513900	1493900	661915	76750	291188	950466	100766

算主要指标(2011年)

单位: 万元

第二产业	#工 业	第三产业	#交通运输仓储邮政	#批发和零售业	人均地区生产总值（元/人）	最终消费	资本形成总额	居民总消费水平(元/人)	农村居民	城镇居民
2859334	2624940	2137170	433257	293082	18020	2837800	4328600	6650	3867	11033
381863	317363	499102	68345	79780	17357	664448	284763	9998	7241	12496
212966	206037	122833	29243	22829	17327	208632	127395	6109	5067	8458
90190	69827	162422	11096	12688	9980	170756	86586	4837	3704	10536
329293	297243	147502	33438	39935	23388	223000	175300	6204	3899	10062
375042	344242	122527	29245	15288	19792	172240	357760	4957	2924	8450
220042	211352	106785	19250	9000	20965	120410	89845	1964	1472	2619
94949	63299	53035	7835	10122	10770	79579	88045	4273	3367	6320
16980	11680	62147	8080	11530	11660	63416	60985	3968	2491	7249
29717	11359	104051	14268	56761	15769	65281	99507	4657	3778	7378
35276	30613	64055	11706	16496	14656	74577	49419	5366	4760	6172
366416	301371	135702	34370	16121	36817	262766	270735	10821	6120	17402
479927	448629	112117	31005	22474	38230	206037	252362	7267	4222	13271
72425	64964	98296	17984	10409	18285	127633	77072	5478	3530	8241
514700	504700	335000	60000	64000	19299	427700	522800	5946	5563	6546

16-4 国民经济核算主

县（市、区）	总产出	第一产业	第二产业	#工 业	第三产业	#交通运输仓储邮政业	#批发和零售业	地区生产总 值	第一产业
全 市	119.1	105.7	136.1	138.0	110.0	108.6	111.0	115.0	105.1
忻府区	114.1	109.0	115.6	116.3	113.1	108.2	118.8	116.0	103.3
定襄县	110.7	101.7	111.1	110.9	111.5	111.1	112.2	110.8	99.7
五台县	115.9	104.0	128.8	146.0	110.7	108.0	107.9	116.1	106.7
代 县	117.3	109.0	120.2	122.4	110.2	108.9	117.3	116.1	104.6
繁峙县	136.1	107.9	145.3	154.1	109.6	109.3	110.2	124.0	107.9
宁武县	143.7	109.5	169.9	177.7	108.7	108.3	109.1	121.1	164.9
静乐县	108.5	106.4	107.7	101.6	112.0	102.3	105.1	120.5	134.6
神池县	117.3	106.0	135.0	144.1	119.5	121.1	116.5	116.0	99.8
五寨县	123.3	97.5	121.1	121.6	133.3	115.5	148.5	116.3	96.3
岢岚县	120.9	106.1	144.6	159.5	111.3	103.0	113.4	116.2	103.7
河曲县	130.7	109.1	135.5	130.9	117.8	123.6	119.1	114.0	149.5
保德县	115.6	67.6	120.1	121.2	110.4	104.2	110.2	114.0	100.5
偏关县	113.7	118.2	106.7	106.5	117.0	113.0	121.0	110.7	111.0
原平市	126.2	114.5	138.7	139.0	107.0	105.2	108.5	124.1	115.3

要指标发展速度(2011年)

上年为100

第二产业	#工 业	第三产业	#交通运输仓储邮政业	#批发和零售业	最终消费	资本形成总额	居民总消费水平(元/人)	农村居民	城镇居民
125.5	126.9	107.0	107.2	109.3	111.8	124.9	109.3	125.5	98.5
115.9	116.3	117.9	112.9	130.1	114.2	120.2	112.6	117.2	109.3
113.8	113.2	109.8	111.1	111.8	118.9	112.8	105.9	114.7	100.0
124.2	154.2	115.0	108.6	110.2	122.8	81.1	125.1	116.0	144.6
120.2	122.4	110.2	108.9	117.3	104.1	112.1	98.0	81.0	109.7
134.7	139.6	109.1	108.3	110.1	119.8	126.8	115.8	116.8	111.6
129.7	129.3	108.2	108.1	104.4	148.3	127.3	123.6	106.8	117.2
122.8	133.4	111.8	104.4	107.8	119.2	122.3	117.6	135.7	101.7
149.0	158.3	124.3	121.3	116.1	112.3	117.1	109.5	111.9	102.6
117.4	120.1	125.3	106.9	141.3	119.7	114.2	120.3	120.3	120.3
132.6	129.6	113.7	112.6	115.4	119.0	113.2	127.0	134.9	116.8
114.1	117.5	107.5	111.5	125.7	118.7	109.7	124.0	130.0	114.1
116.9	117.6	107.4	110.9	111.2	113.5	109.4	110.2	107.6	105.5
109.8	105.5	111.0	112.1	116.8	109.1	113.9	117.2	77.1	166.2
139.2	139.8	109.8	107.4	113.9	116.4	130.9	127.0	123.3	133.3

16-5 城镇单位从业人员（2011年）

单位：人

县（市、区）	从业人员	# 女性	在岗职工				劳务派遣人员	其他从业人员
				国有单位	集体单位	其他单位		
全　市	244546	84141	230348	190112	17309	22927	6917	7281
忻府区	70428	27406	63558	50261	4551	8746	2923	3947
定襄县	8278	3292	7830	6893	787	150	121	327
五台县	17386	6110	17319	14878	1825	616	14	53
代　县	8890	3541	8816	7684	728	404		74
繁峙县	14029	4970	13488	11331	2147	10	73	468
宁武县	19394	5859	19319	18796	463	60	4	71
静乐县	12864	3282	12591	10406	359	1826	6	267
神池县	6873	2312	6531	5503	1019	9	3	339
五寨县	6487	2770	6291	5739	552			196
岢岚县	4767	1891	4500	4298	202		57	210
河曲县	13871	3973	12713	9076	193	3444	1154	4
保德县	14334	4490	12926	9450	901	2575	1397	11
偏关县	8451	2248	7233	6033	882	318	462	756
原平市	38494	11997	37233	29764	2700	4769	703	558

16-6 城镇单位从业人员劳动报酬（2011年）

县市	从业人员平均人数（人）	在岗职工平均人数	劳务派遣人员平均人数	其他从业人员平均人数	从业人员劳动报酬（万元）	在岗职工工资总额	劳务派遣人员平均人数	其他从业人员劳动报酬	在岗职工平均工资(元)
全　市	245407	230687	7087	7633	733633	704700	20192	8741	30548
忻府区	70873	63759	2913	4201	185527	174008	7213	4306	27292
定襄县	8487	8101	108	278	21541	21155	159	227	26114
五台县	17203	17138	14	51	44847	44746	18	83	26109
代　县	9534	8995		539	23561	23542		19	26172
繁峙县	14163	13629	376	158	38290	37640	193	457	27618
宁武县	19233	19158	4	71	72134	72059	10	65	37613
静乐县	12741	12470	6	265	32770	32592	1	177	26137
神池县	6901	6559	3	339	19119	18362	6	751	27996
五寨县	6602	6407		195	20642	20415		227	31864
岢岚县	4853	4600	50	203	14736	14515	37	184	31553
河曲县	13620	12390	1229	1	50832	46923	3908	1	37872
保德县	14160	12760	1389	11	53291	46446	6834	11	36400
偏关县	8441	7233	452	756	24793	22473	887	1433	31070
原平市	38596	37488	543	565	131550	129824	926	800	34631

16-7 国有单位从业人员（2011年）

单位：人

县 市	从业人员	# 女性	在岗职工	劳务派遣人员	其他从业人员
全 市	199586	71217	190112	5190	4284
忻府区	54170	22130	50261	2353	1556
定襄县	7038	2999	6893		145
五台县	14927	5520	14878	14	35
代 县	7758	3223	7684		74
繁峙县	11872	3915	11331	73	468
宁武县	18871	5617	18796	4	71
静乐县	10673	2834	10406		267
神池县	5845	2030	5503	3	339
五寨县	5929	2538	5739		190
岢岚县	4564	1820	4298	56	210
河曲县	9808	3289	9076	732	
保德县	10858	3933	9450	1397	11
偏关县	7233	1974	6033	450	750
原平市	30040	9395	29764	108	168

16-8　国有单位从业人员劳动报酬（2011年）

县市	从业人员平均人数（人）	在岗职工平均人数	劳务派遣人员工资总额	其他从业人员平均人数	从业人员劳动报酬（万元）	在岗职工工资总额	劳务派遣人员工资总额	其他从业人员劳动报酬	在岗职工平均工资(元)
全　市	199608	190006	5504	4098	622861	600388	17073	5400	31598
忻府区	54267	50268	2315	1684	151789	143927	6037	1825	28632
定襄县	7315	7170		145	18949	18859		90	26303
五台县	14905	14858	14	33	38987	38934	18	35	26204
代　县	7758	7684		74	20563	20544		19	26736
繁峙县	12092	11558	376	158	33987	33336	193	458	28843
宁武县	18714	18639	4	71	71341	71266	10	65	38235
静乐县	10571	10306		265	29180	29002		178	28141
神池县	5873	5531	3	339	17932	17175	6	751	31052
五寨县	5925	5736		189	18762	18544		218	32328
岢岚县	4662	4410	49	203	14119	13900	35	184	31519
河曲县	9564	8755	809		33168	30268	2900		34572
保德县	10898	9498	1389	11	39229	32384	6834	11	34096
偏关县	7223	6033	440	750	23618	21322	870	1426	35343
原平市	29841	29560	105	176	111237	110927	170	140	37526

16-9 集体单位从业人员（2011年）

单位：人

县 市	从业人员	# 女性	在岗职工	劳务派遣人员	其他从业人员
全 市	18345	6983	17309	238	798
忻府区	4857	2088	4551	54	252
定襄县	1090	238	787	121	182
五台县	1843	507	1825		18
代 县	728	261	728		
繁峙县	2147	1052	2147		
宁武县	463	215	463		
静乐县	365	166	359	6	
神池县	1019	281	1019		
五寨县	558	232	552		6
岢岚县	203	71	202	1	
河曲县	193	71	193		
保德县	901	281	901		
偏关县	900	202	882	12	6
原平市	3078	1318	2700	44	334

16-10 集体单位从业人员劳动报酬（2011年）

单位：人、万元、元

县 市	从业人员平均人数（人）				从业人员劳动报酬（万元）				在岗职工平均工资(元)
		在岗职工平均人数	劳务派遣人员平均人数	其他从业人员平均人数		在岗职工工资总额	劳务派遣人员平均人数	其他从业人员劳动报酬	
全 市	19057	17475	217	1365	38161	37070	259	832	21213
忻府区	5196	4739	54	403	10698	10502	25	171	22161
定襄县	1022	781	108	133	2376	2080	159	137	26638
五台县	1794	1776		18	4036	3988		48	22453
代 县	1193	728		465	1502	1502			20628
繁峙县	2061	2061			4282	4282			20776
宁武县	463	463			622	622			13434
静乐县	365	359	6		144	143	1		4003
神池县	1019	1019			1182	1182			11601
五寨县	677	671		6	1880	1872		8	27891
岢岚县	191	190	1		617	615	2		32353
河曲县	193	193			463	463			24000
保德县	831	831			2782	2782			33472
偏关县	900	882	12	6	689	665	17	7	7544
原平市	3152	2782	36	334	6888	6372	55	461	22906

16-11 其他单位从业人员（2011年）

单位：人

县 市	从业人员	#女性	在岗职工	劳务派遣人员	其他从业人员
全 市	26615	5941	22927	1489	2199
忻府区	11401	3188	8746	516	2139
定襄县	150	55	150		
五台县	616	83	616		
代 县	404	57	404		
繁峙县	10	3	10		
宁武县	60	27	60		
静乐县	1826	282	1826		
神池县	9	1	9		
五寨县					
岢岚县					
河曲县	3870	613	3444	422	4
保德县	2575	276	2575		
偏关县	318	72	318		
原平市	5376	1284	4769	551	56

16-12 其他单位从业人员劳动报酬（2011年）

县市	从业人员平均人数（人）	在岗职工平均人数	劳务派遣人员工资总额	其他从业人员平均人数	从业人员劳动报酬（万元）	在岗职工工资总额	劳务派遣人员工资总额	其他从业人员劳动报酬	在岗职工平均工资(元)
全　市	26742	23206	1366	2170	72611	67241	2861	2509	28976
忻府区	11410	8752	544	2114	23040	19579	1152	2309	22371
定襄县	150	150			216	216			14373
五台县	504	504			1824	1824			36185
代　县	583	583			1496	1496			25669
繁峙县	10	10			21	21			20900
宁武县	56	56			171	171			30554
静乐县	1805	1805			3447	3447			19095
神池县	9	9			5	5			5778
五寨县									
岢岚县									
河曲县	3863	3442	420	1	17201	16192	1008	1	47043
保德县	2431	2431			11280	11280			46403
偏关县	318	318			486	486			15267
原平市	5603	5146	402	55	13424	12524	701	199	24338

16-13　固定资产投资主要指标（2011年）

单位：万元

县市	施工项目个数	#本年新开工	本年投产项目个数	本年新增固定资产	本年完成投资	#住宅	#建筑工程	#安装工程	#设备工器具购置
忻州市	842	515	547	3245338	4919466	103604	2423793	301341	1313375
忻府区	157	85	104	348872	476574	3500	278020	9980	82320
定襄县	74	54	62	130646	160854		22648	19864	107438
五台县	65	22	23	32350	176717	11385	149929	6445	10212
代　县	55	37	36	81272	144481	3624	74361	6135	56605
繁峙县	70	62	61	127526	375195	9902	185462	6550	135278
宁武县	32	12	11	210082	309515	2795	139545	15210	89322
静乐县	33	14	11	50252	274530	12738	128176	28369	84655
神池县	13	3	7	135685	146959		146959		
五寨县	42	29	34	114566	113258	14100	88979	2975	15310
岢岚县	45	31	27	175656	169758	8710	109921	4016	33664
河曲县	33	18	20	200814	536319	13294	88220	17545	229878
保德县	44	24	28	133958	467250	1604	229090	38366	118785
偏关县	22	13	18	34867	101693	2415	43291	4366	50416
原平市	150	105	102	365392	898958	19537	361060	128070	278754

注：本表不含房地产开发投资

16-13 续表

单位：万元

县 市	#其他费用	#新建	#扩建	#改建和技术改造	#单纯建造生活设施	#迁建	#恢复	#单纯购置
忻州市	880957	2817968	1105760	784127	172351	1940		37320
忻府区	106254	288385	56226	128263	3500	200		
定襄县	10904	45470	37790	77594				
五台县	10131	147047	5510	13000	11160			
代　县	7380	98171	28966	5470	3624			8250
繁峙县	47905	256989	37181	43473	8482			29070
宁武县	65438	86627	112235	110653				
静乐县	33330	150956	73357	40805	9412			
神池县		60957		86002				
五寨县	5994	60505	35530	15023	2200			
岢岚县	22157	85677	69509	8932	5640			
河曲县	200676	415480	96410	13478	10951			
保德县	81009	260592	168641	34673	1604			
偏关县	3620	85293	9300	2918	4182			
原平市	131074	208414	375105	203843	111596			

注：本表不含房地产开发投资

16-14 城镇固定资产投资房屋面积及价值(2011年)

单位：平方米、万元

市名	本年施工房屋面积	#住宅	本年竣工房屋面积	#住宅	本年竣工房屋价值	#住宅
忻州市	7108265	5075566	1984517	1109300	330820	193683
忻府区	3229566	2763222	659152	472764	128908	99124
定襄县	253314	184939	49717	14380	6883	2100
五台县	757914	471351	197420	93993	29728	19838
代　县	167292	114388	85415	46761	13921	1824
繁峙县	287406	144979	131617	20960	15093	2502
宁武县	303439	57850	54700	22700	7040	2885
静乐县	455556	271304	21274		9286	
神池县	160161	16597	19021		5685	
五寨县	305038	239492	204786	149740	31957	17478
岢岚县	234235	196005	45082	11735	6421	1277
河曲县	233347	201554	25666	18959	9177	7685
保德县	114944	48105	64444	19005	14524	3071
偏关县	252340	166000	252340	166000	13750	4940
原平市	353713	199780	173883	72303	38447	30959

16-15 房地产开发房屋销售额（2011年）

单位: 万元

县（市、区）	商品房销售额	住宅	#90平方米以下住房	商业营业用房	其他
全市	233609	208288	35330	17037	6311
忻府区	155733	135230	16758	13569	4961
定襄县	6463	5777	115	686	
五台县	13570	13570	1480		
代县					
繁峙县					
宁武县	3870	2520	1140		1350
静乐县	37604	35604	13462	2000	
神池县					
五寨县	3937	3937	1437		
岢岚县	704	704			
河曲县	8688	8688			
保德县					
偏关县					
原平市	3040	2258	938	782	

16-16 房地产开发房屋销售面积（2011年）

单位: 平方米

市 名	商品房销售面积	住宅	#90平方米以下住房	商业营业用房	其 他
全 市	1002825	932553	171196	40302	27068
忻府区	621267	571345	79306	24452	22568
定襄县	32926	30794	706	2132	
五台县	60955	60955	6300		
代 县					
繁峙县					
宁武县	16500	12000	5450		4500
静乐县	177668	167626	65960	10042	
神池县					
五寨县	26229	26229	6934		
岢岚县	4875	4875			
河曲县	43033	43033			
保德县					
偏关县					
原平市	19372	15696	6540	3676	

16-17 房地产开发施工、竣工及价值（2011年）

市　名	本年施工房屋面积（平方米）	#住宅	本年竣工房屋面积（平方米）	#住宅	本年竣工价值（万元）	#住宅
全　市	4435654	3774924	818349	666961	157250	129098
忻府区	3036806	2716527	601079	472764	121808	99124
定襄县	200367	184939	14620	14380	2200	2100
五台县	487920	377920	93597	83877	17994	15144
代　县	52267	41317				
繁峙县						
宁武县	20000	15500	20000	15500	3495	2640
静乐县	233172	100362				
神池县	16597	16597				
五寨县	82657	81252	52905	51500	6773	6478
岢岚县	46193	41905	15148	11735	2130	1277
河曲县	86925	72905				
保德县	29400	17205	21000	17205	2850	2335
偏关县						
原平市	143350	108495				

16-18 房地产开发投资（2011年）

单位: 万元

市　名	本年完成投资	#住 宅	建筑工程	安装工程	设备工器具购置	其他费用
全　市	240979	194623	185749	30937	1040	23253
忻府区	129672	112958	92671	24372	487	12142
定襄县	6425	5692	5037	1348		40
五台县	30255	29945	29007			1248
代　县	10162	8212	2098	12	220	7832
繁峙县						
宁武县	495	317	85	410		
静乐县	30944	10005	30944			
神池县	650	650	650			
五寨县	12331	11856	8831	3500		
岢岚县	3160	2560	2300			860
河曲县	2489	2175	1825	664		
保德县	3450	2335	2059	401	312	678
偏关县						
原平市	10946	7918	10242	230	21	453

16-19 农村非农户固定资产投资主要指标（2011年）

单位: 万元

指标名称	施工项目个数(个)	#本年新开工	本年投产项目个数(个)	本年新增固定资产	本年完成投资	#住宅	建筑工程	安装工程
忻州市	66	39	44	76880	86810	2135	66674	2443
忻府区	21	13	16	41220	42767		32241	687
定襄县								
五台县	17	10	8	7690	10736	20	10670	30
代　县	2				200		200	
繁峙县								
宁武县	2	1	1	1300	3670		3670	
静乐县	2	2	1	1480	6460		1663	201
神池县								
五寨县	3	3	2	1160	1455		1365	40
岢岚县								
河曲县	4	4	4	3850	3850		2913	220
保德县								
偏关县	5	4	5	8831	8831	95	6381	140
原平市	10	2	7	11349	8841	2020	7571	1125

16-19 续表

单位：万元

指标名称	设备工器具购置	其他费用	本年施工房屋面积(平方米)	#住宅	本年竣工房屋面积(平方米)	#住宅	本年竣工房屋价值	#住宅
忻州市	11472	6221	105878	40915	102698	40315	9370	2070
忻府区	4881	4958	31798		31798		3840	
定襄县								
五台县	26	10	3180	600				
代　县								
繁峙县								
宁武县			25500		25500		1300	
静乐县	3640	956						
神池县								
五寨县	50		3500		3500		1160	
岢岚县								
河曲县	440	277						
保德县								
偏关县	2290	20	36000	36000	36000	36000	1050	1050
原平市	145		5900	4315	5900	4315	2020	1020

16-20 煤、焦收入量与销售量（2011年）

单位：万吨

单位名称	原煤		洗精煤		焦炭	
	收入量	销售量	收入量	销售量	收入量	销售量
忻州市	4625.48	4554.67	45.47	33.88	189.4	182.41
忻府区					161.82	156.34
定襄县						
五台县	61.55	53.6				
代县						
繁峙县						
宁武县	951.35	896.45				
静乐县	140.94	116.84	10.93		15.47	14.57
神池县						
五寨县						
岢岚县			19.54	18.88	12.11	11.5
河曲县	872.16	871.55				
保德县	1660.16	1670.91				
偏关县						
原平市	939.32	945.32	15	15		

16-21 社会消费品零售总额

单位：万元

县（市、区）	社会消费品零售总额	城镇	乡村
忻州市	2013630.7	1357641.7	655989.0
忻府区	584212.0	462859.5	121352.5
定襄县	130546.2	60476.5	70069.8
五台县	138869.8	79251.8	59618.0
代　县	94104.5	54717.0	39387.5
繁峙县	106510.5	63602.1	42908.4
宁武县	64813.2	45816.6	18996.6
静乐县	59740.9	39495.1	20245.7
神池县	65203.9	48225.2	16978.7
五寨县	63578.3	48525.9	15052.4
岢岚县	57361.3	32743.3	24618.0
河曲县	94484.0	61802.8	32681.2
保德县	111914.3	67989.3	43924.9
偏关县	70766.8	51503.8	19263.0
原平市	371525.2	240632.7	130892.5

16-22 农林牧渔业总产值（2011年）

按现行价格计算　　　　单位：万元

县（市、区）	农林牧渔业总产值	农业	林业	牧业	渔业	农林牧渔服务业
全市	927160	500019.7	57693	338153.1	2994.3	28300
忻府区	130204.9	73883.2	7049.1	44829.4	343.2	4100
定襄县	65260	48003.1	3747.6	10031.1	278.3	3200
五台县	78826.4	35474.9	6922.6	33730.9	198	2500
代县	41869	26356.1	2576.6	11419.5	316.8	1200
繁峙县	57771	19807.6	5268.3	30368.6	326.4	2000
宁武县	22180.9	5857.6	1484	13762.3	77	1000
静乐县	33110.4	16194.7	6243.2	9835	87.5	750
神池县	71821.3	43473	1690.4	24933.8	24	1700
五寨县	57430.5	37939.1	3887.8	13756.2	214.5	1633
岢岚县	41939.5	18922.5	2102.6	19284.4	30	1600
河曲县	51408.9	28771.3	5027.5	15225.8	384.4	2000
保德县	35386.4	16301.5	4032	13926	106.9	1020
偏关县	62332.8	18980	4442.7	37205.1	105	1600
原平市	178024.6	93822	5128.1	74104.2	470.4	4500

16-23 农林牧渔业总产值（2011年）

按可比价格计算　　　　单位：万元

县市	农林牧渔业总产值	农业	林业	牧业	渔业	农林牧渔服务业
全　市	870126	482900	55646	301697	2879	27004
忻府区	124134	72242	6520	41103	327	3942
定襄县	64357	47899	3710	9367	273	3107
五台县	74039	35268	6614	29583	192	2381
代　县	39689	25400	2574	10248	308	1159
繁峙县	53807	19219	4391	27900	297	2000
宁武县	21028	5788	1469	12715	76	980
静乐县	32343	16991	5918	8685	82	667
神池县	70138	43762	1553	23116	23	1683
五寨县	55403	37085	3849	12625	210	1633
岢岚县	40550	19123	2082	17747	29	1569
河曲县	49510	28122	4788	14307	373	1919
保德县	34668	16646	3992	12926	105	1000
偏关县	57632	18773	4356	32891	103	1509
原平市	168257	91181	5027	67266	457	4327

16-24 农林牧渔业中间消耗（2011年）

按现行价格计算　　　　单位：万元

县　市	农林牧渔中间消耗	农业	林业	牧业	渔业	农林牧渔服务业
全　市	378212.4	170576.3	25514	167622.3	1299.8	13200
忻府区	61959.1	30474.4	2317.5	26829.4	57.8	2280
定襄县	22868.1	14799.7	1344.8	5077.4	146.2	1500
五台县	31936.3	12764.7	4182	13814.2	95.4	1080
代　县	16156.4	8075.2	1544.4	5848.5	138.3	550
繁峙县	25340.2	9951.4	3528.4	10743.6	160.8	956
宁武县	10032.9	2366.5	896.6	6235	34.8	500
静乐县	11776	6544	2152.6	2710.9	43.5	325
神池县	26427.9	17841	695.5	7038.4	13	840
五寨县	20844.7	11320.4	2196.1	6513.4	104.8	710
岢岚县	17274.9	8565.5	1003.8	6939.8	15.8	750
河曲县	17268	8917.2	2029.8	5179.3	91.7	1050
保德县	13375.1	7486.1	1742	3604.8	42.2	500
偏关县	27409.6	10303.1	2467.6	13714.6	24.3	900
原平市	77257.6	32212.7	2825.4	39553.5	166	2500

16-25 农业主要产品生产情况（2011年）

单位：公顷 、吨、公斤/公顷

县 名	农作物总播种面积	一、粮食作物			（一）夏收粮食			（二）秋收粮食		
		播种面积	产量	单产	播种面积	产量	单产	播种面积	产量	单产
市抽样调查	473379.30	422532.40	1485389	3515	517.30	1281	2476	422015.10	1484108	3517
忻府区	52441.50	50127.90	282343	5632				50127.90	282343	5632
定襄县	27203.80	23901.90	162885	6815				23901.90	162885	6815
五台县	29143.80	28398.90	112752	3970				28398.90	112752	3970
代 县	25479.00	22794.80	74957	3288				22794.80	74957	3288
繁峙县	38779.80	36494.50	69969	1917				36494.50	69969	1917
宁武县	19896.80	16618.40	17558	1057				16618.40	17558	1057
静乐县	27918.00	21946.30	38366	1748				21946.30	38366	1748
神池县	47869.70	36435.00	116535	3198				36435.00	116535	3198
五寨县	36327.30	35896.20	146268	4075				35896.20	146268	4075
岢岚县	29852.00	24308.70	39255	1615				24308.70	39255	1615
河曲县	28578.90	22529.50	43576	1934				22529.50	43576	1934
保德县	23477.50	21944.40	21486	979				21944.40	21486	979
偏关县	27547.00	24416.00	40100	1642	233.30	175	750	24182.70	39925	1651
原平市	58864.20	56719.90	319340	5630	284.00	1106	3894	56435.90	318234	5639

16-25 续表1

单位：公顷 、吨、公斤/公顷

县 市	<一>谷物			（1）稻谷			（2）小麦		
	播种面积	总产量	每公顷产 量	播种面积	总产量	每公顷产 量	播种面积	总产量	每公顷产 量
市抽样调查	322633.00	1310662	4062	445.10	1978	4444	284.00	1106	3894
忻府区	49309.10	280601	5691	21.30	80	3756			
定襄县	22974.10	160525	6987						
五台县	24036.60	102009	4244	109.60	575	5250			
代 县	20778.80	70971	3416	132.50	517	3901			
繁峙县	29570.50	59043	1997	31.70	131	4129			
宁武县	7610.60	8311	1092						
静乐县	10314.70	17075	1655						
神池县	21529.30	84370	3919						
五寨县	29869.10	131613	4406						
岢岚县	8797.70	15244	1733						
河曲县	13772.70	27258	1979						
保德县	14468.60	14691	1015						
偏关县	17096.00	27495	1608						
原平市	52505.20	311457	5932	150.00	675	4500	284.00	1106	3894

16-25 续表2

单位：公顷 、吨、公斤/公顷

县 市	（3）玉米			（4）谷子			（5）高粱		
	播种面积	总产量	每公顷产 量	播种面积	总产量	每公顷产 量	播种面积	总产量	每公顷产 量
市抽样调查	242628.80	1154939	4760	28818.20	65051	2257	2106.40	9312	4421
忻府区	47532.90	274500	5775	1381.30	4084	2957	261.30	1417	5422
定襄县	20235.50	150881	7456	1725.10	5740	3327	645.80	3387	5245
五台县	19747.30	91075	4612	1962.60	4715	2402	79.00	328	4152
代 县	16834.70	63574	3776	1297.10	2903	2238	449.70	1814	4033
繁峙县	21924.60	47185	2152	1775.30	3268	1841			
宁武县	1496.50	4439	2966	126.50	99	780			
静乐县	2318.70	5036	2172	1989.30	5511	2770	207.70	506	2437
神池县	11691.30	55464	4744						
五寨县	24230.50	111749	4612	4092.60	15447	3774	13.60	52	3787
岢岚县	6096.70	12996	2132	1063.00	962	905			
河曲县	7218.10	16538	2291	2415.30	4930	2041	22.70	9	374
保德县	7854.80	10587	1348	3429.00	1749	510	91.30	40	435
偏关县	7426.60	11252	1515	5444.70	9882	1815			
原平市	48020.60	299663	6240	2116.40	5763	2723	335.30	1760	5250

16-25 续表3

单位：公顷 、吨、公斤/公顷

县 市	（6）其它谷物			其中：a、燕麦			b.荞麦		
	播种面积	总产量	每公顷产 量	播种面积	总产量	每公顷产 量	播种面积	总产量	每公顷产 量
市抽样调查	48350.50	78276	1619	21173.10	39799	1880	919.20	939	1021
忻府区	112.30	519	4623						
定襄县	367.70	518	1407				43.30	61	1406
五台县	2138.10	5315	2486	573.60	688	1200			
代 县	2064.80	2163	1048	332.60	338	1017			
繁峙县	5838.90	8460	1449	926.90	709	765	142.40	107	750
宁武县	5987.60	3773	630	1617.50	1177	728			
静乐县	5799.00	6022	1038	3986.00	3390	850	33.30	25	751
神池县	9838.00	28906	2938	9838.00	28905	2938			
五寨县	1532.40	4365	2848	502.30	1046	2083			
岢岚县	1638.00	1286	785	1523.30	1078	708	88.00	59	672
河曲县	4116.60	5782	1404	106.70	104	975	0.80	1	625
保德县	3093.50	2316	749				44.70	32	705
偏关县	4224.70	6361	1506	1086.70	1304	1200	566.70	655	1155
原平市	1598.90	2491	1558	679.50	1058	1558			

16-25 续表4

单位：公顷、吨、公斤/公顷

县市	c.糜黍			<二> 豆类			其中：a、大豆		
	播种面积	总产量	每公顷产量	播种面积	总产量	每公顷产量	播种面积	总产量	每公顷产量
市抽样调查				53257.60	65333	1227	24917.20	32341	1298
忻府区				712.40	1163	1633	695.10	1135	1633
定襄县				585.40	1046	1787	395.80	726	1835
五台县				1389.90	2193	1578	1059.00	1671	1578
代　县				1106.00	1444	1306	381.80	452	1185
繁峙县				4239.90	6153	1451	3648.80	5699	1562
宁武县				6461.30	3822	591	771.20	810	1050
静乐县				6251.30	7581	1213	3280.70	3956	1206
神池县				8010.70	14512	1812	3533.30	6367	1802
五寨县				2761.80	4886	1769	1920.60	2754	1434
岢岚县				8841.00	10031	1135	570.70	667	1169
河曲县				3473.60	3374	971	2480.10	2297	926
保德县				3907.50	2516	644	2803.30	1985	708
偏关县				2924.00	2864	979	2370.70	2369	999
原平市				2592.80	3748	1446	1006.10	1454	1445

16-25 续表5

单位：公顷 、吨、公斤/公顷

县 市	b、杂豆			<三> 薯类			其中：马铃薯		
	播种面积	总产量	每公顷产 量	播种面积	总产量	每公顷产 量	播种面积	总产量	每公顷产 量
市抽样调查	28340.40	32992	1164	46641.80	109394	2345	45813.10	107023	2336
忻府区	17.30	28	1642	106.40	579	5441	45.60	205	4502
定襄县	189.60	320	1688	342.40	1314	3837	204.90	592	2890
五台县	330.90	522	1578	2972.40	8550	2877	2914.80	8204	2815
代 县	724.20	992	1370	910.00	2542	2793	857.10	2399	2799
繁峙县	591.10	455	769	2684.10	4773	1778	2637.40	4731	1794
宁武县	5690.10	3012	529	2546.50	5426	2131	2546.50	5426	2131
静乐县	2970.60	3626	1221	5380.30	13710	2548	5380.30	13710	2548
神池县	4477.40	8145	1819	6895.00	17653	2560	6895.00	17653	2560
五寨县	841.20	2132	2534	3265.30	9769	2992	3265.30	9769	2992
岢岚县	8270.30	9364	1132	6670.00	13980	2096	6670.00	13980	2096
河曲县	993.50	1078	1085	5283.20	12944	2450	5218.90	12783	2449
保德县	1104.20	531	481	3568.30	4279	1199	3226.00	3838	1190
偏关县	553.30	495	894	4396.00	9741	2216	4396.00	9741	2216
原平市	1586.70	2294	1446	1621.90	4134	2549	1555.30	3991	2566

16-25 续表6

单位：公顷、吨、公斤/公顷

县市	二、油料			1、花生			2、油菜籽		
	播种面积	总产量	每公顷产量	播种面积	总产量	每公顷产量	播种面积	总产量	每公顷产量
忻州市	34676.70	43693	1260	1027.30	2706	2634	5.30	5	906
忻府区	227.40	380	1669	1.30	2	1538			
定襄县	1092.70	2579	2360	83.10	246	2955			
五台县	349.80	564	1612	0.20	1	2500			
代　县	610.20	814	1334	98.70	212	2146			
繁峙县	1601.50	1116	697						
宁武县	2994.20	2418	807						
静乐县	4962.00	5042	1016						
神池县	9144.70	11508	1258						
五寨县	187.40	206	1100						
岢岚县	5177.00	8086	1562						
河曲县	3781.90	4925	1302	762.00	2106	2763	5.30	5	906
保德县	616.70	599	972	68.00	98	1443			
偏关县	2795.30	3948	1412						
原平市	1135.90	1508	1328	14.00	42	3000			

16-25 续表7

单位：公顷 、吨、公斤/公顷

县 市	3、芝麻			4、胡麻籽			5、向日葵籽		
	播种面积	总产量	每公顷产 量	播种面积	总产量	每公顷产 量	播种面积	总产量	每公顷产 量
忻州市	73.50	37	501	22038.40	24696	1121	6114.30	9983	1633
忻府区				2.00	3	1500	151.90	269	1768
定襄县	0.30	…	333				582.30	1651	2835
五台县	2.10	2	810	130.70	145	1112	87.20	171	1964
代 县				205.90	185	898	217.10	291	1339
繁峙县				727.70	487	669	663.40	509	767
宁武县				2994.20	2418	807			
静乐县				3890.00	3302	849	380.00	828	2179
神池县				8118.00	10276	1266	1026.70	1232	1200
五寨县				163.30	178	1090	24.10	28	1166
岢岚县				3860.00	4851	1257	1184.00	2995	2530
河曲县	12.40	6	452				533.90	466	872
保德县	58.70	29	501	62.00	61	981	221.30	188	848
偏关县				1385.30	2081	1502	433.30	640	1477
原平市				499.30	708	1417	609.10	716	1176

16-25 续表8

单位：公顷、吨、公斤/公顷

县 市	6、蓖麻籽			7、其它油料			三、棉花		
	播种面积	总产量	每公顷产量	播种面积	总产量	每公顷产量	播种面积	总产量	每公顷产量
忻州市				5417.90	6267	1157	117.30	104	885
忻府区				72.20	106	1467			
定襄县				427.00	682	1597	113.80	102	895
五台县				129.60	245	1891			
代 县				88.50	127	1436			
繁峙县				210.40	120	569			
宁武县									
静乐县				692.00	911	1317			
神池县									
五寨县									
岢岚县				133.00	240	1805			
河曲县				2468.30	2343	949	3.50	2	571
保德县				206.70	223	1081			
偏关县				976.70	1227	1256			
原平市				13.50	43	3148			

16-25 续表9

单位：公顷、吨、公斤/公顷

县市	四、甜菜			五、药材			六、蔬菜		
	播种面积	总产量	每公顷产量	播种面积	总产量	每公顷产量	播种面积	总产量	每公顷产量
忻州市	4.70	70	14894	116.40	602	5168	7945.40	208389	26228
忻府区				8.70	5	586	1518.30	28009	18448
定襄县				2.00	…	200	974.30	28238	28983
五台县				6.70	50	7463	387.30	11738	30307
代县							344.80	12655	36701
繁峙县	4.70	70	14894				192.40	8310	43191
宁武县							163.00	2714	16647
静乐县				71.30	455	6383	670.30	8259	12321
神池县							1366.50	23045	16864
五寨县				13.40	48	3575	143.40	6527	45516
岢岚县							115.70	2438	21067
河曲县							714.50	24798	34707
保德县							537.40	4657	8666
偏关县							72.40	3065	42334
原平市				14.30	43	3007	745.10	43937	58968

16-25 续表10

单位：公顷 、吨、公斤/公顷

县市	其中：大棚蔬菜			七、瓜类			1、西瓜		
	播种面积	总产量	每公顷产量	播种面积	总产量	每公顷产量	播种面积	总产量	每公顷产量
忻州市				3426.00	113023	32990	2286.40	91639	40080
忻府区				475.50	16334	34350	169.30	10197	60230
定襄县				997.60	46549	46661	772.70	40085	51876
五台县				1.10	19	17455			
代　县				240.10	9942	41409	197.90	8787	44399
繁峙县				486.70	14865	30542	446.70	14050	31453
宁武县									
静乐县				80.00	1040	13000	50.00	725	14500
神池县				106.70	1600	14995	106.70	1600	14995
五寨县				86.90	1697	19529	14.50	436	30069
岢岚县				1.30			1.30		
河曲县				400.60	9737	24307	167.60	8499	50712
保德县				379.00	6738	17778	205.00	3120	15220
偏关县				110.00	1805	16405	100.00	1700	16995
原平市				60.50	2697	44579	54.70	2441	44625

16-25 续表11

单位：公顷、吨、公斤/公顷

县 市	2、甜瓜			八、其它播种面积	其中:青饲料播种面积	补充：糯玉米		
	播种面积	总产量	每公顷产量			播种面积	总产量	每公顷产量
忻州市	835.2	17719	21215	4559.10	3906.90			
忻府区	306.20	6136	20040	83.70				
定襄县	224.90	6464	28741	120.20				
五台县	1.10	19	17455					
代 县	42.10	1156	27454	1489.10	1436.30			
繁峙县	40.00	815	20375					
宁武县				121.20	121.20			
静乐县	30.00	315	10500	188.10	180.10			
神池县				816.80	816.80			
五寨县								
岢岚县				249.30	107.70			
河曲县	46	1038	22565	1148.90	1014.20			
保德县	132.00	1415	10720					
偏关县	10.00	105	10500	153.30	153.30			
原平市	2.90	256	88276	188.50	77.30			

16-26 2004-2011年粮食、油料

县名	粮食产量								油料产量	
	2004	2005	2006	2007	2008	2009	2010	2011	2004	2005
全　市	1185514	1022009	1089803	1230716	1170005	1141777	1478991	1485389	52443	40037
忻府区	236743	214667	225873	259792	253599	264235	285656	282343	2354	1603
定襄县	156109	132809	132019	159270	162628	163998	167761	162885	1896	1691
五台县	99154	103472	105179	113414	111710	100940	91145	112752	1631	1473
代　县	86828	53919	69908	74169	77686	60402	69445	74957	2067	409
繁峙县	74088	60323	74690	69127	64076	57027	70577	69969	2244	1710
宁武县	20986	12519	16134	21486	26234	16600	17103	17558	2994	1878
静乐县	36034	35828	35826	40399	33724	34643	39035	38366	4868	4646
神池县	39933	33850	35926	111330	93712	97232	123723	116535	5740	5033
五寨县	44995	30065	25752	84370	111068	97502	153903	146268	5290	3234
岢岚县	27857	30981	14995	36024	36748	28013	36327	39255	4929	4558
河曲县	46402	40008	35968	50364	50268	53171	49946	43576	5994	4989
保德县	34136	19539	7678	33911	34325	34849	35199	21486	886	803
偏关县	38015	37369	25600	37511	47714	42464	48043	40100	6416	5593
原平市	282913	202845	284255	299091	275611	251724	291129	319340	5134	2417

和蔬菜产量

单位: 吨

						蔬菜产量							
2006	2007	2008	2009	2010	2011	2004	2005	2006	2007	2008	2009	2010	2011
31075	43562	43012	38507	36696	43693	201413	183804	159893	150966	201507	163843	180973	208389
930	1386	1742	491	573	380	36969	34465	35405	29413	35102	24853	32444	28009
1640	1953	1339	1328	1380	2579	18392	11600	14309	15803	32156	23776	26123	28238
1437	1329	1300	976	467	564	11006	11744	11007	10317	11370	9246	9951	11738
486	852	1152	714	815	814	18609	9671	11604	7955	14407	5937	8923	12655
2005	1487	1406	831	495	1116	13282	6355	7328	8830	13771	9996	6828	8310
2236	3119	2495	3425	4838	2418	2054	1865	1783	1997	2882	2703	2456	2714
3280	4098	4408	4398	4493	5042	2185	2574	1750	2085	2165	1894	4389	8259
3741	8902	7873	8581	7717	11508	25236	25550	15870	15975	14057	13680	17705	23045
1341	1337	1241	810	221	206	14675	10978	8688	8387	8880	4508	6218	6527
2864	5310	6227	4022	4573	8086	5775	8100	405	985	7560	3516	422	2438
4233	5679	5929	6045	5269	4925	14080	20627	11985	10464	12587	12842	16349	24798
172	644	593	803	470	599	5029	4560	4765	2348	2623	3337	3837	4657
3314	4870	5385	4867	4171	3948	2125	1810	800	1030	2675	3198	3409	3065
3390	2596	1922	1216	1215	1508	31996	33905	34194	35377	41272	44360	41919	43937

16-27 农业机械

县市	农业机械总动力	柴油发动机	汽油发动机	电动机	拖拉机	
					台	千瓦
全 市	2259774	1830909	95816	333049	39914	592998
忻府区	310393	283010	221	27162	4339	83762
定襄县	104142	76771	2478	24893	3534	58137
五台县	124290	103864	13616	6810	4207	42322
代 县	171633	139117	106	32410	3095	41117
繁峙县	210127	133881	10136	66110	2879	47956
宁武县	86300	72349	5644	8307	1916	30968
静乐县	80900	74527		6373	1107	13216
神池县	171344	152943	12674	5727	4482	63477
五寨县	134454	112036	2800	19618	4965	58062
岢岚县	104472	86641	6112	11719	1077	9119
河曲县	88331	75872	3546	8913	1163	15775
保德县	135221	111029		24192	345	6147
偏关县	137706	110256	4591	22859	2691	33703
原平市	400461	298613	33892	67956	4114	89237

拥有量（2011年）

单位：千瓦、台

1、大中型拖拉机		2、小型拖拉机				农用运输车	
				手扶式			
台	千瓦	台	千瓦	台	千瓦	辆	千瓦
9348	284040	30566	308958	8604	66719	50563	951162
1285	52000	3054	31762	890	5866	10623	173280
877	29723	2657	28414	567	3890	398	5837
579	13240	3628	29082	1649	13188	3163	16907
371	14020	2724	27097	1054	8747	4287	87967
580	22851	2299	25105	554	5398	2330	69559
264	9393	1652	21575	345	3120	1020	24937
123	3532	984	9684	790	7519	2224	52362
698	18986	3784	44491	28	206	3254	81383
1628	32307	3337	25755	434	1467	3181	37250
481	7142	596	1977	103	782	2199	26197
283	6990	880	8785	303	2444	2187	48373
145	3726	200	2421	56	570	4175	92550
318	7271	2373	26432	1105	8046	1213	65298
1716	62859	2398	26378	726	5476	10309	169262

16-27 续表

县市	种植业机械（台）						农用排灌机械		
	机引犁	旋耕机	机引耙	播种机	化肥深施机	地膜覆盖机	排灌动力机械(台)	农用水泵(台)	节水喷灌类机械(套)
全　市	15245	5667	910	8796	2524	4959	11763	7916	460
忻府区	1013	940	5	1356	165	111	2055	1129	16
定襄县	693	509	38	1043	78	45	1686	1776	210
五台县	643	150	16	192	185	612	978	730	20
代　县	571	631	339	306	197	145	1432	562	34
繁峙县	788	957	305	1343	686	563	1651	790	40
宁武县	711	25	10	43	31	31	312	500	
静乐县	844	147		521	200	96	22	44	20
神池县	1301	155	143	1687	357	541	61	3	
五寨县	3092	368		425	50	1785	4	52	
岢岚县	1399	105		454	155	442	394	139	36
河曲县	337	255		81	61	50	552	453	9
保德县	360	79		78	120	54	575	610	
偏关县	2338	409	5	360		241	352	248	5
原平市	1155	937	49	907	239	243	1689	880	70

收获机械			机动脱粒机（台）	温室（万平方米）	农产品初加工作业机械（台）	#粮食加工	#油料加工
联合收割机(台)	割晒机(台)	其它作物收割机(台)					
714	1269	2180	10129	14779977	26119	21891	2473
127		217	706	9819574	2020	1878	90
138	10	340	1168	200000	1470	1386	57
46	11	40	428	475600	1478	1408	60
63		92	702	745920	1978	1824	108
84	209	488	1575	233450	2780	1793	456
7		26		200000	1250	911	339
4	6	64	28	300000	1317	1017	300
66	967	133	578	652033	770	574	186
32		176	475	203400	1862	1368	277
11	22	178	163	110000	2250	1993	245
5		109	170	170000	562	502	40
6	5	39	350	510000	2607	2532	45
15	39	129		150000	2815	2676	139
110		149	3786	1010000	2960	2029	131

16-28 农村劳动力（2011年）

单位：人

县　市	乡村人口	乡村从业人员	农　业	工　业	建筑业	交运仓储和邮政业	信息及软件	批、零业	住宿和餐饮业	其他行业
全　市	2428242	1021549	610302	95906	121024	55102	6049	46837	27015	59314
忻府区	345454	165260	91843	11838	27407	9410	1270	8107	4856	10529
定襄县	179141	87945	43514	21078	8842	3664	469	4074	2053	4251
五台县	270496	107719	58883	7918	24313	3579	546	3522	4037	4921
代　县	170373	81550	58784	6638	7716	2607	317	1739	1535	2214
繁峙县	245299	79235	53992	6216	5747	3322	349	2412	1202	5995
宁武县	120154	44050	23345	3745	3538	5159	205	1981	1228	4849
静乐县	141673	58233	34050	4557	6577	2912	886	2232	2008	5011
神池县	87052	28849	23926	971	752	1263	168	754	260	755
五寨县	92497	38081	28677	1345	1705	2849	38	1183	846	1438
岢岚县	67050	32295	22554	2970	2840	991	392	686	500	1362
河曲县	117969	45464	30004	4041	3778	2468	120	1277	519	3257
保德县	145054	63611	35820	6497	7281	4075	287	3831	2161	3659
偏关县	94739	39390	24908	3151	4130	2648	98	1548	1032	1875
原平市	351291	149867	80002	14941	16398	10155	904	13491	4778	9198

16-29 农村电气化、化学情况（2011年）

单位：万千瓦时、吨

县（市、区）	农村用电量	化肥施用量										农用塑料薄膜使用量		地膜覆盖面积	农药使用量
		按实物量计算	氮肥	磷肥	钾肥	复合肥	按折纯量计算	氮肥	磷肥	钾肥	复合肥		地膜使用量		
全市	56355	461010	222489	116250	13414	108857	132787	47720	25354	6285	53428	3790	3314	77251	977
忻府区	10170	85440	35124	9852	1736	38728	29213	7306	1675	868	19364	260	195	3268	137
定襄县	13644	27346	9414	6458	842	10632	9007	1978	1292	421	5316	99	68	1120	58
五台县	6485	28185	12116	6031	2085	7953	7907	2544	1267	316	3780	477	448	12436	51
代县	3202	25033	9897	4904	922	9310	8514	1584	883	461	5586	233	212	4766	70
繁峙县	4751	33880	19524	11259	352	2745	7091	3515	2027	176	1373	360	360	5452	51
宁武县	395	4031	1537	1319	181	994	635	307	207	87	34	16	10	380	6
静乐县	1054	19238	10784	7064	258	1132	4198	2268	1284	75	571	114	114	1025	20
神池县	538	22998	12496	7438	301	2763	13638	7134	4530	150	1824	477	477	11840	11
五寨县	775	37624	21950	12783	501	2390	7694	3867	2271	273	1283	818	662	22372	188
岢岚县	468	26876	15336	7920	1785	1835	5761	2702	1352	893	814	314	276	5749	50
河曲县	2149	24280	14520	6698	166	2896	5662	2786	1328	34	1514	219	133	1854	95
保德县	6239	14644	8922	2639	705	2378	4124	2033	625	342	1124	138	134	730	14
偏关县	1004	28851	16274	8050	1586	2941	6264	2604	1369	793	1498	111	98	3428	16
原平市	5481	82584	34595	23835	1994	22160	23079	7092	5244	1396	9347	154	127	2831	210

16-30 营林生产

	合计	1、按造林方式分			2、按经济成份分			
		人工造林	飞播造林	无林地和疏林地封育	①公有经济造林			②非公有经济造林
					合计	国有	集体	
全　市	40032	28700		11332	36405	5566	30839	3627
忻府区	3027	2694		333	133	133		2894
定襄县	2073	1073		1000	2073		2073	
五台县	4200	3600		600	4200		4200	
代　县	3273	2340		933	3273		3273	
繁峙县	3867	2867		1000	3267		3267	600
宁武县	3353	1686		1667	3353		3353	
静乐县	1420	1087		333	1420	1420		
神池县	2866	2533		333	2866		2866	
五寨县	1580	1047		533	1580		1580	
岢岚县	3133	1933		1200	3133	3133		
河曲县	1813	1146		667	1680		1680	133
保德县	2367	1367		1000	2367		2367	
偏关县	3020	2487		533	3020		3020	
原平市	3160	1960		1200	3160		3160	

情况（2011年）

单位：公顷

3、按林种用途分			年末实有封山(沙)育林面积	零　星(四旁植树)(万株)	幼林抚育实际面积	育苗面积	
经济林	防护林	薪炭林					本年新育
7639	30833	1560	128454	1025.1	3218	4303	1909.1
1573	1454		3333	141.7	3218	440.4	219.2
640	1433		4094	60.0		333	167
1267	2933		3667	80.0		220	113.3
1207	2066		5960	131.2		533.3	186.7
600	3267		13178	60.0		240	106.7
353	3000		15177	87.0		587.5	199.7
	1220	200	13886	60.8		226.7	186.7
333	2200	333	8053	70.0		240	133
133	1447		10220	63.3		180	100
267	2533	333	8054	58.4		202.4	70
	1546	267	11773	56.0		186.7	93.4
333	2034		7168	36.7		260	106.7
800	1953	267	9038	60.0		253	120
133	2867	160	14520	60.0		400	106.7

16-31 水果生产情况（2011年）

单位：吨

县市	园林水果								
		苹果	梨	桃	葡萄	红枣	柿子	沙果	其他
全　市	120555	28952	61117	1924	6331	13076	940	325	2107
忻府区	13701	6080	3743	1099	1763	147		69	104
定襄县	17895	4631	7735	52	1759	801	740		843
五台县	3452	1666	1494	6			200		
代　县	11464	3627	6015	62	899	56			21
繁峙县	1542	629	47	284	260	1			1
宁武县									
静乐县	338	132	120		4	10			
神池县									
五寨县									
岢岚县	794	432	205		156	1			
河曲县	2845	327	175	31	1231	352		227	492
保德县	11173	533	260	15	25	9950			382
偏关县	4520	2334	1929	96	2	3		12	67
原平市	52831	8561	39394	279	233	1756		17	198

16-31 续表

单位：公顷

县 市	年末果园面积	1.苹果	2.梨	3.桃园	4.葡萄	5.其它果园
全 市	19085.0	4328.5	4862.7	275.0	439.8	9179.0
忻府区	2206.8	1103.7	461.7	115.3	208.3	317.8
定襄县	1229.9	368.8	369.1	11.4	26.6	454.0
五台县	375.7	88.7	123.1	1.0		162.9
代 县	1860.6	462.3	584.8	49.0	51.6	712.9
繁峙县	160.7	74.1	3.1	19.0	2.0	62.5
宁武县						
静乐县	353.8	130.7	79.1		2.5	141.5
神池县						
五寨县						
岢岚县	142.6	56.0	20.0		33.3	33.3
河曲县	2213.0	278.6	294.4	22.7	87.2	1530.1
保德县	5329.4	566.6	637.7	9.1	15.0	4101.0
偏关县	727.1	177.4	129.4	6.0	1.7	412.6
原平市	4485.4	1021.6	2160.3	41.5	11.6	1250.4

16-32 畜牧业生产情况（2011年）

单位：吨

县市	肉类总产量	其中：					牛奶产量	禽蛋产量
		牛肉产量	驴肉产量	猪肉产量	羊肉产量	禽肉产量		
全市	88029	6107	646	49781	26404	4296	38350	53932
忻府区	7374	748	9	4854	691	1051	24932	8517
定襄县	3394	190	4	2719	436	36	2624	528
五台县	8167	1977	61	3602	2184	285	406	3970
代县	3036	499	51	1381	1027	69	348	674
繁峙县	12484	446	77	9282	2461	200	4582	4763
宁武县	5423	345	131	1787	2837	239	56	257
静乐县	3065	318	47	1241	1120	66	56	642
神池县	4070	424	107	834	2483	71		215
五寨县	2829	12	45	1185	1443	107		863
岢岚县	4842	455	41	935	3320	45		672
河曲县	2076	123	4	1021	694	227	2556	5136
保德县	2694	78	2	1517	998	91	386	2071
偏关县	10353	100	37	5696	4360	141	5	975
原平市	18225	390	29	13727	2350	1668	2400	24651

16–32 续表

单位：头、只

县 市	大牲畜年末总头数	其中：牛	#乳牛	马	驴	骡	猪存栏数	羊存栏数	禽存栏数	兔存栏数
全 市	210011	124273	25077	5492	45174	35072	522199	2237855	5553863	197700
忻府区	19570	16793	15490	62	1565	1150	48200	139163	641075	6600
定襄县	6489	4839	1830	346	739	565	48789	68235	92674	7800
五台县	34778	29866	365	400	2527	1985	28722	166166	341223	2200
代 县	14713	11020	227	199	2997	497	15786	122003	90727	500
繁峙县	23946	13586	3196	976	7177	2207	73116	216656	291363	40000
宁武县	20408	9778	37	1052	5101	4477	7304	92513	103119	3400
静乐县	17927	6969	37	61	6963	3934	12278	133049	101217	135900
神池县	15166	5895		577	2649	6045	24151	242626	160612	
五寨县	7261	565		650	3978	2068	5265	160439	129579	
岢岚县	14876	11297		172	1609	1798	8895	275603	116705	
河曲县	8679	3602	1871		2258	2819	10916	83456	333990	1300
保德县	1938	1536	252		93	309	31062	64404	187040	
偏关县	8312	1160	3		3809	3343	33114	214053	251120	
原平市	15948	7367	1769	997	3709	3875	174601	259489	2713419	

16-33 **2004-2011年农村**

县 市	2004	2005	2006
全 市	1777.90	1925.00	2086.88
忻府区	2425.00	2604.00	2786.00
定襄县	3206.00	3495.00	3880.00
五台县	1462.00	1614.95	1780.00
代 县	1720.00	1847.60	1996.00
繁峙县	1681.40	1788.30	1989.00
宁武县	1191.00	1312.00	1200.00
静乐县	1300.00	1512.00	1352.00
神池县	979.00	1008.00	1102.00
五寨县	998.10	1018.00	996.00
岢岚县	1500.80	1568.00	1662.00
河曲县	1507.40	1661.60	1796.00
保德县	1595.90	1760.80	1618.00
偏关县	1391.00	1441.00	1552.00
原平市	2378.00	2467.00	2710.00

居民人均纯收入

单位：元/人

2007	2008	2009	2010	2011
2516.05	2830.41	3028.10	3445.70	4135.0
3124.00	3650.39	3982.00	4485.30	5298.0
4293.00	4877.20	5022.40	5735.00	7020.0
2097.00	2408.63	2606.90	2903.50	3527.0
2202.00	2536.27	2048.00	2361.60	3055.3
2250.00	2527.34	2685.90	3236.50	3997.0
1513.00	1812.66	1936.00	2248.90	2803.7
1755.00	2165.39	2389.30	2681.80	3420.0
2100.00	2406.47	2643.00	3205.00	4066.0
1967.00	2259.88	2660.50	3200.70	3810.0
2401.00	2713.26	2380.20	2890.00	3358.2
2175.00	2408.21	2636.60	2942.20	3386.0
2128.00	2402.50	2807.00	3129.80	3815.0
2041.00	2401.53	2589.50	2967.70	3564.2
3204.00	3615.43	3935.20	4628.20	5541.0

16-34 **2011年工业企业**

甲栏分组	企业单位数（个）	#亏损企业	工业总产值（当年价格）	工业销售产值（当年价格）	#出口交货值
全　市	307	37	6196698	5860562	58995
忻府区	30	8	835639	759419	4186
定襄县	47	6	401644	392475	52051
五台县	10	2	193259	165747	
代　县	75	12	601312	529701	
繁峙县	58	2	812027	768149	
宁武县	5		411204	372179	
静乐县	5	3	105899	89267	
神池县	2		13996	13996	
五寨县	6		43346	43346	
岢岚县	12		77546	72916	
河曲县	11	2	616785	559515	2758
保德县	10		612700	605815	
偏关县	6		109554	109579	
原平县	30	2	1361788	1378461	

主要经济指标（分地区）

单位: 万元

资产总计	#流动资产合计	资产总计				负债合计
		流动资产合计				
		应收帐款	存 货			
				产成品	在成品	
10158177	4111377	650608	688869	266331	72053	6321833
864477	396676	92350	144325	79381	9480	677299
385811	223888	62629	81342	25840	7858	233603
662302	103536	6783	32287	17961	1235	476032
434091	250121	70713	68299	36180	2027	217022
638025	287408	22630	107066	37242	3154	371013
684486	503056	75956	11364	5163	4041	465612
491431	189769	695	12489	10557		403806
83486	4638	945	91	38		3164
19193	14017	4542	6352	5477	140	12574
100773	48775	3354	5739	4108		32436
1157758	357206	133056	33242	7391	2704	594330
1401889	770295	25818	41102	4421		423574
704849	106908	9508	3601	480	155	512337
2529605	855085	141630	141572	32092	41260	1899032

16-34 续表1

甲栏分组	所有者权益合计	营业收入	#主营业务收入	营业成本	#主营业务成本
全　市	3828252	5985585	5872609	4579073	4451852
忻府区	184540	769242	764154	677527	673079
定襄县	149400	394298	391364	357939	357202
五台县	185214	158545	150811	131280	129333
代　县	217064	531150	530682	378233	377786
繁峙县	267012	780950	780950	647884	647884
宁武县	218875	392675	392144	219110	211802
静乐县	87625	87431	95956	69065	68890
神池县	80209	13996	13996	10780	10780
五寨县	6619	39816	37496	37776	37776
岢岚县	68294	63275	74117	55725	55725
河曲县	563427	528089	508662	356814	353092
保德县	976922	623279	556041	366754	366754
偏关县	192512	130154	113266	79773	71287
原平县	630540	1472685	1462971	1190415	1090461

单位: 万元

营业税金及附加	#主营业务税金及附加	其他业务收入	其他业务利润	销售费用	管理费用
68802	66572	112976	10984	111269	392045
1847	1841	5088	270	22892	23864
1096	1096	2935	1063	10323	12437
2033	2033	7734	1313	1769	9299
9320	9320	468	468	5533	29078
12355	12354			3600	30316
6594	4466	531	2	9325	68001
1086	1086	-8525	32	3056	26287
3	3				414
78	78	2320		789	391
605	605	-10842		948	1239
8622	8621	19428	21	12608	18130
10898	10897	67237		6661	55173
1900	1807	16887	5753	1167	7232
12366	12366	9715	2064	32598	110186

16-34 续表2

甲组分栏	财务费用	营业利润	营业外收入	营业外支出	利润总额
全　市	199719	742809	17588	50508	707663
忻府区	13569	46144	5197	346	49006
定襄县	8985	12962	541	1498	12002
五台县	12567	2688	3884	292	6285
代　县	4195	105445	159	14658	90947
繁峙县	5296	93659	25	20237	73784
宁武县	10916	78511	832	1698	77644
静乐县	1003	-14065	221	251	-14094
神池县	2021	3216			3216
五寨县	379	465			465
岢岚县	489	4270	7	46	4231
河曲县	24813	107321	88	5061	102349
保德县	5454	208923	468	4141	205251
偏关县	26054	14190	145	250	14086
原平县	83980	79081	6020	2032	82492

单位: 万元

应交所得税	亏损企业亏损总额	利税总额	本年应付职工薪酬	本年应交增值税	全部从业人员年平均人数（人）
200479	26765	1217689	386923	441223	86987
11093	5397	73038	68536	22185	12169
1306	1054	20211	17288	7113	6501
1294	852	19982	9092	11665	2779
24726	4553	138320	28862	38052	9290
17447	35	134042	34951	47903	9832
44354		136558	56816	52319	7889
	14588	−4681	14103	8328	4521
		3222	93	3	56
25		785	4674	242	1049
425		7976	2167	3140	1250
24820	235	168915	45695	57944	6116
52629		286462	47365	70313	5638
3567		28526	6255	12540	1707
18794	52	204334	51027	109476	18190

16-35 建筑业企业总产值和竣工产值（2011年）

单位: 万元

市 名	总产值			竣工产值
		建筑工程	安装工程	
全 市	440248	391797	32078	322999
忻府区	164705	147888	12212	92488
定襄县	12782	11986	697	7649
五台县	71290	64100	5281	50690
代 县	28252	26119	1933	27820
繁峙县	102385	95233	6557	100198
宁武县	10964	2803		10042
静乐县	4830	3150	1680	1845
神池县				
五寨县	5168	5007	161	4968
岢岚县	2837	2837		2837
河曲县	9171	6857	2201	7659
保德县	2482	2482		2562
偏关县	2900	2460	440	2400
原平市	22483	20875	916	11840

16-36 建筑业企业房屋建筑面积（2011年）

单位：平方米

市　名	房屋建筑施工面积	本年新开工面积	投标承包的面积
全　市	3226223	2405873	2822456
忻府区	1013500	843946	956245
定襄县	111373	89994	49800
五台县	1188386	788384	1093742
代　县	124700	120220	105394
繁峙县	310081	276999	310081
宁武县	19042	17142	17142
静乐县	16200	16200	
神池县			
五寨县	51750	50750	4876
岢岚县	39800	39800	39800
河曲县	88899	54037	88899
保德县	12810	12810	12810
偏关县	25300	19800	11800
原平市	224382	75791	131867

16-37 建筑业企业机械设备情况（2011年）

市　名	自有机械设备年末总台数（台）	自有机械设备年末总功率（千瓦）	自有机械设备净值（万元）
全　市	14162	195193	48349
忻府区	2847	48946	11298
定襄县	809	17098	827
五台县	3957	22038	7911
代　县	1018	20372	3550
繁峙县	2377	55035	13197
宁武县	146	2607	3732
静乐县	16	1500	540
神池县			
五寨县	594	7038	1029
岢岚县	230	1570	294
河曲县	569	2880	1521
保德县			
偏关县	303	2287	1528
原平市	1296	13822	2922

16-38 建筑业企业劳动生产率（2011 年）

市　名	企业个数（个）	计算劳动生产率的平均人数（人）	按总产值计算的劳动生产率（元/人）	人均竣工产值（元/人）
全　市	113	31697	138893	101902
忻府区	51	9728	169310	95074
定襄县	5	1170	109247	65378
五台县	9	7245	98398	69965
代　县	10	2060	137146	135047
繁峙县	8	6111	167542	163964
宁武县	3	306	358297	328180
静乐县	1	312	154808	59141
神池县				
五寨县	4	902	57295	55078
岢岚县	1	301	94252	94252
河曲县	5	1117	82107	68569
保德县	1	330	75209	77633
偏关县	3	394	73604	60914
原平市	12	1721	130636	68799

16-39 **建筑业企业资**

市 名	实收资本	资产总计	流动资产合计	固定资产合计
全 市	148291	416569	295948	108070
忻府区	61302	227860	171563	46121
定襄县	2116	5762	3739	1911
五台县	22905	47774	31328	15184
代 县	10654	27505	20348	7157
繁峙县	28438	45963	27546	18416
宁武县	4855	24442	20636	3806
静乐县	810	1610	311	810
神池县				
五寨县	2213	4275	2721	1554
岢岚县	60	857	537	320
河曲县	3455	7038	2352	4634
保德县	700	2273	1757	483
偏关县	2569	3843	1773	2071
原平市	8213	17369	11339	5601

本金及资产（2011年）

单位：万元

固定资产原价合计	固定资产折旧	本年折旧
149075	47978	5812
60485	18106	2718
2912	1403	94
21552	8477	8477
9747	2590	435
31156	12740	1244
3987	264	112
810	242	50
2204	743	50
393	72	6
5501	960	32
483	72	25
2814	749	91
7031	1561	224

16-40 建筑业企业负债及所有者权益（2011年）

单位：万元

市　名	负债合计	流动负债	长期负债	所有者权益合计
全　市	207688	206345	1333	208881
忻府区	137565	137415	140	90295
定襄县	1765	1749	15	3997
五台县	20596	20596		27178
代　县	9853	9553	300	17652
繁峙县	4513	4513		41450
宁武县	19471	19051	420	4971
静乐县	45	45		1565
神池县				
五寨县	1923	1923		2352
岢岚县	65	65		792
河曲县	1669	1669		5369
保德县	1573	1141	432	700
偏关县	799	799	0	3044
原平市	7852	7826	26	9517

16-41 建筑业企业工程结算收入（2011年）

单位: 万元

市 名	工程结算收入	#工程结算成本	#工程结算税金及附加	#工程结算利润
全 市	447938	393424	15279	13282
忻府区	178838	158272	6113	3745
定襄县	12424	10626	508	723
五台县	68300	60056	2709	1595
代 县	26955	21220	1016	2314
繁峙县	101785	92246	2657	2186
宁武县	10964	9786	393	334
静乐县	4830	4694	102	12
神池县				
五寨县	5168	4435	133	186
岢岚县	2837	2620	178	11
河曲县	8980	7115	364	786
保德县	2482	2029	114	256
偏关县	2740	2231	104	241
原平市	21636	18095	887	894

16-42　建筑业企业费用情况（2011年）

单位: 万元

市　名	管理费用	#差旅费	#工会经费	财务费用
全　市	1642	81	31	226
忻府区	801	42	9	96
定襄县	41	1		8
五台县	238	9	10	33
代　县	139	4		23
繁峙县	211	10	8	17
宁武县	26	2	1	5
静乐县				1
神池县				
五寨县	21			4
岢岚县	2			0
河曲县	35	1		15
保德县	6			0
偏关县	14	5		1
原平市	108	7	2	23

16-43 建筑业企业利润及税金情况（2011年）

单位: 万元

市　名	利润总额	税金总额			营业利润	其他业务利润
			工程结算税金及附加	管理费用中的税金		
全　市	13188	19496	15279	954	13282	11474
忻府区	3738	7654	6113	374	3745	11189
定襄县	723	612	508	11	723	25
五台县	1490	3223	2709	142	1595	24
代　县	2243	1272	1016	6	2314	227
繁峙县	2182	3380	2657	38	2186	
宁武县	334	489	393	17	334	
静乐县	21	105	102	1	12	8
神池县						
五寨县	186	290	133	71	186	
岢岚县	11	179	178		11	
河曲县	786	614	364	57	786	
保德县	256	121	114	5	256	
偏关县	241	213	104	54	241	
原平市	978	1346	887	179	894	

16-44 建筑业企业工资（2011年）

单位:万元

市　名	本年应付工资总额
全　市	66094
忻府区	24791
定襄县	2577
五台县	13438
代　县	3352
繁峙县	11116
宁武县	748
静乐县	534
神池县	
五寨县	1208
岢岚县	232
河曲县	2593
保德县	393
偏关县	577
原平市	4538

16-45 2011年财政收支总额

单位：万元

市名	财政总收入	一般预算收入	#企业所得税	#增值税	一般预算支出	#一般公共服务	#教育事业费	#社会保障和就业
忻府区	101441	31076	1595	2268	126096	19746	37098	13234
定襄	38118	16453	636	2417	74234	10811	15370	15323
五台	41211	19330	1043	1942	118422	15665	32047	13740
代县	99851	30791	3437	6606	89319	13390	20664	16155
繁峙	60118	21663	2228	3873	96070	10416	25609	14182
宁武	128682	42044	4277	9684	96788	12190	20242	13770
静乐	28888	12414	231	1747	80112	12300	16701	14987
神池	29997	12836	1501	1170	68719	10895	13655	10650
五寨	53405	17429	1375	4363	70849	13332	16239	6257
岢岚	27580	8928	206	2381	73085	9949	13098	13587
河曲	128929	47546	6191	8156	87383	7501	18137	15065
保德	169063	53215	5108	13874	94726	11736	19136	17288
偏关	28779	13695	1183	1264	66029	12085	13176	11555
原平	175588	69110	5445	11061	152006	11790	35702	34473

16-46 普通中学基

县市	学校数				学生数				
					初中				
	计	民办	其他部门	初中	毕业生	招生数	在校生 计	在校生 民办	小学毕业升学率
合计	323	28		286	43424	46138	146303	25347	83.63%
忻府	48	5		41	10134	9002	29681	8593	
定襄	31	1		29	2405	3271	9397	956	
五台	37	4		32	4511	4148	15168	877	
原平	46	6		41	5109	6327	19817	7499	
代县	26	1		24	3021	3409	9564	753	
繁峙	21	2		18	2800	5341	14588	1708	
宁武	21	3		20	2374	1614	5341	2100	
静乐	10	1		8	2531	1962	6894	1509	
神池	10	1		8	1130	908	3784		
五寨	12	2		10	2083	1736	5437	1352	
岢岚	10			9	1240	1511	5256		
河曲	21	1		18	1762	2240	7080		
保德	16	0		15	2557	2635	7439		
偏关	14	1		13	1767	2034	6857		

本情况（2011年）

高中					教职工数		
毕业生	招生数	在校生 计	在校生 民办	初中毕业升学率	计	民办	专任教师
20984	20054	67137	16154	46.18%	19898	2837	17155
5973	6601	19564	9962		4156	1373	3445
1285	1138	4414			1338	70	1165
2498	1900	7097	1546		2233	170	2020
2413	2431	7232	612		3057	586	2636
1430	1355	4379			1233	79	1068
1151	1215	6401	1109		1425	38	1248
584	309	1086			627	33	480
1018	962	3175	1218		938	207	758
918	412	1835	320		484	12	397
652	538	1801	743		679	164	581
545	483	1585			594		555
1061	1005	2988	644		1203	77	1061
587	970	2470			949		890
869	735	3110			982	28	851

16-47 **2011年职业中学基**

县 市	职业高中		
	学校数	学生数	
		毕业生	招生数
合 计	39	11088	12470
忻府区	13	2916	3740
定襄县	3	472	628
五台县	1	634	1063
原平市	5	1952	2157
代 县	1	344	608
繁峙县	5	1154	1183
宁武县	1	190	200
静乐县	1	222	351
神池县	1	1208	312
五寨县	2	312	479
岢岚县	2	360	131
河曲县	2	472	806
保德县	1	520	337
偏关县	1	332	475

基本情况

		教职工数	
在校生	初中毕业升学率	计	专任教师
41508	28.72%	1923	1439
9114		483	367
1095		116	69
3301		163	132
17810		265	182
994		68	56
3100		266	165
429		67	47
521		69	60
569		26	22
1028		93	78
171		29	23
1491		133	110
1346		113	105
539		32	23

16-48 **2011年小学**

县（市）	学校数（所）			学生数	
	计	民办	其他部门	毕业生	招生数
合　计	1788	22	1	55174	41301
忻府区	193	8		8935	6666
定襄县	99			3271	2768
五台县	235			6246	4133
原平市	303	4		7099	5996
代　县	187	1		3424	3191
繁峙县	118	1		6752	4593
宁武县	82	1		3036	2427
静乐县	147			3546	1932
神池县	17			2096	939
五寨县	26	1		1769	1268
岢岚县	60			1511	1082
河曲县	67	1		2331	1971
保德县	164	3		2927	2876
偏关县	90	2		2231	1459

基本情况

在校生			教职工			
计	民办	其他部门	计	民办	其他部门	专任教师
272898	13236	15	17742	658	1	16442
46304	3065		2524	309		2245
17273	503		1034			936
28982	116		1383			1362
36828	3807	15	2579	106	1	2540
20036	714		1173	40		1139
28088	450		1817	85		1599
17382	2066		1341	25		1206
13336			1304			1193
8351			550			469
8278	1170		749			645
9141			490			484
12502	41		888			816
16048	482		932	27		928
10349	822		978	66		880

16-49 2011年幼儿园基本情况、

县（市）	幼儿园			
	园数	幼儿数	教职工数	其中专任教师
合　计	206	64498	2725	1746
忻府区	34	10673	878	520
定襄县	12	5680	158	93
五台县	7	6277	122	76
原平市	47	8633	183	133
代　县	5	5676	188	123
繁峙县	13	6380	119	76
宁武县	13	2859	46	20
静乐县	10	2966	76	59
神池县	3	1421	65	52
五寨县	12	2378	142	90
岢岚县	5	2275	101	60
河曲县	13	3483	231	156
保德县	21	3764	277	193
偏关县	11	2033	139	95

各类学校平均每万人口中在校生

区人口（万人）					
	普通高中	普通初中	职业高中	小学	幼儿园
306.75	219	477	135	890	210
54.48	359	545	167	850	196
21.75	203	432	50	794	261
29.94	237	507	110	968	210
49.12	147	403	363	750	176
21.41	205	447	46	936	265
26.68	240	547	116	1053	239
16.12	67	331	27	1078	177
15.68	202	440	33	851	189
10.65	172	355	53	784	133
10.76	167	505	96	769	221
8.44	188	623	20	1083	270
14.51	206	488	103	862	240
16	154	465	84	1003	235
11.21	277	612	48	923	181

16-50 2011年普通中学

县（市）	合计	初中				
		小计	研究生毕业	本科毕业	专科毕业	高中阶段毕业
合计	15096	10824	64	6476	4178	106
忻府区	3200	2178	8	1672	495	3
定襄县	935	640		409	228	3
五台县	1668	1165		605	519	41
原平市	2252	1709	4	1001	692	12
代县	988	724		364	355	5
繁峙县	1129	857	44	444	364	5
宁武县	480	346	2	141	200	3
静乐县	706	469		251	217	1
神池县	397	278	1	127	150	
五寨县	519	407	1	244	161	1
岢岚县	435	320	1	203	113	3
河曲县	916	641	2	378	255	6
保德县	730	560	1	302	250	7
偏关县	741	530		335	179	16

专任教师学历情况

	高中					
高中毕业以下	小计	研究生毕业	本科毕业	专科毕业	高中阶段毕业	高中毕业以下
	4272	130	3936	194	12	
	1022	67	943	12		
	295	6	282	6	1	
	503		483	20		
	543	9	518	16		
	264	10	244	10		
	272	3	212	57		
	134		133	1		
	237	4	223	10		
	119	3	103	4	9	
	112	3	92	16	1	
	115	7	102	6		
	275	8	233	33	1	
	170	6	164			
	211	4	204	3		

16-51 2011年职业高中、

县（市）	职业高中				
	小 计	研究生毕业	本科毕业	专科毕业	高中毕业及以下
合 计	2224	32	1630	538	24
忻府区	540		428	104	8
定襄县	100	2	77	21	
五台县	165		139	24	2
原平市	429	29	325	69	6
代 县	78		55	23	
繁峙县	211		131	80	
宁武县	77		57	20	
静乐县	93	1	49	35	8
神池县	57		48	9	
五寨县	113		42	71	
岢岚县	39		29	10	
河曲县	119		89	30	
保德县	144		141	3	
偏关县	59		20	39	

小学专任教师学历情况

小学					
小　计	研究生毕业	本科毕业	专科毕业	高中阶段毕业	高中毕业以下
16442	10	4051	9814	2543	24
2245	2	996	1148	98	1
936		405	473	56	2
1362		226	928	208	
2540	2	678	1589	266	5
1139	2	232	720	185	
1599		375	1017	207	
1206		194	583	429	
1193	1	205	568	419	
469		168	229	72	
645		161	425	59	
484		40	338	91	15
816	3	153	449	210	1
928		121	698	109	
880		97	649	134	

16-52 **2011年普通中学专任**

县（区）	合 计	初 中				
		小 计	高 级	一 级	二 级	三 级
合 计	15096	10824	941	4659	3829	369
忻府区	3200	2178	273	943	711	32
定襄县	935	640	61	260	228	21
五台县	1668	1165	109	511	458	54
原平市	2252	1709	151	688	529	89
代 县	988	724	48	416	217	15
繁峙县	1129	857	38	432	315	29
宁武县	480	346	18	141	157	16
静乐县	706	469	23	201	131	21
神池县	397	278	29	122	116	10
五寨县	519	407	44	150	138	12
岢岚县	435	320	13	89	154	5
河曲县	916	641	64	286	218	10
保德县	730	560	16	208	264	52
偏关县	741	530	54	212	193	3

教师技术职称情况

	高中					
未评	小计	高级	一级	二级	三级	未评
1026	4272	931	1515	1460	46	320
219	1022	303	323	328		68
70	295	75	114	90	2	13
33	503	88	188	206		21
252	543	131	191	154	5	62
28	264	62	102	91		9
43	272	44	121	83	9	15
14	134	25	51	43		15
93	237	34	63	89	1	50
1	119	22	45	43	2	7
63	112	22	40	46		4
59	115	14	29	42		30
63	275	47	123	98		7
20	170	14	47	68	25	16
68	211	50	78	78	2	3

16-53 **2011年职业高中、**

县（市）	职业高中				
	小 计	高 级	一 级	二 级	未 评
合 计	2224	273	1072	583	296
忻府区	540	90	221	108	121
定襄县	100	21	47	28	4
五台县	165	11	90	63	1
原平市	429	93	168	74	94
代 县	78	6	38	27	7
繁峙县	211	3	163	21	24
宁武县	77	5	46	26	
静乐县	93	9	38	46	
神池县	57	2	28	27	
五寨县	113	11	62	29	11
岢岚县	39	4	20	15	
河曲县	119	4	57	58	
保德县	144	12	57	45	30
偏关县	59	2	37	16	4

小学专任教师技术职称情况

小学						
小计	中学高级	小学高级	一级	二级	三级	未评
16442	309	7965	6394	636	52	1086
2245	29	1091	773	94	1	257
936	13	418	420	54		31
1362	25	627	594	70	3	43
2540	65	1262	798	116	26	273
1139	91	529	465	28		26
1599	13	837	650	38	3	58
1206	6	612	491	9		88
1193	4	608	462	8	2	109
469	21	226	179	42		1
645	2	253	314	35		41
484	3	246	148	28		59
816	14	473	281	10		38
928	5	390	406	77	12	38
880	18	393	413	27	5	24

16-54 2011年普通中学、职业高中、小学教师与学生的比例情况

单位：人

县（市）	普通中学			职业高中			小学		
	专任教师数	学生数	每一教师负担的学生	专任教师数	学生数	每一教师负担的学生	专任教师数	学生数	每一教师负担的学生
合计	17155	213440	12	2224	41508	19	16442	272898	17
忻府区	3445	49245	14	540	9114	17	2245	46304	21
定襄县	1165	13811	12	100	1095	11	936	17273	18
五台县	2020	22265	11	165	3301	20	1362	28982	21
原平市	2636	27049	10	429	17810	42	2540	36828	14
代县	1068	13943	13	78	994	13	1139	20036	18
繁峙县	1248	20989	17	211	3100	15	1599	28088	18
宁武县	480	6427	13	77	429	6	1206	17382	14
静乐县	758	10069	13	93	521	6	1193	13336	11
神池县	397	5619	14	57	569	10	469	8351	18
五寨县	581	7238	12	113	1028	9	645	8278	13
岢岚县	555	6841	12	39	171	4	484	9141	19
河曲县	1061	10068	9	119	1491	13	816	12502	15
保德县	890	9909	11	144	1346	9	928	16048	17
偏关县	851	9967	12	59	539	9	880	10349	12

16-55　2011基础教育普及情况综合表

单位：人

县(市)	小学			初中		
	校内外学龄人口	在校学生数	毛入学率%	校内外学龄人口	在校学生数	毛入学率%
合　计	272557	272898	100.13%	144843	146303	101.01%
忻府区	46303	46304	100.00%	29681	29681	100.00%
定襄县	17273	17273	100.00%	9397	9397	100.00%
五台县	28983	28982	100.00%	15169	15168	99.99%
原平市	36828	36828	100.00%	19817	19817	100.00%
代　县	20042	20036	99.97%	9567	9564	99.97%
繁峙县	28088	28088	100.00%	14588	14588	100.00%
宁武县	17174	17382	101.21%	5341	5341	100.00%
静乐县	13336	13336	100.00%	6894	6894	100.00%
神池县	8395	8351	99.48%	3786	3784	99.95%
五寨县	8255	8278	100.28%	5052	5437	107.62%
岢岚县	9141	9141	100.00%	5256	5256	100.00%
河曲县	12324	12502	101.44%	6091	7080	116.24%
保德县	16066	16048	99.89%	7402	7439	100.50%
偏关县	10349	10349	100.00%	6802	6857	100.81%

16-56　县级以上自然科学研究与技术开发机构人员数（2011年）

单位：人

项　目	机构数（个）	职工人数	#从事科技活动人员	#科学家工程师	在职工总数中：从事课题活动人员
总　计	18	287	246	149	72
中国科学院属					
市·属	7	125	104	71	45
县　属	11	162	142	78	27
忻府区	2	23	19	13	13
定襄县	1	6	6	4	
五台县					
代　县					
繁峙县	1	20	20	4	
宁武县					
静乐县	2	8	7	7	
神池县	1	15	15	4	4
五寨县	1	7	7		
岢岚县					
河曲县	1	26	16	10	2
保德县					
偏关县					
原平市	2	57	52	36	8

16-57 卫生机构数（2011年）

单位: 个

市　名	总　计	#医　院	#疾病预防控制中心	#妇幼保健站(院)
全　市	5242	93	15	15
忻府区	501	33	2	2
定襄县	178	6	1	1
五台县	614	4	1	1
原平市	602	14	1	1
代县	433	2	1	1
繁峙县	389	6	1	1
宁武县	528	6	1	1
静乐县	456	4	1	1
神池县	211	2	1	1
五寨县	239	3	1	1
岢岚县	229	2	1	1
河曲县	260	6	1	1
保德县	329	3	1	1
偏关县	273	2	1	1

16–58 卫生机构床位和人员情况（2011年）

市　名	卫生机构床位数（张）	#医　院	卫生技术人员（人）	#执业（助理）医师	#注册护士
全 市	11448	6641	13839	6196	3925
忻府区	3335	1953	3631	1608	1259
定襄县	546	322	754	389	202
五台县	887	422	884	422	168
原平市	1516	1106	2144	898	727
代县	547	287	597	338	153
繁峙县	725	437	877	389	210
宁武县	773	355	1157	495	280
静乐县	370	230	539	210	172
神池县	405	166	320	149	75
五寨县	438	208	532	224	111
岢岚县	263	110	340	158	76
河曲县	687	450	838	347	203
保德县	631	420	727	278	208
偏关县	325	175	499	291	81

乡镇篇

XIANGZHEN PIAN

忻州统计年鉴

XIN ZHOU STATISTICAL YEARBOOK

491~550

资料整理人员

苗金秀　白　哲　李　雯

17-1 忻府区乡、建制镇基本情况（2011年）

行政区划代码	乡镇名称	村委会(个)	乡镇行政区域面积(公顷)	年末常用耕地面积(公顷)	年末有效灌溉面积(公顷)	乡镇总户数(户)
140902100	山西省忻州市忻府区播明镇	13	4200	3432	3432	6451
140902101	山西省忻州市忻府区奇村镇	32	18400	4430	2910	11032
140902102	山西省忻州市忻府区三交镇	54	38200	3075	459	4331
140902103	山西省忻州市忻府区庄磨镇	29	12000	2400	400	4784
140902104	山西省忻州市忻府区豆罗镇	33	13200	3239	770	7372
140902105	山西省忻州市忻府区董村镇	11	8000	4238	2390	8428
140902200	山西省忻州市忻府区曹张乡	11	5000	2992	2600	6571
140902201	山西省忻州市忻府区高城乡	9	5100	2203	1893	5511
140902202	山西省忻州市忻府区秦城乡	10	5800	2368	1395	8088
140902203	山西省忻州市忻府区解原乡	29	8703	4323	2847	10550
140902204	山西省忻州市忻府区合索乡	36	13099	3197	1842	6660
140902205	山西省忻州市忻府区阳坡乡	30	27333	811	500	1976
140902206	山西省忻州市忻府区兰村乡	39	12940	3781	837	7182
140902207	山西省忻州市忻府区紫岩乡	11	4422	2543	2075	5753
140902208	山西省忻州市忻府区西张乡	13	5783	2156	1564	4876
140902209	山西省忻州市忻府区东楼乡	7	2560	1661	1661	6600
140902210	山西省忻州市忻府区北义井乡	8	3212	1864	1864	5110

17-1　续表 1

行政区划代码	乡镇名称	乡镇总人口(人)	乡镇从业人员数(人)	农作物总播种面积(公顷)	粮食播种面积(公顷)
140902100	山西省忻州市忻府区播明镇	18827	8225	2620	2586
140902101	山西省忻州市忻府区奇村镇	30281	14179	4542	4531
140902102	山西省忻州市忻府区三交镇	10610	5025	2182	2150
140902103	山西省忻州市忻府区庄磨镇	11906	7253	2478	2464
140902104	山西省忻州市忻府区豆罗镇	19464	10337	3134	3132
140902105	山西省忻州市忻府区董村镇	23321	13131	4258	4238
140902200	山西省忻州市忻府区曹张乡	19008	10028	3294	2862
140902201	山西省忻州市忻府区高城乡	15015	6543	2337	1544
140902202	山西省忻州市忻府区秦城乡	21552	7951	2431	2351
140902203	山西省忻州市忻府区解原乡	27100	13487	4350	4327
140902204	山西省忻州市忻府区合索乡	17892	6860	3345	3286
140902205	山西省忻州市忻府区阳坡乡	4401	1880	797	792
140902206	山西省忻州市忻府区兰村乡	17979	9309	3866	3765
140902207	山西省忻州市忻府区紫岩乡	14098	7783	2543	2520
140902208	山西省忻州市忻府区西张乡	12188	7446	2235	2234
140902209	山西省忻州市忻府区东楼乡	18000	6134	1679	1633
140902210	山西省忻州市忻府区北义井乡	14837	5671	1918	1846

粮食总产量(吨)	肉类总产量(吨)	企业个数(个)	企业从业人员(人)	固定资产投资完成额(万元)	农业投资完成额(万元)	本乡镇公路里程(公里)	农技推广服务机构(个)	农技推广服务从业人员(人)
29094	638	28	788	102		60	1	5
32263	531	43	496	2300	270	48	1	3
8471	129	14	258			113	1	4
13656	220	55	900	1650	1100	50	1	2
10799	223	337	3310	9100		45	1	2
31322	510	355	4963	12000	60	64	2	4
18620	451	30	162	1620	1000	25		
11426	297	93	832			70	1	2
15821	94	150	1215	1100	900	26	1	1
24871	380	191	3200	420	75	120	5	10
20390	719	214	2244	5000		131	1	25
2802	89					105		
22897	585	356	4575			52	1	3
23279	138	350	1750			26	1	12
16348	310					40	1	12
15224	327	165	2370	4800	1200	15	1	3
14449	349	17	379	15421	393	20	1	1

17-1 续表 2

行政区划代码	乡镇名称	小学数总数(个)	小学在校学生总数(人)	小学教师总数(人)	中学数总数(个)
140902100	山西省忻州市忻府区播明镇	13	1273	89	1
140902101	山西省忻州市忻府区奇村镇	12	2108	97	1
140902102	山西省忻州市忻府区三交镇	4	609	55	2
140902103	山西省忻州市忻府区庄磨镇	6	670	39	1
140902104	山西省忻州市忻府区豆罗镇	24	3610	170	2
140902105	山西省忻州市忻府区董村镇	9	1475	81	3
140902200	山西省忻州市忻府区曹张乡	11	1010	88	1
140902201	山西省忻州市忻府区高城乡	8	778	57	1
140902202	山西省忻州市忻府区秦城乡	9	1720	107	1
140902203	山西省忻州市忻府区解原乡	12	1510	117	5
140902204	山西省忻州市忻府区合索乡	9	505	68	2
140902205	山西省忻州市忻府区阳坡乡	3	90	20	1
140902206	山西省忻州市忻府区兰村乡	10	913	85	1
140902207	山西省忻州市忻府区紫岩乡	7	511	55	1
140902208	山西省忻州市忻府区西张乡	10	500	57	1
140902209	山西省忻州市忻府区东楼乡	7	865	72	1
140902210	山西省忻州市忻府区北义井乡	8	956	72	1

中学在校学生总数(人)	中学教师总数(人)	医院、卫生院(个)	医生数(人)	病床数(床)	农民人均纯收入(元)	参加农村新型合作医疗(人)	参加农村社会养老保险(人)	享受居民最低生活保障(人)
650	98	1	30	25	5503	17295	6500	647
1082	85	2	53	50	5330	27319	4692	2400
148	28	1	22	40	3264	9799	3023	1717
270	32	1	5	8	5199	11000	3300	1157
610	60	2	25	67	4293	17913	3506	910
923	80	1	15	22	5338	20988	2554	1890
211	35	1	10	15	5995	11956	3932	1646
194	34	1	28	10	5495	11900	2380	1530
630	62	1	34	15	5178	20106	2241	1811
840	102	2	40	53	5072	24390	8120	2488
104	32	1	23	30	4222	14602	3505	1001
31	8	3	6	16	2548	3870	831	870
685	52	1	31	15	4253	15939	2702	1310
91	20	1	11	26	5251	11000	3100	691
50	25	1	17	14	5499	12100	4000	1061
310	47	1	16	15	6547	14137	2455	1801
321	37	1	5	15	5666	11712	2993	1291

17-2 定襄县乡、建制

行政区划代码	乡镇名称	村委会(个)	乡镇行政区域面积(公顷)	年末常用耕地面积(公顷)	年末有效灌溉面积(公顷)	乡镇总户数(户)	乡镇总人口(人)
140921100	山西省忻州市定襄县晋昌镇	10	3594	2066	1933	9961	21962
140921101	山西省忻州市定襄县河边镇	27	23120	3312	1513	10586	29321
140921102	山西省忻州市定襄县宏道镇	18	6263	3614	2731	10981	26905
140921200	山西省忻州市定襄县杨芳乡	8	3593	2014	1630	5797	15292
140921201	山西省忻州市定襄县南王乡	30	18237	4682	2900	9996	24388
140921202	山西省忻州市定襄县蒋村乡	21	8186	2316	1920	5896	14220
140921203	山西省忻州市定襄县神山乡	8	3399	1523	1128	5500	14325
140921204	山西省忻州市定襄县季庄乡	12	6500	2878	1200	7163	17858
140921205	山西省忻州市定襄县受录乡	21	11000	5326	5326	7579	18432

镇基本情况（2011年）

乡镇从业人员数(人)	农作物总播种面积(公顷)	粮食播种面积(公顷)	粮食总产量(吨)	肉类总产量(吨)	企业个数(个)	企业从业人员(人)	固定资产投资完成额(万元)	农业投资完成额(万元)	本乡镇公路里程(公里)
9828	2065	1997	18978	430	885	9440	27008		16
15962	3247	2933	17423	1188	450	8563	15500	100	35
13984	3368	2969	26533	460	390	6106	2300		22
6633	2215	2094	18031	350			14460		5
12180	4827	4747	34735	480	220	3300	600		60
7940	1913	1720	7511	320	168	4040	14050		65
7600	1900	1787	13515	350	210	7000	10000	300	30
7800	2900	2000	28500	330	35	820	13175		25
7829	4488	3471	29448	300	6	112	6670		40

17-2 续表

行政区划代码	乡镇名称	农技推广服务机构(个)	农技推广服务从业人员(人)	小学校总数(个)	小学在校学生总数(人)	小学教师总数(人)	中学校总数(个)
140921100	山西省忻州市定襄县晋昌镇	4	8	8	3350	225	6
140921101	山西省忻州市定襄县河边镇	18	22	15	2052	148	4
140921102	山西省忻州市定襄县宏道镇	19	200	18	2341	147	2
140921200	山西省忻州市定襄县杨芳乡	1	9	7	1300	100	3
140921201	山西省忻州市定襄县南王乡	1	7	18	2290	190	4
140921202	山西省忻州市定襄县蒋村乡	1	7	10	1044	43	3
140921203	山西省忻州市定襄县神山乡	3	20	8	1200	104	6
140921204	山西省忻州市定襄县季庄乡	1	4	11	1012	72	1
140921205	山西省忻州市定襄县受录乡	1	3	15	885	85	3

中学在校学生总数(人)	中学教师总数(人)	医院、卫生院(个)	医生数(人)	病床数(床)	农民人均纯收入(元)	参加农村新型合作医疗(人)	参加农村社会养老保险(人)	享受居民最低生活保障(人)
7300	530	4	420	500	7378	21200		1560
670	80	14	64	150	6136	24347	4260	2181
1670	128	1	52	24	5516	24194	2500	1725
560	35	1	7	12	6436	14700		850
900	45	2	18	8	5530	22560	1780	938
311	86	1	13	15	6218	13791	1764	355
360	25	1	13	20	9334	13486	14	700
291	47	1	6	10	5980	16587		1521
201	45	2	10	20	5636	17221	60	1453

17-3 五台县乡、建制

行政区划代码	乡镇名称	村委会(个)	乡镇行政区域面积(公顷)	年末常用耕地面积(公顷)	年末有效灌溉面积(公顷)	乡镇总户数(户)	乡镇总人口(人)
140922100	山西省忻州市五台县台城镇	26	8615	2100	100	10283	31616
140922101	山西省忻州市五台县台怀镇	22	18945	201		2675	7400
140922102	山西省忻州市五台县耿镇镇	51	21833	1430		5062	14214
140922103	山西省忻州市五台县豆村镇	68	32695	4517		9198	27620
140922104	山西省忻州市五台县白家庄镇	26	8271	838		6129	16869
140922105	山西省忻州市五台县东冶镇	22	9914	2864	1341	12798	31744
140922200	山西省忻州市五台县沟南乡	34	11796	3587		8123	24749
140922201	山西省忻州市五台县东雷乡	28	14433	2359		4226	11248
140922202	山西省忻州市五台县高洪口乡	22	11507	557	107	2471	7431
140922203	山西省忻州市五台县门限石乡	49	24905	784		3860	10054
140922204	山西省忻州市五台县陈家庄乡	47	28549	1354	390	6093	14931
140922205	山西省忻州市五台县建安乡	19	6432	1292	645	5092	15792
140922206	山西省忻州市五台县神西乡	8	5011	332	137	2429	6086
140922207	山西省忻州市五台县蒋坊乡	22	11168	1473		3982	10602
140922208	山西省忻州市五台县灵境乡	28	13005	408		798	2449
140922209	山西省忻州市五台县阳白乡	28	19268	3837	450	9455	23374
140922210	山西省忻州市五台县茹村乡	32	16620	3073		10859	30988
140922211	山西省忻州市五台县石咀乡	31	14721	974		2340	5920
140922212	山西省忻州市五台县金岗库乡	10	9629	175		1243	2740

镇基本情况（2011年）

乡镇从业人员数(人)	农作物总播种面积(公顷)	粮食播种面积(公顷)	粮食总产量(吨)	肉类总产量(吨)	企业个数(个)	企业从业人员(人)	固定资产投资完成额(万元)	农业投资完成额(万元)	本乡镇公路里程(公里)
16740	1712	1653	9614	329	32	1656			47
3918	150	130	660	178	430	2030	70		102
5628	1428	1420	3508	742	20	260			77
8606	4166	4103	17055	1593	131	3000	1000	250	135
6578	838	838	1200	21	10	1030			42
11449	2628	2456	9296	430	648	5625	18000	5000	50
7643	2838	2737	19796	740	17	1360	130		52
6231	2225	2202	9758	246	10	760	2500	1250	88
3083	557	557	2435	0	13	370	3600	420	49
4618	783	760	2932	204	10	150			87
6255	1299	1240	7438	248	69	1050	1000		84
5310	1292	1292	3716	130	9	320			45
1851	332	332	1070	81	30	314			48
3492	1439	1372	6250	388	40	1500	2000	120	48
762	360	336	895	239	6	72			55
10468	3433	3413	14870	542	67	880			68
10164	3024	3024	18072	2114	30	950	127		48
2176	594	580	2709	23	12	408	9000		73
1190	107	103	372	30	5	400			37

17-3 续表

行政区划代码	乡镇名称	农技推广服务机构(个)	农技推广服务从业人员(人)	小学校总数(个)	小学在校学生总数(人)	小学教师总数(人)	中学校总数(个)
140922100	山西省忻州市五台县台城镇	2	7	9	5635	546	3
140922101	山西省忻州市五台县台怀镇	1	3	12	600	40	1
140922102	山西省忻州市五台县耿镇镇	1	1	21	2100	114	2
140922103	山西省忻州市五台县豆村镇	1	8	24	1465	132	1
140922104	山西省忻州市五台县白家庄镇	1	2	13	711	75	1
140922105	山西省忻州市五台县东冶镇	5	12	12	3624	212	5
140922200	山西省忻州市五台县沟南乡	2	6	19	2250	129	2
140922201	山西省忻州市五台县东雷乡	1	3	13	524	61	1
140922202	山西省忻州市五台县高洪口乡	1	2	6	495	41	1
140922203	山西省忻州市五台县门限石乡	1	1	19	815	72	1
140922204	山西省忻州市五台县陈家庄乡	2	10	20	1060	98	3
140922205	山西省忻州市五台县建安乡	1	2	10	1045	80	2
140922206	山西省忻州市五台县神西乡	1	6	5	315	37	1
140922207	山西省忻州市五台县蒋坊乡	1	3	10	860	70	2
140922208	山西省忻州市五台县灵境乡	1	3	1	60	13	
140922209	山西省忻州市五台县阳白乡	1	5	15	1787	79	2
140922210	山西省忻州市五台县茹村乡	1	15	21	1685	132	3
140922211	山西省忻州市五台县石咀乡	1	6	15	432	44	1
140922212	山西省忻州市五台县金岗库乡	1	1	4	138	20	

中学在校学生总数(人)	中学教师总数(人)	医院、卫生院(个)	医生数(人)	病床数(床)	农民人均纯收入(元)	参加农村新型合作医疗(人)	参加农村社会养老保险(人)	享受居民最低生活保障(人)
2030	86	1	26	63	5295	14090	10783	1112
240	29	1	20	24	3400	6000	4624	402
1100	42	2	15	30	2261	12649	8114	280
346	56	4	50	44	4974	24932	17510	1694
113	16	1	3	18	1489	13461	7367	936
4104	285	2	140	90	4079	29802	28790	2022
820	64	2	15	12	4312	18857	18819	2450
107	15	1	12	11	4830	10204	7200	710
12	6	1	8	10	1680	7126	4933	592
172	16	2	18	20	1817	9410	6268	700
320	46	2	17	30	1637	13137	6673	1004
621	54	1	14	20	2880	14634	9645	1090
685	38	1	7	10	2221	5686	2919	110
210	36	1	7	8	2850	9600	7200	340
		1	6	3	1475	2081	1688	200
1534	78	2	28	25	2640	20769	15845	1400
696	68	1	15	100	4398	26674	15032	1878
78	15	1	12	30	2450	5130	3910	232
		1	8	6	2681	2335	1665	132

17-4 代县乡、建制

行政区划代码	乡镇名称	村委会(个)	乡镇行政区域面积(公顷)	年末常用耕地面积(公顷)	年末有效灌溉面积(公顷)	乡镇总户数(户)	乡镇总人口(人)
140923100	山西省忻州市代县上馆镇	29	8641	2656	1860	20989	45895
140923101	山西省忻州市代县阳明堡镇	36	11490	3848	1543	8204	21891
140923102	山西省忻州市代县峨口镇	20	4025	1355	1177	10806	31775
140923103	山西省忻州市代县聂营镇	43	19207	1663	343	4662	12295
140923104	山西省忻州市代县枣林镇	34	11640	3482	2067	6833	18915
140923105	山西省忻州市代县滩上镇	60	28432	1171		3549	8101
140923200	山西省忻州市代县新高乡	41	21505.72	3113	399	6611	18173
140923201	山西省忻州市代县峪口乡	22	10026.6	2090	1500	6685	17138
140923202	山西省忻州市代县磨坊乡	35	21374.23	1959	1080	5263	13513
140923203	山西省忻州市代县胡峪乡	29	18362.35	553		2658	7085
140923204	山西省忻州市代县雁门关乡	28	18186.52	1906	542	2830	7997

镇基本情况（2011年）

乡镇从业人员数(人)	农作物总播种面积(公顷)	粮食播种面积(公顷)	粮食总产量(吨)	肉类总产量(吨)	企业个数(个)	企业从业人员(人)	固定资产投资完成额(万元)	农业投资完成额(万元)	本乡镇公路里程(公里)
14920	2739	2604	7793	593	294	5130			150
10435	4264	4166	15743	143	67	690			91
12495	1748	1656	11525	235	28	1050	200	180	75
6655	1663	1546	3633	67	16	4081			65
10248	3700	2267	6800	192	70	1900	30		70
4566	1081	948	1732	147	6	450			90
7258	3196	2809	8469	794	41	4210	27		86
7765	2186	2089	10029	148	8	2100			80
6419	2260	2167	6995	200	24	1000	1800		121
3334	553	530	819	62	2	40			85
4898	2090	2013	3100	84	3	56	178	168	240

17-4 续表

行政区划代码	乡镇名称	农技推广服务机构(个)	农技推广服务从业人员(人)	小学校总数(个)	小学在校学生总数(人)	小学教师总数(人)	中学校总数(个)
140923100	山西省忻州市代县上馆镇	1	3	28	6612	383	5
140923101	山西省忻州市代县阳明堡镇	2	3	23	1636	127	2
140923102	山西省忻州市代县峨口镇	1	2	15	3306	175	4
140923103	山西省忻州市代县聂营镇	1	2	14	1238	63	2
140923104	山西省忻州市代县枣林镇			18	1548	109	1
140923105	山西省忻州市代县滩上镇	1	1	19	341	66	1
140923200	山西省忻州市代县新高乡	1	7	16	1715	93	2
140923201	山西省忻州市代县峪口乡	1	2	14	1185	90	3
140923202	山西省忻州市代县磨坊乡	1	3	17	994	72	1
140923203	山西省忻州市代县胡峪乡			11	728	57	1
140923204	山西省忻州市代县雁门关乡	1	10	12	733	59	2

学生总数(人)	师总数(人)	卫生院(个)	医生数(人)	病床数(床)	农民人均纯收入(元)	参加农村新型合作医疗(人)	参加农村社会养老保险(人)	享受居民最低生活保障(人)
3891	322	3	172	225	3752	20958	9682	1571
1249	106	1	13	25	3439	18233	8650	1248
1349	172	2	51	130	3951	18929	5975	1290
674	40	1	3	25	1778	10786	4239	2400
288	32	1	8	25	2612	17000	7800	1195
152	23	1	5	20	1628	7374	3104	715
613	76	1	11	20	3061	17188	6403	1195
591	47	1	9	20	3536	15900	6804	1600
229	36	1	14	20	2588	12460	2252	760
157	11	1	7	20	1646	5400	2467	411
371	27	1	6	20	1694	7232	1500	397

17-5 繁峙县乡、建制

行政区划代码	乡镇名称	村委会(个)	乡镇行政区域面积(公顷)	年末常用耕地面积(公顷)	年末有效灌溉面积(公顷)	乡镇总户数(户)	乡镇总人口(人)
140924100	山西省忻州市繁峙县繁城镇	35	16981	3505	1426	26509	55209
140924101	山西省忻州市繁峙县砂河镇	43	22234	5661	1200	19624	50251
140924102	山西省忻州市繁峙县大营镇	29	13878	4213	266	7232	22505
140924200	山西省忻州市繁峙县下茹越乡	17	9966	2095	1005	4138	12519
140924201	山西省忻州市繁峙县杏园乡	18	11571	3600	1137	6938	20511
140924202	山西省忻州市繁峙县光裕堡乡	15	9980	2788	400	3838	12892
140924203	山西省忻州市繁峙县集义庄乡	21	7600	2404	1025	5181	15937
140924204	山西省忻州市繁峙县东山乡	47	27569	3505	600	8360	28301
140924205	山西省忻州市繁峙县金山铺乡	30	16077	5045	182	5795	18958
140924206	山西省忻州市繁峙县柏家庄乡	18	11424	3033		3359	10161
140924207	山西省忻州市繁峙县横涧乡	25	15918	2477	320	4571	14499
140924208	山西省忻州市繁峙县神堂堡乡	48	42092	759	120	2894	7653
140924209	山西省忻州市繁峙县岩头乡	56	31500	1740	4	4112	10956

镇基本情况（2011年）

乡镇从业人员数(人)	农作物总播种面积(公顷)	粮食播种面积(公顷)	粮食总产量(吨)	肉类总产量(吨)	企业个数(个)	企业从业人员(人)	固定资产投资完成额(万元)	农业投资完成额(万元)	本乡镇公路里程(公里)
19780	3991	3880	7019	763	500	2730			68
16850	4938	4495	10867	1068	201	3205			85
7601	4362	3975	5484	187	5	220			75
4370	1788	1616	5073	313	30	1145	562		60
7809	3947	3849	8135	1457	130	745			40
4440	2922	2462	4797	609	5	200			55
5450	2220	2213	6580	804	7	1100			45
10421	3753	3753	9208	1102	13	1050			130
6419	4024	3790	4877	766	41	2160			58
3578	2891	2642	2746	332	14	250			45
5000	2477	2254	4013	271	8	726			55
3249	500	484	431	280	8	410	230	110	65
5800	1100	1080	740	155	20	2910			70

17-5 **续表**

行政区划代码	乡镇名称	农技推广服务机构(个)	农技推广服务从业人员(人)	小学校总数(个)	小学在校学生总数(人)	小学教师总数(人)	中学校总数(个)
140924100	山西省忻州市繁峙县繁城镇	1	4	10	6000	333	4
140924101	山西省忻州市繁峙县砂河镇	1	3	39	9800	600	5
140924102	山西省忻州市繁峙县大营镇	1	4	20	580	70	1
140924200	山西省忻州市繁峙县下茹越乡	1	4	5	290	65	
140924201	山西省忻州市繁峙县杏园乡	1	2	17	2030	144	1
140924202	山西省忻州市繁峙县光裕堡乡	1	1	10	210	60	
140924203	山西省忻州市繁峙县集义庄乡			15	709	87	2
140924204	山西省忻州市繁峙县东山乡	1	5	9	950	210	
140924205	山西省忻州市繁峙县金山铺乡	1	6	15	1200	103	
140924206	山西省忻州市繁峙县柏家庄乡	1	1	7	137	27	
140924207	山西省忻州市繁峙县横涧乡			11	986	82	1
140924208	山西省忻州市繁峙县神堂堡乡	1	1	4	178	20	1
140924209	山西省忻州市繁峙县岩头乡	1	3	2	473	59	1

中学在校学生总数(人)	中学教师总数(人)	医院、卫生院(个)	医生数(人)	病床数(床)	农民人均纯收入(元)	参加农村新型合作医疗(人)	参加农村社会养老保险(人)	享受居民最低生活保障(人)
3520	208	1	20	70	4341	27197		2413
3500	170	5	410	210	4250	34840	45	1325
150	26	1	30	17	3700	18299		1062
		1	7	16	4300	11543	12	1071
1228	70	1	32	15	3600	17603		1946
		1	10	8	3200	12151	10	480
150	28	1	4	27	3400	12340		1100
		2	20	13	4300	23165		1562
		2	21	9	3500	16711		1071
		1	11	12	3300	8797		851
263	21	1	4	12	4300	12181	24	969
98	20	2	17	22	4300	6540		705
133	19	3	25	27	4200	9190	100	862

17-6 宁武县乡、建制

行政区划代码	乡镇名称	村委会(个)	乡镇行政区域面积(公顷)	年末常用耕地面积(公顷)	年末有效灌溉面积(公顷)	乡镇总户数(户)	乡镇总人口(人)
140925100	山西省忻州市宁武县凤凰镇	62	8732	3468		4379	13477
140925101	山西省忻州市宁武县阳方口镇	28	7533	1069		3936	10280
140925102	山西省忻州市宁武县东寨镇	62	20675	1511		5118	15440
140925103	山西省忻州市宁武县石家庄镇	11	2085	724		1535	4327
140925200	山西省忻州市宁武县薛家洼乡	35	18262	1404		2050	8588
140925201	山西省忻州市宁武县余庄乡	39	48332	2195		2247	8739
140925202	山西省忻州市宁武县涔山乡	27	28670	1427		1350	4668
140925203	山西省忻州市宁武县化北屯乡	51	14820	2435		4001	13420
140925204	山西省忻州市宁武县西马坊乡	43	20000	1800		2486	9828
140925205	山西省忻州市宁武县新堡乡	24	11200	1169		2774	7614
140925206	山西省忻州市宁武县迭台寺乡	22	10900	1116		1530	4680
140925207	山西省忻州市宁武县圪廖乡	13	22350	860		1120	3720
140925208	山西省忻州市宁武县怀道乡	23	13200	1375		2080	6878
140925209	山西省忻州市宁武县东马坊乡	24	15600	1598		2955	8841

镇基本情况（2011年）

乡镇从业人员数(人)	农作物总播种面积(公顷)	粮食播种面积(公顷)	粮食总产量(吨)	肉类总产量(吨)	企业个数(个)	企业从业人员(人)	固定资产投资完成额(万元)	农业投资完成额(万元)	本乡镇公路里程(公里)
4500	2020	1580	1911	192	115	2760			84
4456	1133	1005	2033	34	9	803			76
6212	1390	1160	2196	808	9	743			15
2756	933	800	1248	73					10
3127	1044	647	2223	330	16	416			26
3335	2141	1839	1476	310	5	475			15
1632	933	616	567		1	146			35
5008	2223	1833	3931	69	6	365			12
3426	1860	1653	2610	167	1	300			20
3291	1169	923	1256		1	23			60
1985	1193	1007	1202	54	1	10			21
1272	795	672	960	82	1	256			10
3929	1383	1187	1513	304					10
3662	1668	1559	2501	100	3	128			32

17-6 续表

行政区划代码	乡镇名称	农技推广服务机构(个)	农技推广服务从业人员(人)	小学校总数(个)	小学在校学生总数(人)	小学教师总数(人)	中学校总数(个)
140925100	山西省忻州市宁武县凤凰镇	1	2	50	750	132	
140925101	山西省忻州市宁武县阳方口镇	1	7	10	416	100	1
140925102	山西省忻州市宁武县东寨镇	1	3	15	1380	138	3
140925103	山西省忻州市宁武县石家庄镇	1	2	10	329	25	
140925200	山西省忻州市宁武县薛家洼乡	1	6	30	185	66	1
140925201	山西省忻州市宁武县余庄乡	1	4	21	527	31	1
140925202	山西省忻州市宁武县涔山乡	1	2	5	58	23	
140925203	山西省忻州市宁武县化北屯乡			29	853	104	1
140925204	山西省忻州市宁武县西马坊乡	1	2	34	370	120	1
140925205	山西省忻州市宁武县新堡乡	1	1	17	500	52	1
140925206	山西省忻州市宁武县迭台寺乡	1	4	16	263	42	1
140925207	山西省忻州市宁武县圪廖乡	1	2	6	82	32	1
140925208	山西省忻州市宁武县怀道乡	1	3	14	162	49	1
140925209	山西省忻州市宁武县东马坊乡	1	2	16	330	95	2

中学在校学生总数(人)	中学教师总数(人)	医院、卫生院(个)	医生数(人)	病床数(床)	农民人均纯收入（元）	参加农村新型合作医疗（人）	参加农村社会养老保险（人）	享受居民最低生活保障（人）
		1	23	62	3325	11500	9300	620
156	75	1	40	30	2916	8757	5120	718
246	193	2	65	70	2878	12851	7564	1803
		1	4	15	2292	4057	2769	267
6	23	3	15	18	2450	6800	6500	360
32	31	2	32	30	2915	7839	3916	612
		2	11	12	2199	4370	2100	340
425	35	2	30	15	2857	11850	6600	20
120	30	1	11	20	2875	8500	4911	826
10	19	1	4	16	2340	6839	3780	660
10	8	2	23	15	2205	3807	2745	420
28	22	1	22	10	2100	3200	2100	450
126	34	1	3	8	2375	5900	2836	668
128	31	2	18	35	2357	7360	3997	124

17-7 静乐县乡、建制

行政区划代码	乡镇名称	村委会(个)	乡镇行政区域面积(公顷)	年末常用耕地面积(公顷)	年末有效灌溉面积(公顷)	乡镇总户数(户)	乡镇总人口(人)
140926100	山西省忻州市静乐县鹅城镇	38	12632	2247	260	11650	38820
140926101	山西省忻州市静乐县杜家村镇	32	17286	2120	60	3695	13595
140926102	山西省忻州市静乐县康家会镇	27	16055	1620	20	2170	8380
140926103	山西省忻州市静乐县丰润镇	26	10275	1101	90	2586	9080
140926201	山西省忻州市静乐县堂尔上乡	20	6900	1095		1198	4125
140926202	山西省忻州市静乐县中庄乡	20	7385	1810	10	1891	7120
140926203	山西省忻州市静乐县双路乡	27	14565	2691		3582	12897
140926204	山西省忻州市静乐县段家寨乡	18	10997	1456	560	3153	11008
140926205	山西省忻州市静乐县辛村乡	21	12130	2300	20	2200	7520
140926206	山西省忻州市静乐县王村乡	35	16000	2543	20	3610	12420
140926207	山西省忻州市静乐县神峪沟乡	33	16275	2261	250	3061	10753
140926208	山西省忻州市静乐县娘子神乡	25	16344	2320	50	2565	9750
140926209	山西省忻州市静乐县娑婆乡	28	16800	2040		2170	8246
140926210	山西省忻州市静乐县赤泥洼乡	31	27270	2850		2670	10165

镇基本情况（2011年）

乡镇从业人员数(人)	农作物总播种面积(公顷)	粮食播种面积(公顷)	粮食总产量(吨)	肉类总产量(吨)	企业个数(个)	企业从业人员(人)	固定资产投资完成额(万元)	农业投资完成额(万元)	本乡镇公路里程(公里)
15916	1943	1320	3755	330	93	1840			65
6723	2613	2123	3449	345	30	1005			48
3393	1620	1400	2136	115	4	92			45
3390	1200	1000	2305	113	4	45	185	120	70
1643	1233	933	1604	224					30
2819	1706	1153	2281	98					38
5380	2379	1899	4126	236	15	1000			100
4396	2053	1547	3795	246	25	330	20		45
2782	1744	1509	3251	124			126		35
5368	2321	1877	2470	177					70
5037	2105	1783	4446	197	2	110			76
3650	2370	1983	3534	187	7	60			50
3155	2380	1740	3631	181			31	15	75
4227	2250	1679	3530	394	21	109			80

17-7 续表

行政区划代码	乡镇名称	农技推广服务机构(个)	农技推广服务从业人员(人)	小学校总数(个)	小学在校学生总数(人)	小学教师总数(人)	中学校总数(个)
140926100	山西省忻州市静乐县鹅城镇	1	3	33	10750	1920	6
140926101	山西省忻州市静乐县杜家村镇			21	1710	110	1
140926102	山西省忻州市静乐县康家会镇			15	800	66	1
140926103	山西省忻州市静乐县丰润镇	1	1	15	800	45	1
140926201	山西省忻州市静乐县堂尔上乡			7	116	23	
140926202	山西省忻州市静乐县中庄乡	1	1	19	582	64	
140926203	山西省忻州市静乐县双路乡	1	2	20	580	55	1
140926204	山西省忻州市静乐县段家寨乡	2	5	12	910	55	1
140926205	山西省忻州市静乐县辛村乡			22	266	52	
140926206	山西省忻州市静乐县王村乡			20	1050	62	
140926207	山西省忻州市静乐县神峪沟乡			25	1780	82	
140926208	山西省忻州市静乐县娘子神乡			20	1050	66	
140926209	山西省忻州市静乐县娑婆乡	1	1	11	610	46	
140926210	山西省忻州市静乐县赤泥洼乡			23	800	55	

中学在校学生总数(人)	中学教师总数(人)	医院、卫生院(个)	医生数(人)	病床数(床)	农民人均纯收入(元)	参加农村新型合作医疗(人)	参加农村社会养老保险(人)	享受居民最低生活保障(人)
7660	842	5	45	95	2850	15470	13100	1355
500	30	2	13	25	3400	13200	7000	350
310	60	1	9	20	3450	8350	4150	850
250	26	1	12	20	3100	8800	6100	710
		1	6	6	3400	4120	2400	510
		1	3	5	3160	6204	953	496
210	14	2	6	6	3200	11000	5300	1250
325	48	1	5	10	3000	9816	8500	890
		1	9	20	3150	6935	3500	640
		2	6	10	3455	10551	8567	1225
		2	4	4	3469	9890	8602	1159
		1	4	10	3500	9700	4100	330
		1	6	4	3400	7520	3720	510
		1	6	9	3500	8150	6200	810

17-8 神池县乡、建制

行政区划代码	乡镇名称	村委会(个)	乡镇行政区域面积(公顷)	年末常用耕地面积(公顷)	年末有效灌溉面积(公顷)	乡镇总户数(户)	乡镇总人口(人)
140927100	山西省忻州市神池县龙泉镇	25	3012	2521		3861	12641
140927101	山西省忻州市神池县义井镇	20	12000	4800		3176	11689
140927102	山西省忻州市神池县八角镇	31	22000	7800		2760	10080
140927200	山西省忻州市神池县东湖乡	28	18900	7578		3184	9919
140927201	山西省忻州市神池县太平庄乡	24	10667	4827		2316	7730
140927202	山西省忻州市神池县虎北乡	11	10666	2658		1748	7168
140927203	山西省忻州市神池县贺职乡	29	13960	4668		2496	9310
140927204	山西省忻州市神池县长畛乡	29	17800	4250		1821	6018
140927205	山西省忻州市神池县烈堡乡	20	12800	3998		1965	6597
140927206	山西省忻州市神池县大严备乡	24	15300	3690		1683	5900

镇基本情况（2011年）

乡镇从业人员数(人)	农作物总播种面积(公顷)	粮食播种面积(公顷)	粮食总产量(吨)	肉类总产量(吨)	企业个数(个)	企业从业人员(人)	固定资产投资完成额(万元)	农业投资完成额(万元)	本乡镇公路里程(公里)
4609	2521	1964	5508	249	30	265			39
3921	4800	4092	14134	995	36	310			30
3410	7800	6873	19118	135					50
3450	7582	6754	20682	445					50
2690	4520	3453	11869	469					120
2514	2813	2033	7087	253					45
3267	5560	4207	15248	641					88
2013	4657	3623	12360	830			54	12	60
2212	3998	2236	5773	302					100
2100	3690	2252	5985	580					90

17-8 续表

行政区划代码	乡镇名称	农技推广服务机构(个)	农技推广服务从业人员(人)	小学校总数(个)	小学在校学生总数(人)	小学教师总数(人)	中学校总数(个)
140927100	山西省忻州市神池县龙泉镇	1	3	1	1899	124	
140927101	山西省忻州市神池县义井镇	1	3	10	850	87	1
140927102	山西省忻州市神池县八角镇			10	310	58	1
140927200	山西省忻州市神池县东湖乡	1	3	11	443	69	
140927201	山西省忻州市神池县太平庄乡	1	6	7	561	55	
140927202	山西省忻州市神池县虎北乡	2	6	3	300	40	1
140927203	山西省忻州市神池县贺职乡	1	3	10	610	55	1
140927204	山西省忻州市神池县长畛乡	1	6	4	134	24	
140927205	山西省忻州市神池县烈堡乡	1	2	7	240	44	1
140927206	山西省忻州市神池县大严备乡	1	3	4	120	22	

中学在校学生总数(人)	中学教师总数(人)	医院、卫生院(个)	医生数(人)	病床数(床)	农民人均纯收入(元)	参加农村新型合作医疗(人)	参加农村社会养老保险(人)	享受居民最低生活保障(人)
		1	177	150	4087	9311	275	1173
186	31	1	12	18	4065	1182	35	1150
268	52	1	8	5	4056	9285	42	240
		1	4	6	4073	8610	42	550
		1	6	12	4086	7010	53	770
702	12	1	6	6	4044	6510	33	290
240	20	1	3	10	4058	6592	31	223
		1	6	12	4055	5200	150	980
170	32	1	6	6	4053	4611	210	353
		1	3	6	4060	4912	52	232

17-9 五寨县乡、建制

行政区划代码	乡镇名称	村委会(个)	乡镇行政区域面积(公顷)	年末常用耕地面积(公顷)	年末有效灌溉面积(公顷)	乡镇总户数(户)	乡镇总人口(人)
140928100	山西省忻州市五寨县砚城镇	9	3499	1048	380	12810	43050
140928101	山西省忻州市五寨县小河头镇	15	8357	2580		1985	6058
140928102	山西省忻州市五寨县三岔镇	34	18014	4653		3531	12476
140928200	山西省忻州市五寨县前所乡	23	20350	2082	730	3133	11132
140928201	山西省忻州市五寨县李家坪乡	11	9279	2581		1775	5718
140928202	山西省忻州市五寨县孙家坪乡	26	11291	3001		2684	7822
140928203	山西省忻州市五寨县梁家坪乡	15	6248	2517		1192	3845
140928204	山西省忻州市五寨县胡会乡	14	9171	2975	920	2109	7288
140928205	山西省忻州市五寨县新寨乡	14	6819	2697	444	1923	7181
140928206	山西省忻州市五寨县韩家楼乡	26	12871	2715		2221	6696
140928207	山西省忻州市五寨县东秀庄乡	31	14186	4554		2203	7274
140928208	山西省忻州市五寨县杏岭子乡	32	17801	4120		1553	5569

镇基本情况（2011年）

乡镇从业人员数(人)	农作物总播种面积(公顷)	粮食播种面积(公顷)	粮食总产量(吨)	肉类总产量(吨)	企业个数(个)	企业从业人员(人)	固定资产投资完成额(万元)	农业投资完成额(万元)	本乡镇公路里程(公里)
16500	1048	1043	4385	105	115	2061	510		40
3191	2607	2585	10868	190	7	151			50
4487	4951	4905	18084	361	40	427			48
4849	2193	2049	10051	233	86	580			36
3061	2581	2562	9002	180	2	40			28
3100	2986	2969	12813	240	4	60			30
1802	2568	2567	9849	82	5	70			38
3490	3180	3175	15055	340	4	69			22
3205	2790	1667	10937	200					40
3217	2794	2763	10817	148	3	48			46
3521	4523	4518	18381	271					50
2187	4097	4090	16028	147					33

17-9 续表

行政区划代码	乡镇名称	农技推广服务机构(个)	农技推广服务从业人员(人)	小学校总数(个)	小学在校学生总数(人)	小学教师总数(人)	中学校总数(个)
140928100	山西省忻州市五寨县砚城镇			4	5182	321	7
140928101	山西省忻州市五寨县小河头镇	1	3	5	249	30	1
140928102	山西省忻州市五寨县三岔镇			5	1343	117	1
140928200	山西省忻州市五寨县前所乡	2	2	7	97	90	
140928201	山西省忻州市五寨县李家坪乡	1	2	5	61	44	
140928202	山西省忻州市五寨县孙家坪乡	1	3	4	22	35	
140928203	山西省忻州市五寨县梁家坪乡	1	3	1	49	14	1
140928204	山西省忻州市五寨县胡会乡	1	5	4	19	34	1
140928205	山西省忻州市五寨县新寨乡	1	3	5	77	15	
140928206	山西省忻州市五寨县韩家楼乡	1	3	3	117	33	1
140928207	山西省忻州市五寨县东秀庄乡	1	5	5	85	31	1
140928208	山西省忻州市五寨县杏岭子乡	1	3	2	80	30	

中学在校学生总数(人)	中学教师总数(人)	医院、卫生院(个)	医生数(人)	病床数(床)	农民人均纯收入(元)	参加农村新型合作医疗(人)	参加农村社会养老保险(人)	享受居民最低生活保障(人)
6156	503	3	200	100	3880	13296	120	3400
140	35	1	17	11	3770	6050	4100	270
667	114	1	44	36	3860	9889	3980	1393
		1	26	20	3870	9860	4580	1292
		1	13	10	3690	5600	3200	732
		1	20	10	3780	5900	3200	1010
67	35	1	7	10	3730	3688	1620	651
6	19	1	12	10	3840	6482	3901	1031
		1	12	12	3810	6100	4000	1100
9	23	1	13	20	3850	5950	4220	1041
80	23	1	16	12	3730	6088	2620	1330
		2	15	9	3710	5280	4330	880

17-10 岢岚县乡、建制

行政区划代码	乡镇名称	村委会(个)	乡镇行政区域面积(公顷)	年末常用耕地面积(公顷)	年末有效灌溉面积(公顷)	乡镇总户数(户)	乡镇总人口(人)
140929100	山西省忻州市岢岚县岚漪镇	38	21660	3300	102	11862	41820
140929101	山西省忻州市岢岚县三井镇	15	11304	3766	10	1816	7105
140929200	山西省忻州市岢岚县神堂坪乡	14	13310	3966	40	2260	7309
140929201	山西省忻州市岢岚县高家会乡	15	12666	3960	50	2335	6931
140929202	山西省忻州市岢岚县李家沟乡	11	13533	2122		706	2215
140929203	山西省忻州市岢岚县水峪贯乡	21	19000	5202		1695	5275
140929204	山西省忻州市岢岚县西豹峪乡	15	16633	1510	11	1101	3405
140929205	山西省忻州市岢岚县温泉乡	11	11200	2179	200	804	2675
140929206	山西省忻州市岢岚县阳坪乡	13	18420	1545	42	1157	3449
140929207	山西省忻州市岢岚县大涧乡	17	12687	1595	37	1496	4358
140929208	山西省忻州市岢岚县宋家沟乡	22	25300	3507	200	1630	6215
140929209	山西省忻州市岢岚县王家岔乡	10	8560	658	200	686	2240

镇基本情况（2011年）

乡镇从业人员数(人)	农作物总播种面积(公顷)	粮食播种面积(公顷)	粮食总产量(吨)	肉类总产量(吨)	企业个数(个)	企业从业人员(人)	固定资产投资完成额(万元)	农业投资完成额(万元)	本乡镇公路里程(公里)
19320	3300	2613	2980	587	268	2100			62
2410	3766	2956	3205	543	48	456			23
2614	4152	3502	4580	650			380		23
2576	3960	3093	6303	1200	28	140	60		20
1106	2122	1789	5390	416					50
2481	3137	2470	4890	175			70	70	21
1730	1510	1270	2678	41					19
1734	1520	1314	5064	227	6	81	50		50
2299	1542	1425	5607	463					35
2615	1615	1297	3280	380					26
2650	2733	2378	5100	220	6	195			35
760	658	505	1884	98					15

17-10 续表

行政区划代码	乡镇名称	农技推广服务机构(个)	农技推广服务从业人员(人)	小学校总数(个)	小学在校学生总数(人)	小学教师总数(人)	中学校总数(个)
140929100	山西省忻州市岢岚县岚漪镇	5	27	18	382	68	4
140929101	山西省忻州市岢岚县三井镇	1	2	5	350	26	1
140929200	山西省忻州市岢岚县神堂坪乡			4	140	20	
140929201	山西省忻州市岢岚县高家会乡	1	12	8	208	38	
140929202	山西省忻州市岢岚县李家沟乡	1	2	8	140	17	
140929203	山西省忻州市岢岚县水峪贯乡	1	1	18	419	37	1
140929204	山西省忻州市岢岚县西豹峪乡	1	6	5	79	17	
140929205	山西省忻州市岢岚县温泉乡	1	5	12	62	21	
140929206	山西省忻州市岢岚县阳坪乡	1	2	8	88	21	1
140929207	山西省忻州市岢岚县大涧乡			7	70	14	
140929208	山西省忻州市岢岚县宋家沟乡	4	13	6	140	28	1
140929209	山西省忻州市岢岚县王家岔乡			4	50	9	

中学在校学生总数(人)	中学教师总数(人)	医院、卫生院(个)	医生数(人)	病床数(床)	农民人均纯收入(元)	参加农村新型合作医疗(人)	参加农村社会养老保险(人)	享受居民最低生活保障(人)
4800	312	3	60	20	3785	14946	858	1687
66	13	1	6	10	3600	6174	206	1023
		1	7	5	3363	6433	3357	970
		1	8	12	3374	6163	3695	861
		1	2	4	3508	2000	1506	454
143	16	1	4	6	3316	4230	3182	689
		2	8	15	3200	3080	1844	470
		1	5	5	3361	2352	1872	441
60	12	1	8	14	3186	3109	2089	553
		1	4	12	3370	4200	2264	760
62	11	3	10	14	3570	5586	3373	973
		1	4	6	3340	1685	1341	286

17-11 河曲县乡、建制

行政区划代码	乡镇名称	村委会(个)	乡镇行政区域面积(公顷)	年末常用耕地面积(公顷)	年末有效灌溉面积(公顷)	乡镇总户数(户)	乡镇总人口(人)
140930100	山西省忻州市河曲县文笔镇	14	5142	1854	1131	25913	83121
140930101	山西省忻州市河曲县楼子营镇	17	5499	814	325	4332	11480
140930102	山西省忻州市河曲县刘家塔镇	32	12353	2326	9	4348	13889
140930103	山西省忻州市河曲县巡镇镇	28	8262	1639	987	6267	15535
140930200	山西省忻州市河曲县鹿固乡	27	8526	1523	25	3355	9760
140930201	山西省忻州市河曲县前川乡	23	11432	2345		2549	6610
140930202	山西省忻州市河曲县单寨乡	27	14970	2160		1801	6189
140930203	山西省忻州市河曲县土沟乡	22	11192	3525		1608	4535
140930204	山西省忻州市河曲县旧县乡	26	5581	1090		3251	9373
140930205	山西省忻州市河曲县沙坪乡	33	8710	2097		2569	7528
140930206	山西省忻州市河曲县社梁乡	26	8861	1683	47	2765	8060
140930207	山西省忻州市河曲县沙泉乡	43	20353	3670		4019	9650
140930208	山西省忻州市河曲县赵家沟乡	22	10552	1792		1034	3098

镇基本情况（2011年）

乡镇从业人员数(人)	农作物总播种面积(公顷)	粮食播种面积(公顷)	粮食总产量(吨)	肉类总产量(吨)	企业个数(个)	企业从业人员(人)	固定资产投资完成额(万元)	农业投资完成额(万元)	本乡镇公路里程(公里)
20000	2340	1269	7980	298	2	23	300	300	85
3643	1021	761	3145	162	3	125	395	34	19
4742	2339	2099	4752	192					30
4446	2121	1380	3200	299	56	391	440		20
3530	1854	1518	2451	113					70
2869	2666	1616	3109	146			280		28
2547	2746	2272	4412	258	1	15			57
2562	2313	2255	4081	122					40
4418	1231	1106	2307	254					83
3039	2135	1674	2857	142	10	340			87
3670	2351	2077	2234	138					51
3725	3670	3003	4890	180					35
1100	1792	1500	2430	107					45

17-11 **续表**

行政区划代码	乡镇名称	农技推广服务机构(个)	农技推广服务从业人员(人)	小学校总数(个)	小学在校学生总数(人)	小学教师总数(人)	中学校总数(个)
140930100	山西省忻州市河曲县文笔镇	1	2	5	652	58	4
140930101	山西省忻州市河曲县楼子营镇	5	12	1	365	53	1
140930102	山西省忻州市河曲县刘家塔镇	1	5	12	609	72	2
140930103	山西省忻州市河曲县巡镇镇			2	620	47	1
140930200	山西省忻州市河曲县鹿固乡	1	2	5	85	21	
140930201	山西省忻州市河曲县前川乡	1	2	4	105	26	1
140930202	山西省忻州市河曲县单寨乡	1	3	2	51	33	
140930203	山西省忻州市河曲县土沟乡	1	2	1	75	15	1
140930204	山西省忻州市河曲县旧县乡			2	433	55	1
140930205	山西省忻州市河曲县沙坪乡	1	5	5	35	27	2
140930206	山西省忻州市河曲县社梁乡	1	3	1	157	28	1
140930207	山西省忻州市河曲县沙泉乡	1	4	10	434	66	1
140930208	山西省忻州市河曲县赵家沟乡			2	120	24	

中学在校学生总数(人)	中学教师总数(人)	医院、卫生院(个)	医生数(人)	病床数(床)	农民人均纯收入(元)	参加农村新型合作医疗(人)	参加农村社会养老保险(人)	享受居民最低生活保障(人)
2229	191	1	10	30	5035	16923	14902	1023
280	37	1	24	51	3229	7284	5026	875
266	45	5	23	20	2963	12550	7122	1735
400	127	1	52	70	3449	14400	7700	1200
		3	8	7	2971	9504	5356	793
82	13	5	19	33	2765	4970	4232	936
		1	9	12	2721	4563	2458	575
50	12	1	4	4	2814	3436	1952	596
150	34	1	15	50	4880	7715	4430	510
10	23	1	7	20	2983	6310	4800	780
145	32	2	15	20	2558	8000	4633	923
115	36	2	11	20	3066	7582	4494	723
		1	2	10	2653	2800	1400	440

17-12 保德县乡、建制

行政区划代码	乡镇名称	村委会(个)	乡镇行政区域面积(公顷)	年末常用耕地面积(公顷)	年末有效灌溉面积(公顷)	乡镇总户数(户)	乡镇总人口(人)
140931100	山西省忻州市保德县东关镇	30	4599	943	8092	87	19275
140931101	山西省忻州市保德县义门镇	31	8895	2253	6478	39	20100
140931102	山西省忻州市保德县桥头镇	32	9790	3221	5912	4	18943
140931103	山西省忻州市保德县杨家湾镇	25	6660	915	3280	120	11820
140931200	山西省忻州市保德县腰庄乡	20	5466	880	3587		10938
140931201	山西省忻州市保德县韩家川乡	17	5800	852	2146	100	7160
140931202	山西省忻州市保德县林遮峪乡	17	4731	1163	1625	110	5983
140931203	山西省忻州市保德县冯家川乡	19	4710	1060	1748	100	6875
140931204	山西省忻州市保德县土崖塔乡	25	5006	1098	1827	45	5989
140931205	山西省忻州市保德县孙家沟乡	33	12023	2400	4127		11834
140931206	山西省忻州市保德县窑洼乡	26	9720	1404	1379		5409
140931207	山西省忻州市保德县尧圪台乡	16	6000	1310	1392		5210
140931208	山西省忻州市保德县南河沟乡	50	16365	3860	4190		15518

镇基本情况（2011年）

乡镇从业人员数(人)	农作物总播种面积(公顷)	粮食播种面积(公顷)	粮食总产量(吨)	肉类总产量(吨)	企业个数(个)	企业从业人员(人)	固定资产投资完成额(万元)	农业投资完成额(万元)	本乡镇公路里程(公里)
5737	1393	1202	1226	483	160	3200			90
9253	2550	2428	2549	687	23	1035			65
9662	2307	2130	2469	233	69	880			63
4530	1540	1490	3258	198	1	19			50
5581	1096	1052	1152	116	2	245	74	27	78
2930	1380	1287	1476	161	8	890	380	150	42
1472	1001	920	895	211					46
3208	1022	923	739	157	2	40	800	700	53
2592	1915	1764	2189	421	1	6	400	180	55
7210	2400	2310	2774	257	13	1760			98
1630	1520	1443	2381	126	18	305			43
2376	1550	1503	2150	120	18	362	550	500	57
7430	3650	3492	3661	735					93

17-12 续表

行政区划代码	乡镇名称	农技推广服务机构(个)	农技推广服务从业人员(人)	小学校总数(个)	小学在校学生总数(人)	小学教师总数(人)	中学校总数(个)
140931100	山西省忻州市保德县东关镇	1	2	11	7730	532	1
140931101	山西省忻州市保德县义门镇	1	4	26	1320	81	2
140931102	山西省忻州市保德县桥头镇	1	4	20	2167	287	2
140931103	山西省忻州市保德县杨家湾镇	1	2	23	1340	60	1
140931200	山西省忻州市保德县腰庄乡	1	4	7	187	27	
140931201	山西省忻州市保德县韩家川乡	1	1	13	158	38	
140931202	山西省忻州市保德县林遮峪乡			11	132	15	1
140931203	山西省忻州市保德县冯家川乡	1	2	6	260	36	
140931204	山西省忻州市保德县土崖塔乡	1	2	5	150	13	1
140931205	山西省忻州市保德县孙家沟乡	1	3	16	353	32	1
140931206	山西省忻州市保德县窑洼乡	1	1	6	110	20	
140931207	山西省忻州市保德县尧圪台乡	1	4	10	110	34	
140931208	山西省忻州市保德县南河沟乡	1	3	19	235	61	1

中学在校学生总数(人)	中学教师总数(人)	医院、卫生院(个)	医生数(人)	病床数(床)	农民人均纯收入(元)	参加农村新型合作医疗(人)	参加农村社会养老保险(人)	享受居民最低生活保障(人)
1300	93	2	35	130	4520	17382	12003	1864
770	54	2	18	50	4516	16400	6855	1204
969	78	1	15	40	4352	16387	7447	1975
520	27	1	12	14	3400	11042	9460	1532
		1	8	10	3920	9980	4283	1474
		1	7	8	3360	6103	2969	1109
187	18	1	11	20	3286	5474	2408	848
		1	5	8	2150	6336	3510	1064
220	21	1	7	10	3074	5800	2385	587
64	7	2	58	62	3717	10000	4745	1224
		1	5	10	3037	5204	2283	535
		1	4		3482	4612	2191	739
254	34	5	16	20	3888	14082	6864	1913

17-13 偏关县乡、建制

行政区划代码	乡镇名称	村委会(个)	乡镇行政区域面积(公顷)	年末常用耕地面积(公顷)	年末有效灌溉面积(公顷)	乡镇总户数(户)	乡镇总人口(人)
140932100	山西省忻州市偏关县新关镇	47	17958	2670	100	7552	21180
140932101	山西省忻州市偏关县天峰坪镇	16	6533	1070	870	3092	9471
140932102	山西省忻州市偏关县老营镇	21	21429	2703	140	3088	8174
140932103	山西省忻州市偏关县万家寨镇	20	21133	2223		2524	8157
140932200	山西省忻州市偏关县窑头乡	33	14949	2391	27	4750	14505
140932201	山西省忻州市偏关县楼沟乡	45	27981	5400	7	3532	10368
140932202	山西省忻州市偏关县尚峪乡	16	15005	2536		1710	5367
140932203	山西省忻州市偏关县南堡子乡	17	13675	3296		1438	4820
140932204	山西省忻州市偏关县水泉乡	11	12985	3380	20	1668	5294
140932205	山西省忻州市偏关县陈家营乡	22	16993	2810	253	2303	7403

镇基本情况（2011年）

乡镇从业人员数(人)	农作物总播种面积(公顷)	粮食播种面积(公顷)	粮食总产量(吨)	肉类总产量(吨)	企业个数(个)	企业从业人员(人)	固定资产投资完成额(万元)	农业投资完成额(万元)	本乡镇公路里程(公里)
9337	2912	2780	4980	993	135	2080			70
3610	1220	1153	1108	529	35	437	14		120
3270	2643	2087	3908	574	37	611	72	58	25
3730	2193	1933	2696	513	48	300	40	40	30
5145	2588	2508	4515	954	48	1328			100
4150	5693	5135	12395	728	30	502			80
3016	2587	2333	6347	691	20	336	40	40	30
1790	2400	1680	4753	228	20	252			100
2490	2430	2190	3942	627	32	496	76		80
2852	2877	2613	5303	302	43	695	120	100	53

17-13 **续表**

行政区划代码	乡镇名称	农技推广服务机构(个)	农技推广服务从业人员(人)	小学校总数(个)	小学在校学生总数(人)	小学教师总数(人)	中学校总数(个)
140932100	山西省忻州市偏关县新关镇	1	9	38	850	79	1
140932101	山西省忻州市偏关县天峰坪镇	1	4	14	161	45	1
140932102	山西省忻州市偏关县老营镇	1	15	12	410	36	1
140932103	山西省忻州市偏关县万家寨镇	1	3	27	700	54	1
140932200	山西省忻州市偏关县窑头乡	1	5	26	930	75	1
140932201	山西省忻州市偏关县楼沟乡	1	2	7	268	42	
140932202	山西省忻州市偏关县尚峪乡	1	5	4	64	22	1
140932203	山西省忻州市偏关县南堡子乡	1	4	8	120	25	1
140932204	山西省忻州市偏关县水泉乡	1	4	14	216	34	1
140932205	山西省忻州市偏关县陈家营乡	1	5	13	343	33	1

中学在校学生总数(人)	中学教师总数(人)	医院、卫生院(个)	医生数(人)	病床数(床)	农民人均纯收入(元)	参加农村新型合作医疗(人)	参加农村社会养老保险(人)	享受居民最低生活保障(人)
280	71	2	22	26	2904	15013	9627	966
47	28	1	24	20	2696	8731	6200	540
154	21	1	26	27	4070	6870	4650	253
200	16	1	10	15	2726	7500	5000	396
250	65	2	30	20	3788	11130	8800	550
		2	22	20	4149	8800	5520	586
34	13	1	8	12	4207	3850	2840	343
80	12	1	9	8	4148	3869	2313	324
125	18	1	12	16	4020	4830	3380	362
110	31	1	9	15	4279	7053	3942	416

17-14 原平市乡、建制

行政区划代码	乡镇名称	村委会(个)	乡镇行政区域面积(公顷)	年末常用耕地面积(公顷)	年末有效灌溉面积(公顷)	乡镇总户数(户)	乡镇总人口(人)
140981100	山西省忻州市原平市东社镇	46	20527	4257	667	14290	37108
140981101	山西省忻州市原平市苏龙口镇	31	20467	3704	1019	5568	15003
140981102	山西省忻州市原平市崞阳镇	46	15326	5534	2587	10950	30914
140981103	山西省忻州市原平市大牛店镇	28	18129	2505	1700	8262	20769
140981104	山西省忻州市原平市闫庄镇	22	11426	3942	3158	8427	24733
140981105	山西省忻州市原平市长梁沟镇	36	19215	1833	146	5648	16646
140981106	山西省忻州市原平市轩岗镇	39	21613	1534		23585	54609
140981200	山西省忻州市原平市新原乡	20	7800	4889	4889	11689	33804
140981201	山西省忻州市原平市南白乡	25	6811	1080	119	3932	10589
140981202	山西省忻州市原平市子干乡	11	9761	3318	1633	6109	17867
140981203	山西省忻州市原平市中阳乡	25	11926	3039	1200	5117	13742
140981204	山西省忻州市原平市沿沟乡	34	15113	5100	1600	6768	19935
140981205	山西省忻州市原平市大林乡	26	9767	3500	2500	5571	16251
140981206	山西省忻州市原平市西镇乡	22	10800	6288	4903	10787	28813
140981207	山西省忻州市原平市解村乡	19	6712	1994	1298	4435	12910
140981208	山西省忻州市原平市王家庄乡	21	5030	2097	1753	5134	14290
140981209	山西省忻州市原平市楼板寨乡	20	15488	927	233	2915	7561
140981210	山西省忻州市原平市段家堡乡	49	27104	3755		7301	19470

镇基本情况（2011年）

乡镇从业人员数(人)	农作物总播种面积(公顷)	粮食播种面积(公顷)	粮食总产量(吨)	肉类总产量(吨)	企业个数(个)	企业从业人员(人)	固定资产投资完成额(万元)	农业投资完成额(万元)	本乡镇公路里程(公里)
14975	4310	4192	10870	704	390	1886			36
5626	4173	4073	17802	821	172	2278	318	96	32
14640	6089	5961	35429	1724	758	5999	23465	450	30
9397	2533	2522	21750	1005	535	2760	380	150	20
14712	4172	4128	31658	1079	146	1470	94		66
5857	1800	1540	2202	1713	497	1320	8000	1900	70
31256	1534	1398	4900	92	2431	9590	5100	600	185
11530	3898	3531	31240	2218	650	8330	2600	800	50
4944	1585	1584	5155	325	15	300	410		35
6633	3428	3254	18850	798	218	852			26
6850	2995	2913	21027	460	241	1118	800	10	50
7801	5067	4887	22927	1398	56	1300	480	320	312
8032	3549	3547	20867	511	196	1300			40
14651	5274	5206	39527	1675	310	2950	720	300	34
4093	2099	2084	15500	487	68	1655	23	2	88
6729	2512	2497	18711	634	187	1520	70		30
3634	908	898	5406	84	79	570			35
8624	2511	2151	4834	191	194	769	680	300	60

17-14 **续表**

行政区划代码	乡镇名称	农技推广服务机构(个)	农技推广服务从业人员(人)	小学校总数(个)	小学在校学生总数(人)	小学教师总数(人)	中学校总数(个)
140981100	山西省忻州市原平市东社镇	1	19	37	2285	115	2
140981101	山西省忻州市原平市苏龙口镇	1	3	20	347	85	1
140981102	山西省忻州市原平市崞阳镇	6	21	29	4060	275	4
140981103	山西省忻州市原平市大牛店镇	1	6	20	1550	155	2
140981104	山西省忻州市原平市闫庄镇	1	3	13	1121	128	1
140981105	山西省忻州市原平市长梁沟镇	1	3	15	1338	135	1
140981106	山西省忻州市原平市轩岗镇	1	3	13	1145	134	1
140981200	山西省忻州市原平市新原乡	1	15	9	1769	174	2
140981201	山西省忻州市原平市南白乡	1	1	3	420	55	1
140981202	山西省忻州市原平市子干乡	1	6	11	720	122	1
140981203	山西省忻州市原平市中阳乡	1	4	15	458	76	2
140981204	山西省忻州市原平市沿沟乡	1	7	22	270	156	1
140981205	山西省忻州市原平市大林乡	1	5	19	701	85	1
140981206	山西省忻州市原平市西镇乡	1	7	17	1335	185	3
140981207	山西省忻州市原平市解村乡	1	9	10	423	77	1
140981208	山西省忻州市原平市王家庄乡	1	12	13	780	89	1
140981209	山西省忻州市原平市楼板寨乡	1	2	6	353	59	1
140981210	山西省忻州市原平市段家堡乡	1	4	16	687	105	1

中学在校学生总数(人)	中学教师总数(人)	医院、卫生院(个)	医生数(人)	病床数(床)	农民人均纯收入(元)	参加农村新型合作医疗(人)	参加农村社会养老保险(人)	享受居民最低生活保障(人)
952	72	2	23	45	4529	31543	1480	2187
85	23	1	22	25	5289	12872	10204	834
5300	333	4	44	54	5368	25620	14957	1169
1370	75	2	17	15	5380	19172	15600	934
154	33	1	13	17	4300	22120	5800	140
112	46	2	16	20	6171	15300	10200	950
180	52	3	21	45	6844	14194	9551	988
1568	119	1	50	20	6990	30916	17100	1735
121	16	1	2	15	3236	7906	5156	806
110	45	1	25	28	5200	16560	8641	1141
153	42	1	16	16	5280	12214	6255	870
470	34	2	22	30	3946	18500	1200	920
138	30	1	11	20	5111	13900	10934	967
406	70	2	39	17	5733	25758	19013	1714
162	35	1	24	21	6334	11556	7533	693
110	29	1	9	15	5707	12881	12259	648
55	12	1	10	15	4367	7182	7200	450
50	38	3	18	5	5495	16773	8702	850

企业篇

QI YE PIAN

忻州统计年鉴

XIN ZHOU STATISTICAL YEARBOOK

551~569

资料整理人员

张　丽　王小龙　杨　婷　卢世铭

18-1 规模以上工业企业基本情况(2011年)

单位：万元

单位详细名称	资产总计	主营业务收入	工业总产值	从业人员年平均人数(人)
煤炭开采、洗选企业				
保德县桥头煤矿	9083415	4292940	4017237	2115
山西潞安集团潞宁煤业有限责任公司	4509372	1606450	1570060	1088
大同煤矿集团轩岗煤电有限责任公司	4440509	3095580	2162865	7895
山西晋神河曲煤炭开发有限公司	3001600	1495533	2068160	2165
霍州煤电集团晋北煤业有限公司	2023317	546317	670518	2337
山西大远煤业有限公司	1435251	131786	60311	257
山西鲁能河曲电煤开发有限责任公司	1424502	857728	1044090	1371
宁武县大运华盛煤矿	1244558	560969	746985	1263
山西世德孙家沟煤矿有限公司	931862	378564	387561	670
山西忻州神达晋保煤业有限公司	912612	311148	315463	260
大同煤矿集团阳方口矿业有限责任公司	825671	833520	680152	2756
山西龙矿盘道煤业有限公司	815680	361856	361856	678
山西忻州神达大桥沟煤业有限公司	781418	21250	199858	240
山西华鹿阳坡泉煤矿有限公司	704301		21250	150
保德县腰庄乡路家沟煤矿	461850		196755	486
山西忻州神达台基麻地沟煤业有限公司	379338	20000	141478	110
原平市石豹沟煤矿	366493	469873	396787	2380
保德县金山矿业有限公司	344650		35497	115
保德县泰安煤炭有限责任公司	261361		140019	350
山西煤炭运销集团天和煤业有限公司	240329		60588	78
保德县泰山矿业有限公司	217817	50699	69544	350
保德县五鑫煤业有限责任公司	191617	27012	449294	450
山西忻州神达栖凤煤业有限公司	174461	153847	153847	498
山西焦煤集团正兴煤业有限公司	170000	21172		441
岢岚北方浩然洗煤有限公司	112300	44134	72564	98
岢岚县煤焦化有限公司	93755		31999	53
大同煤矿集团轩岗煤电有限责任公司梨园河煤矿	90799	766651	960998	2284
山西忻州神达惠安煤业有限公司	75521	199858	78500	127
山西省忻州市石门煤矿	69122			59
岢岚县隆飞洗煤厂	44221		23783	15
岢岚县天富润洗煤有限责任公司	24209	131786	40017	46
原平市泰兴煤焦有限公司	20769	26325		1
岢岚县泓源洗煤厂（有限公司）	20140		72659	63
五寨县隆泰煤焦化有限责任公司	17000		23200	125
岢岚县愣子洗煤有限公司	11950		59603	35
岢岚县鑫马煤业有限责任公司	11140	199858	30017	70

18-1 续表1

单位：万元

单位详细名称	资产总计	主营业务收入	工业总产值	从业人员年平均人数(人)
铁矿企业				
山西平型关铁矿有限公司	822001	261201	143543	228
代县鑫旺矿业有限公司	808065	528648	678509	2000
繁峙县平型关铁矿有限公司	466734	103508	103508	256
山西宝山矿业有限公司	422777	582649	582649	502
山西省代县白峪里矿山冶炼有限公司	343845	302979	402881	437
原平市章腔铁矿	335778	27303	28400	119
山西省代县明利铁矿	323572	197519	203699	160
五台县鑫大鑫矿产有限公司	278920	77433	79588	95
繁峙县中兴矿业发展有限公司	271745	327161	340161	851
繁峙县程林铁选有限责任公司	267210	498480	500599	188
代县泰丰矿业有限公司	244751	295651	246812	398
代县龙华矿业有限责任公司	197438	554177	497208	350
代县凤凰观鑫盛铁矿有限公司	187686	37043	39922	259
繁峙县通达冶金矿业有限公司	184547	346587	347587	295
山西砾瑶铁矿选矿有限公司	183820	84771	84771	125
原平市白石选矿有限公司	182047	212580	213987	700
繁峙县鼎泰矿业有限责任公司	171057	142107	186368	95
五台铺上铁矿	165049	73961	76070	152
代县金升铁矿有限公司	154220	208758	244065	624
代县李家庄昌盛铁矿	138562	283619	283619	400
代县张仙堡冶金矿山有限公司	123826	60291	71613	245
代县程林铁矿	110814	70883	85037	99
代县益丰矿业有限公司	106954	147955	259771	346
五台县太星选矿有限公司	104540	107028	117293	175
山西省代县增鑫铁矿	96696	41515	79474	95
山西省代县大红才铁矿	94318	173006	164803	207
山西旭泰矿业开发有限公司	73397	103920	132319	210
代县八塔三山铁矿有限责任公司	72681	30630	60454	45
代县精诚铁矿	71525	92656	149656	150
繁峙县宏岩矿业有限责任公司	70672	211920	213617	102
代县生鑫选矿有限公司	65000	93050	93050	30
代县程兴铁矿	63111	31685	70980	144
繁峙县矿产品有限责任公司	60471	126126	143325	164

18-1 续表2

单位：万元

单位详细名称	资产总计	主营业务收入	工业总产值	从业人员年平均人数(人)
五台县金宇矿业有限公司	59632	34997	43625	237
繁峙县马王庙铁矿有限责任公司	59432	19785	19835	53
代县宝来矿业有限公司	58910	56759	71852	218
代县厚旺铁矿	57337	46781	62650	160
繁峙县腾飞选冶矿业有限责任公司笔峰分厂	56754	286624	293623	224
代县程晋铁矿	54226	61540	70915	82
代县晶玉冶金实业有限公司	52995	31003	42544	116
忻州市通源矿业有限公司	52463	138451	145738	164
繁峙县宏茂矿业有限责任公司	52276	54856	62500	58
繁峙县南峪口铁矿有限责任公司	51061	144054	147379	28
繁峙县宏达铁矿有限责任公司	48625	93250	103130	143
代县来鑫选矿厂	43738	40052	40052	56
繁峙县富繁铁选有限责任公司	42978	227906	227906	230
代县阳鑫铁矿	42762	42853	42885	53
代县春升选矿厂	38000	21800	21800	35
繁峙县江鑫宝石铁矿有限责任公司	35913	84603	84603	29
繁峙县梨峪铁矿有限责任公司	35693	28869	35139	70
繁峙县鑫秀矿业有限公司	33943	60917	60917	81
繁峙县天宝矿业有限责任公司	33801	126476	139422	95
繁峙县恒源矿业有限公司	33021	57442	66716	60
繁峙县吉新源铁选有限公司大兴分公司	32802	82500	83340	85
代县龙鑫铁矿有限公司	31198	22506	52367	40
代县五鑫选矿有限公司	29992	24575	24575	85
代县宝源矿业有限公司	29798	125120	140840	158
繁峙县东鑫矿业有限责任公司	29370	61201	64278	58
代县利源选厂	28763	29226	29810	96
繁峙县富康铁矿有限责任公司	27759	75333	76360	102
繁峙县兴岳矿业有限责任公司	27195	32144	44519	99
繁峙县兴隆矿业有限责任公司	26915	22500	22500	68
繁峙县元盛机械工程有限公司	26331	32858	32913	56
繁峙县煜鑫铁选厂	24744	40848	40213	38
代县金亿达选矿厂	24562	44707	94665	128
代县李家庄昌盛铁矿二选厂	24507	41799	74078	39
繁峙县宏伟铁矿	24325	39139	40147	112

18-1 续表3

单位：万元

单位详细名称	资产总计	主营业务收入	工业总产值	从业人员年平均人数(人)
繁峙县瓦磁地永旺选矿厂	23820	89581	89581	16
代县北小沟选矿厂	23209	22466	26286	7
繁峙县鑫利磁选厂	22128	30562	42155	40
代县吉鑫球团厂	19765	20346	25049	49
代县瑞峰选厂	19742	21564	25230	8
代县同兴矿业有限公司	17620	24781	24781	144
代县宏胜选矿厂	17170	42900	39900	23
山西德润贸易有限公司繁峙县同兴铁矿分公司	15581	14046	14056	50
代县中新矿业有限公司	15040	34908	43524	109
代县鑫焱选矿厂	14869	20020	20020	30
代县宝兴选矿厂	14050	21500	21500	35
繁峙县浩瀚铁选厂	13852	75786	75786	49
繁峙县宏盛铁矿有限责任公司	13784	49025	52382	38
代县望台福利选矿厂	13740	23225	23225	32
繁峙县中虎峪选厂	13306	26668	26898	86
原平市苏龙口镇鑫源铁矿	12525	33277		86
代县吉源选矿厂	12372	21876	22000	29
代县国云选矿厂	12289	158486	156768	32
代县泰鑫选厂	12067	20865	20865	36
代县亨瑞昌选厂	12000	22970	22970	19
代县俊杰选矿厂	11823	37496	49384	73
繁峙县曙光矿产品经销有限责任公司	11516	20185	25840	69
繁峙县下茹越乡下寨选矿厂	11474	29228	34216	39
繁峙县繁盛矿业有限责任公司	11438	22889	22889	46
繁峙县越红磁选厂	11240	53724	53816	45
繁峙县文溪磁选厂	11230	44625	54020	127
代县强盛选矿厂	11093	27534	27054	22
代县鸿翔矿业有限公司	10863	20960	21810	46
代县腾冲选矿厂	10836	23142	23842	26
繁峙县光峪矿业有限公司	10000	11200	18062	23
代县源业选矿厂	9528	24498	24948	31
繁峙县鸿喜矿业有限公司	9412	22850	22850	33
代县九龙湾选厂	9225	78163	63250	19
代县双羊铁矿选厂	9213	35114	35114	25

18-1 续表4

单位：万元

单位详细名称	资产总计	主营业务收入	工业总产值	从业人员年平均人数(人)
原平市富康环顺选矿有限公司	9126	22067	23012	58
代县金元盛矿粉加工厂	9019	20509	20509	96
代县晋宝铁矿粉精加工厂	9019	21124	21124	22
代县鸿晋选厂	8722	25667	24120	25
繁峙县欣远矿业有限责任公司	8598	46936	47428	32
代县计怀选矿有限责任公司	8556	20453	22782	34
代县双羊铁矿二车间	8500	60968	60968	30
代县四源选厂	8363	25505	25895	36
代县全成矿产品开发有限公司	8250	40137	39370	39
代县蒙盛选矿厂	8032	21032	21433	40
繁峙县龙腾磁选厂	7984	64357	73998	30
繁峙县滦兴铁选有限责任公司	7828	131524	131524	64
代县厚旺铁矿二选厂	7536	38788	40839	50
繁峙县德信磁选有限责任公司	6414	12966	16905	35
代县精诚铁矿二选厂	6353	35371	61993	58
原平福恒矿业有限公司	5973	20100	20792	30
代县鑫茂铁矿精加工厂	5970	21071	21823	25
繁峙县康达矿业有限责任公司	5798	64284	64284	61
繁峙县通运矿业有限公司	5316	32958	40823	35
原平市乐鑫泉铁矿业有限公司	5241	23255	23255	60
代县泰通矿山机械加工厂	5215	32397	32397	22
繁峙县荣宝矿业有限公司	5178	30140	31916	26
代县五台山铁矿粉精加工厂	4500	21000	21000	28
繁峙县圣兴矿产品加工有限公司	4396	51730	55759	61
代县全喜选厂	2301	21885	21484	26
法兰锻造企业				
山西蓝天环保设备有限公司	1004681	2216168	2300001	2225
山西中亚神力铸造有限公司	390204	94195	110319	120
山西省定襄金瑞高压环件有限公司	306550	367973	389665	588
山西天宝风电法兰有限公司	255010	256349	259277	230
山西管家营法兰锻造有限公司	240625	190041	214250	582
山西申华电站设备有限公司	184701	112370	124580	211
山西冠力法兰有限公司	173400	143598	131015	200
山西双环重型机械有限公司	158573	189470	181327	225

18-1 续表5

单位：万元

单位详细名称	资产总计	主营业务收入	工业总产值	从业人员年平均人数(人)
山西众立法兰有限公司	139395	63595	64210	80
山西鳌元锻造有限公司	124064	65474	72228	286
山西富兴通重型环锻件有限公司	123808	141534	131010	165
定襄县昊坤不锈钢法兰锻造有限公司	96400	132220	116418	158
定襄北城法兰有限公司	78831	122258	77650	150
定襄县金石锻造有限公司	74113	58573	59295	108
原平市佳诚液压有限公司	68482	90359	110553	310
山西黎明法兰有限公司	63666	82072	87693	124
山西鑫祥锻造有限公司	51543	45229	58104	90
定襄县新世纪机械有限公司	50138	83027	79918	200
山西源盛铸锻实业有限公司	45664	22185	21742	79
定襄县昌兴钢材法兰有限公司	43650	23894	23924	55
山西钰欣铸锻有限公司	43212	40393	40184	155
定襄煌星机械加工有限公司	41720	41357	49570	112
山西恒跃锻造有限公司	41490	130266	170650	210
定襄县蓝天齿轮锻造有限公司	40867	19717	24634	120
山西金迈特金属铸锻制品有限公司	40748	31915	29043	85
定襄县亿鑫法兰有限公司	40091	55129	43930	78
定襄县伟业齿轮锻造厂	39411	45257	50650	120
山西中标法兰锻业有限公司	39324	83385	73262	100
山西太仕柯锻造有限责任公司	37582	75962	69080	111
山西艾斯特金石锻压有限公司	34675	70669	72120	176
定襄县昕坤法兰锻造有限公司	26824	48560	48560	65
定襄县旺隆法兰有限公司	24081	25797	25797	60
定襄县宇特法兰有限公司	23501	33173	44072	105
格尔德贝克（山西）法兰管件有限公司	23438	63938	63209	80
定襄县晋锋锻件有限公司	23050	24635	29205	50
山西宏昊锻业有限公司	22760	48936	48936	50
定襄县永欣锻造有限公司	21305	31465	27547	56
定襄县飞达实业锻造有限公司	20752	45351	48249	74
定襄新昌锻压有限公司	20295	26653	23822	54
定襄县三友锻造厂	18670	39044	39066	38
定襄县永合锻造有限公司	17400	43637	52430	23
定襄县安宝锻压有限公司	14973	78894	78894	52

18-1 续表6

单位：万元

单位详细名称	资产总计	主营业务收入	工业总产值	从业人员年平均人数(人)
忻州市神力锻压有限公司	14205	8253	8080	25
山西忻州五台山锻压设备厂	13610	21659	20390	100
山西双和锻压有限公司	8211	21850	6723	57
定襄县鑫生锻造厂	8207	14515	14575	35
铝电企业				
山西鲁能晋北铝业有限责任公司	12051127	6075218	6033907	1487
黄河万家寨水利枢纽有限公司	6003673	857225	857225	740
山西同华电力有限公司	5227431	2139937	2139937	1124
山西鲁能河曲发电有限公司	4464548	1977500	2102994	912
山西西龙池抽水蓄能电站有限责任公司	4372857	311634	364600	142
忻州广宇煤电有限公司	1719151	470219	613921	219
保德县神东发电有限责任公司	1109557	401996	417579	267
山西国际能源集团新能源投资管理有限责任公司神池分公司	831211	114809	114809	11
五台云海镁业有限公司	674404	677887	955587	600
山西天桥水电有限公司	504146	98052	98052	575
偏关华能风力发电有限责任公司	453886	20000		30
太原诚达集团繁峙县云雾峪风电有限公司	413886	21450	21450	35
偏关县大乘电冶有限责任公司	179824	27834	27834	132
原平市超腾供热有限公司	97228	47350	41889	87
山西省静乐县发电厂	63079	22039	12604	590
静乐县热力有限公司	53429	20730	20958	102
忻州长城钨钼有限公司	16160	33446	34131	150
其他企业				
山西禹王煤炭气化有限公司	1943439	2580081	2500817	897
忻州华茂精密铸造有限公司	1402872	1462176	1603761	2243
山西天柱山化工有限公司	1339230	238688	294596	1235
山西侨友化工股份有限公司	669755	311470	450009	220
山西五台山化工有限公司	641224	70712	70745	1092
山西同德化工股份有限公司	633532	388340	377953	726
忻州市鑫宇煤炭气化有限公司	500730	135824	174897	366
山西纪元玉米产业有限公司	464124	149631	159795	267
山西泰宝密封有限公司	402154	236499	283680	500
山西红鑫生物工程有限公司	377105	158758	169847	450
山西泰尔钢铁有限公司	319656	73332	79538	138

18-1 续表7

单位：万元

单位详细名称	资　产 总　计	主营业务 收　　入	工　业 总产值	从业人员 年平均人数 (人)
繁峙县中兴实业有限公司	305713	419513	441899	642
山西云马焦化有限责任公司	303211	207259	301005	507
山西紫金矿业有限公司	299794	408500	418654	775
偏关县晋电化工有限责任公司	211369	181128	180269	277
山西云中制药有限责任公司	201897	56476	63442	302
定襄县山田园食品加工有限公司	192298	32078	40985	220
原平盛大实业有限公司	182607	105276	105276	140
山西奥菲特冶炼有限公司	177248	90162	110031	183
山西省原平市化工有限责任公司	165999	166409	181203	780
定襄县宝源高合金铸造有限公司	160441	368973	399736	150
山西云河纺织集团有限责任公司	158377	170420	157070	2823
原平市盛源化工有限责任公司	140507	118871	118871	140
原平钢铁有限公司	140011	395792	409808	600
山西福山建筑装饰材料有限公司	137797	48706	39155	245
繁峙县义联金矿有限公司	124781	86000	86000	151
山西金洋煅烧高岭土有限公司	120656	95368	90000	274
山西忻益铁合金有限公司	116707	219529	262396	343
忻州金宇工贸有限公司	100511	50556	83004	78
山西暖神绒毛精品有限公司	97101	43844	51107	150
代县龙丰冶金有限责任公司	92476	102924	93136	150
山西丰园食品有限公司	91688	49881	51006	99
山西昊坤不锈钢冶锻有限公司	90999	102731	127669	148
山西高陶瓷业有限公司	64629	56320	66510	638
原平市宇峰起重运输机械有限公司	59352	70029	84096	125
山西绿野牧业开发有限公司	57661	94449	129750	580
山西河滩饲料加工有限公司	56823	41947	48182	
五寨县同业实业有限公司	56010	157745	157745	65
山西嘉龙机电设备制造有限公司	53325	11613	13665	94
山西五台山沙棘制品有限公司	49500	21040	21418	68
忻州市四方铁路器材有限公司	48258	50086	52229	70
忻州市忻府区粮食局粮油加工厂	48237	20668	14020	88
忻州市三源煤矿机械有限公司	47820	47949	70133	120
山西繁荣富化工有限公司	46275	61613	69574	188
忻州鑫洋玻璃制品有限公司	44041	20865	25659	159

18-1 续表8

单位：万元

单位详细名称	主营业务收入	资产总计	工业总产值	从业人员年平均人数(人)
代县宏威水泥有限责任公司	42327	20967	23061	106
岢岚县晋湘货物运销有限公司	38771	82693	91152	68
原平市兴胜机械制造有限公司	37729	120249	120249	123
五寨县双喜鹏程淀粉有限公司	36110	27220	27220	120
繁峙县兴达粉丝有限责任公司	35390	14100	14100	220
繁峙县辛庄金矿	34618	113450	113450	105
山西河曲县众鑫化工有限公司	30692	37007	37007	195
偏关县穗宝乳酸有限公司	29741	25302	30207	87
山西天兰锅炉有限公司	28184	87040	94833	160
山西省山地阳光食品有限公司	27950	72319	91172	217
山西德阳润海铁路轨枕有限公司	27479	29241	17218	120
岢岚芦峰食品有限公司	25462	30711	36492	69
山西省河曲县金隆石灰氮厂	25308	47452	48380	120
山西燕兴冶金有限公司	24811	25160	62140	81
原平市宝丰机械制造有限公司	24365	1021		96
忻州中土达包装有限公司	21054	20006	25004	38
繁峙县鑫宝达矿业有限责任公司	19353	84087	86651	76
忻州中恒药业有限责任公司	18580	11626	84967	267
山西省雪龙马铃薯开发有限责任公司	16832	23500	23500	22
原平市大鹏化工机械有限公司	16179	12772	12774	90
代县枣林宝鑫球团厂	13034	20415	20349	64
原平维达机械制造有限公司	11100	39980	40813	95
代县宝丰球团厂	10736	22178	21858	48
代县华强矿业有限公司	9221	26335	26335	25
山西瑞科绿得建材装饰有限公司	8481	25885	25885	107
五寨县宝石花石材有限公司	8317	72043	72043	137
原平市大林黄河饲料厂	7845	21650		20
代县亿隆球团厂	6591	21416	22167	32
代县源峰球团厂	6140	39450	39450	18
代县鑫顺球团厂	4600	23684	23684	20
代县顺峰球团厂	4584	20926	20926	42
神池县绿宇肉业有限责任公司	3650	25150	25150	45
代县兴达球团厂	2036	22568	22568	40

18-2 资质以上建筑业企业基本情况（2011年）

单位：万元

项目（法人）码	项目（单位）名称	工程结算收入	资产合计	建筑业总产值
72594122X	忻州市锅炉设备安装公司			
736324921	忻州市永泰建筑工程有限工司	5140	3310	3900
701097618	山西天安消防自动化设施安装有限公司		33	
736335655	忻州市第一建筑工程公司	18705	2038	18705
112041413	山西华岩基础工程有限公司	990	286	990
111862906	忻州市忻府区神牛水利有限责任公司	40	15	40
772545510	山西省忻州供电局送变电工程公司	15003	2193	15232
111953461	山西上联防水保温堵漏有限公司	129	92	129
788515949	忻州市市政工程公司	1421	985	200
111950703	山西同创公路建设有限公司		824	
111902461	山西新三公路桥梁建设养护有限公司	1567	2540	1567
111861233	忻州奇美装饰有限公司	45	16	45
111894473	山西远大公路桥梁建设养护有限公司	4432	4048	4432
713686348	忻州市兴盛装饰工程有限公司	100	40	183
701099891	忻州世佳装饰有限公司	36	31	10
733998816	忻州市忻府区建筑安装工程总公司	1971	671	1651
111896954	忻州市晋业建筑安装有限公司	4856	110	4856
734032300	山西玉通道桥建设有限公司	129	207	129
111950324	忻州市嘉兴装潢有限公司	83	73	83
111894887	忻州市水利工程建筑公司	8141	1699	6100
111893980	山西省忻州市交通发展有限责任公司	336	260	1004
713686997	忻州市交通运输局公路工程公司	20030	3301	11510
111864020	忻州市顺新地基处理有限公司		472	
112041747	山西忻州友谊装饰有限公司	87	8	84
111890376	山西平乐消防工程有限公司	74	7	74
743544594	忻州市瑞隆建筑工程有限公司	2581	373	2581
407120012	忻州能元电力建设有限公司	7795	526	7894

18–2 续表1

单位：万元

项目（法人）码	项目（单位）名称	工程结算收入	资产合计	建筑业总产值
783299570	忻州顺达建筑工程有限公司	1169	474	1169
701099592	忻州市瑞成锅炉安装有限公司	851	239	851
781014172	山西省忻州市建筑工程总公司	8133	2080	8133
111860556	忻州市忻府区第四安装工程公司	12365	979	12365
736345124	忻州欣电电力工程有限公司	8072	393	4262
112040007	山西千鼎建筑安装工程有限公司	11488	1739	11390
748555022	忻州市中建北方装饰艺术有限公司		26	
734023017	忻州市忻府区第三建筑安装工程公司	5148	892	5184
112041237	忻州市建筑安装工程处	692	1	654
112011978	忻州市忻府区公路工程公司	1542	255	1542
11204143X	忻州市炬源建筑工程有限公司	622	490	622
713687738	忻州市忻府区逯源建筑安装工程处	2000	204	2000
111950279	忻州市四方建筑工程有限公司	1026	331	1026
112012233	山西中大公路工程建设有限责任公司		12	
757253691	山西禹东路桥有限公司	6546	4797	6546
111921216	忻州志远城建工程有限公司	300	71	245
736333297	山西省忻州智通路桥有限责任公司	8	1019	8
111921814	山西省忻州市电力建设公司	10003	2174	9675
112010887	山西润民环保工程设备有限公司	5285	533	5285
111894959	忻州市忻府区顿村建筑安装公司	1277	607	4500
725941545	忻州市国旺混凝土有限公司	367	1480	367
111903966	忻州亨旺混凝土有限公司	1134	1131	617
11216136X	忻州市忻府区第二建筑安装工程有限公司	6654	2011	6450
SX5218563	忻州市新亚装饰工程有限公司	469	10	421
764663285	定襄县市政工程有限公司	1193	42	1193
76247646X	山西省定襄建筑安装工程公司	2110	177	2110
111922243	山西省定襄建筑工程公司	4733	268	4733

18-2 续表2

单位：万元

项目（法人）码	项目（单位）名称	工程结算收入	资产合计	建筑业总产值
715986678	定襄县第二建筑安装公司	1480	959	1838
111922251	定襄县宏道建筑安装工程公司	2908	465	2908
407121226	山西皇杰建筑工程有限公司	12021	1740	12186
111896794	五台县晋兴建筑工程有限责任公司	6359	1289	7936
734036651	五台县建筑工程总公司	8210	2007	8210
746031452	五台县第二建筑有限公司	9864	2320	9864
731928611	五台县交通局公路工程公司	1603	1146	2603
74107594X	山西五台山建筑工程公司	8377	129	8624
729688866	五台县城乡建筑安装工程总公司	9080	3936	9080
790216024	五台县东冶建筑工程有限公司	9897	1781	9897
731938035	山西省五台县建筑安装有限公司	2890	838	2890
734023244	代县猛牛安装有限责任公司	808	284	808
788522727	代县城建建筑安装工程公司	3412	759	3412
783268977	代县雁门市政建设工程有限公司	674	227	1971
759806683	山西杨氏古建筑工程有限公司	1350	728	1350
111982879	代县宏达建筑工程有限公司		238	
748557888	山西省代县第二建筑工程总公司	2025	913	2025
111987573	代县信怡路桥建设有限公司	4986	1265	4986
112160340	代县第一建筑工程公司	2625	618	2625
781009445	代县雁门公路养建有限责任公司	2487	598	2487
734022882	山西龙典建筑工程有限公司	8587	1527	8587
111983695	山西省繁峙县第二建筑安装工程公司	2978	170	2978
715969050	繁峙县建筑安装工程公司	9655	1500	9655
111984970	山西省繁峙县建筑安装工程总公司	8268	774	8868
715968023	繁峙县第三建筑安装工程公司	3420	888	3420
111986087	繁峙县鑫茂建筑工程公司	11406	1683	11406
736308585	山西创世建设工程有限公司	18667	5357	18667

18-2　续表3

单位：万元

项目（法人）码	项目（单位）名称	工程结算收入	资产合计	建筑业总产值
790221499	山西通驰路桥工程有限公司	20886	4959	20886
736326628	山西恒源路桥建设有限公司	26506	3086	26506
734001272	山西汾源路桥有限公司	8512	3167	8512
701093764	宁武县宁新建筑工程有限公司	1170	459	1170
762466376	宁武县北业建筑安装有限公司	1282	181	1282
798265082	山西华静建筑工程有限公司	4830	810	4830
754069602	五寨县城乡建筑安装有限公司	1500	386	1500
748572578	五寨县鑫海建筑工程有限公司	440	298	440
73189655X	五寨县建筑工程有限公司	1685	340	1685
111897033	五寨县建筑安装有限公司	1543	531	1543
739316759	山西省岢岚县建筑工程公司	2837	320	2837
701091478	河曲县万象建筑工程有限责任公司	2703	1060	2814
60251704X	河曲县晋河装饰工程公司		93	
111918041	河曲县丰泰建筑有限责任公司	1431	394	1512
SX5047071	河曲县万达建筑工程公司	755	432	755
798258325	河曲县北元建筑工程有限公司	4090	2655	4090
792247510	保德县兴盛建安有限公司	2482	483	2482
779575907	偏关县建筑工程公司	840	725	980
779563228	山西万家寨建设工程有限公司	800	397	900
751527524	偏关县城关镇中关建筑工程队	1100	948	1020
748574995	原平市正新燃气工程有限责任公司	782	29	782
74856747X	原平市宏远建筑工程有限公司	194	513	193
746048836	原平市海成建筑工程有限责任公司	1009	373	1009
73400457X	原平市晋昌建筑工程有限公司	763	461	1251
731933867	原平市二轻建筑工程有限公司	2426	1722	2426
701143258	原平市第一建筑工程公司	967	96	950
701140591	原平市方圆建筑安装工程有限责任公司	6543	380	6543
111891723	山西昌诚电力工程有限公司	1724	355	1764
111880207	原平市金泉建筑安装有限责任公司	2920	342	2920
11186272X	原平市泰安建筑工程有限公司	169	570	505
111862631	原平市宏泰建筑安装有限责任公司	4120	750	4120
	原平市宏盛建筑装璜有限公司	18.5	9.4	19.1

18-3　资质以上房地产企业基本情况（2011年）

单位：万元

项目（法人）码	项目（单位）名称	主营业务收入	资产总计	本年完成投资	年末从业人员（人）
111890755	忻州市昌信地产开发公司		754		10
111893999	忻州市综合开发公司	538	2703		18
111900482	忻州市安泰达房地产开发有限公司	136	4633		7
11190343X	忻州开发区利民房地产开发有限公司	2	2304		9
111984524	原平市城乡建设综合开发公司	1	658		18
112100284	静乐县宏达房地产开发有限公司	4513	20569	30944	24
407090167	忻州市房地产开发总公司		3640	3200	19
407160495	五台县房地产开发公司		964	6041	14
551464696	河曲县康大房地产开发有限公司		501		7
551468400	山西兴瑞恒安房地产开发有限公司		1093		3
551472709	忻州玉成房地产开发有限公司		489		9
551488639	忻州晋阳房地产开发有限公司		4901		12
551490982	忻州市和佳房地产有限责任公司		520		12
554108005	原平福运房地产开发有限公司		3800		5
554108101	定襄锦华城乡房地产开发有限公司		500		14
554116806	山西暖神鑫磊房地产开发有限责任公司	704	1850	2100	11
554128268	忻州市锦宏房地产开发有限公司		500		12
558701703	五寨县景华房地产开发有限公司		663		1
558705712	山西瑞地房地产开发有限公司		1190		10
558709510	宁武县永固房地产开发有限公司		1000		19
558720883	代县鑫盛源房地产开发有限公司		565		28
558720955	繁峙县磐岩房地产开发有限责任公司		988		10
561334692	代县世景房地产开发有限公司		6821	5907	28
561345316	五台县鑫茂房地产开发有限公司		855	880	15
563560722	忻州市华隆房地产开发有限公司		510		11
563591641	山西忻天瑞房地产开发有限公司		1000		5
566302606	代县怡和房地产开发有限公司		967		13
568458882	忻州宏远房地产开发有限公司		599		20
568460894	繁峙县德胜发地产开发有限公司		1016		13
568485127	山西泰和顺房地产开发有限公司		905		8
568490153	忻州市海林房地产开发有限公司		546		10
571068324	忻州市繁荣房地产开发有限公司		2291		11
575971713	繁峙县晋银房地产开发有限公司		479		18
578455079	代县德一地产有限公司		482		12

18-3 续表1

单位：万元

项目（法人）码	项目（单位）名称	主营业务收入	资产总计	本年完成投资	年末从业人员（人）
660406524	河曲县宏腾房地产开发有限公司		2000		14
660425143	保德县隆强房地产开发有限公司		303		
660426904	河曲县鑫光房地产开发有限公司		13317	2489	35
660427077	神池县佳诚房地产开发有限公司		981	650	8
662352013	河曲县同安房地产开发有限公司		578		3
66235502X	五台县友好房地产开发有限公司		3421	1600	18
662395144	山西海西房地产开发有限公司	2564	2172	6458	39
662397625	代县益民房地产开发有限公司		589	62	11
664454654	忻州市美好家园房地产开发有限公司		510		18
666602622	忻州市天缘房地产开发有限公司		659		5
666641672	定襄县瑞达房地产开发有限公司	126	1600	120	33
668613026	山西信发房地产开发有限公司	10508	33599	20644	49
668616403	忻州市家乐福房地产开发有限公司		495		8
668623304	忻州华发房地产开发有限公司		4807		8
668633078	忻州市金石房地产开发有限公司		2354	3300	14
670190245	忻州市红玉房地产开发有限责任公司		516		8
672340059	五寨县创伟房地产开发有限公司	1591	688		20
672344340	山西建荣房地产开发有限公司		1408		2
672346645	五寨县广厦房地产开发有限公司		630		31
674460097	定襄神农百业房地产开发有限公司	1533	2313	1577	12
676434079	五寨县天鼎房地产开发有限公司		575	5873	10
689873345	忻州市国力金屋房地产开发有限公司		491		13
689899326	忻州市同发房地产开发有限公司		4508	138	27
692237091	山西诚远房地产开发有限公司		500		2
694251583	保德县江霖房地产开发有限公司	66	500	2850	5
694274013	山西丽泽房地产开发有限公司		3357		9
696692294	繁峙县红宇房地产开发有限公司		500		11
699101867	山西铭正房地产开发有限公司		789		9
699122537	忻州泰利房地产开发有限公司		1271	1220	10
699135637	山西益嘉房地产开发有限公司		500		10
701144496	忻州市宏泰房地产开发公司		82353	13786	
713628017	山西省忻州大正房地产开发有限公司		8716	2838	10
719898587	山西永兴房地产开发有限公司		886		5
72592362X	忻州市精华房地产开发有限公司	3512	12119	320	40

18-3 续表2

单位：万元

项目（法人）码	项目（单位）名称	主营业务收入	资产总计	本年完成投资	年末从业人员（人）
741090939	忻州开发区和信安达房地产开发有限公司		19110	4124	
746025634	定襄县安业房地产开发有限公司		3480	1483	15
746047075	山西晨源房地产开发有限责任公司		12862	472	27
748564391	代县雁门房地产开发有限公司		109		1
748570863	忻州鹏宇房地产开发有限公司		986		4
74859059X	忻州市忻府区汇春房地产开发有限公司		3724		2
748597724	忻州市曙光房地产开发有限公司		5066	2100	7
757292690	五台县东方房地产开发有限公司	3285	3317	1090	11
75729766X	忻州市正道房地产开发有限公司		1822	982	18
759849018	忻州市宏达房地产开发有限公司	7	9616	2280	14
762460089	忻州市禹鑫房地产开发有限公司	2896	484	1141	12
764651161	山西和平房地产开发有限责任公司	686	1605	330	15
764671576	忻州雁门房地产开发有限公司	1238	5459	4370	20
764687519	忻州市伟志达房地产开发有限公司	1167	5648	900	15
764692860	忻州市华远房地产开发有限公司	2277	3388	294	7
767114898	山西晋业房地产开发有限公司	3	33337	5500	24
767133394	忻州市晶鑫房地产开发有限公司		517		4
767134469	忻州市国力房地产开发有限公司		12314		33
767142290	忻州市长商精坪房地产开发有限公司		330	10143	21
770108077	保德县永胜房地产开发有限公司	99	4903	600	25
77013067X	忻州市开发区瑞鹏房地产开发有限公司		5543	1405	28
77014502X	河曲县北元中信房地产开发有限责任公司		500		12
770145791	原平市领航房地产开发有限公司		528		10
770145812	原平市永恒房地产开发有限公司		9936	4974	26
770147754	原平市宏宇房地产开发有限公司	610	530	2250	13
772501542	原平市安原房地产开发有限公司		1126	1500	10
772512233	忻州市华洋房地产开发有限公司		2500	1800	58
772514511	原平市恒昌房地产开发有限公司		101	22	26
772521586	代县宏宇房地产开发有限公司		5993	2510	15
772521826	原平市燎原房地产开发有限公司		15905	2200	25
772525026	保德县华苑房地产开发有限公司		633		5
772526352	忻州市禹豪房地产开发有限公司	9482	19776	5590	15
772533069	山西五洲房地产开发有限公司		1342		12
772540349	繁峙县恒源房地产开发有限责任公司		765		20

18-3 **续表3**

单位：万元

项目（法人）码	项目（单位）名称	主营业务收入	资产总计	本年完成投资	年末从业人员（人）
772541499	代县新星房地产开发有限公司		507		6
772542731	岢岚县福临居乐房地产开发有限责任公司	106	518	1060	11
772546978	忻州市勇拓房地产开发有限公司	5645	1473	1565	14
775150485	山西宏达房地产开发有限公司		4386	309	13
77516473X	山西伟业房地产开发有限公司	5566	11601	7231	15
775185944	忻州市顺安房地产开发有限公司	2958	16434	6800	26
776705681	河曲县华城房地产开发有限公司		1730		8
776726378	代县东兴房地产开发有限公司		199		1
77672919X	忻州市宏欣房地产开发有限公司		3934		4
776735709	忻州宏盛房地产开发有限公司		861		6
778131116	山西安泰达房地产开发有限公司		500		10
779556693	忻州市恒嘉房地产开发有限公司		2408		19
779574920	山西昌立房地产开发有限公司	115	484	375	14
779597532	忻州开来房地产开发有限公司	20003	65930	13330	40
781039636	忻州市香江房地产开发有限公司	1099	7813		20
781046289	忻州市中发房地产开发有限公司	5731	25122	10458	50
783274314	忻州市清泰发房地产开发有限公司		257	950	26
783276053	忻州市亿达房地产开发有限责任公司		10279	1699	17
783291616	忻州市金典房地产开发有限公司	38	3567	481	8
783294729	忻州市嘉源房地产开发有限公司		2397	80	8
785814230	忻州市宏发房地产开发有限公司	4726	9431	2326	28
785822628	山西同乐房地产开发有限公司		1126		19
788509346	忻州兆盛房地产开发有限公司		500		3
788544301	代县华源房地产开发有限公司		2215	1683	22
790208059	忻州市慧远房地产开发有限公司		2484		5
790246004	忻州市万家房地产开发有限公司		5903	11860	21
792206241	忻州市华悦房地产开发有限公司		8846	335	7
792232407	山西省宁武县安泰房地产开发有限公司	3870	1330	495	7
794205605	保德县乐华房地产开发有限公司		500		4
794212290	忻州市忻府区长实房地产开发有限公司		500		3
794235564	五寨县兴业房地产开发有限责任公司		520		1
796350734	山西华岳房地产开发有限公司		10000		3
79635281X	忻州盛世房地产开发有限公司	1735	6363		18
796365514	定襄虹桥房地产开发有限公司	2580	5037	2540	19
796383026	山西愉景房地产开发有限公司		12617	3970	35
798281277	山西普阳房地产开发有限公司		919		3
798283424	忻州市利民房地产开发有限公司	376	928	2375	18